张相平 著

“圆”词族系统性研究

Yuancizu Xitongxing Yanjiu

暨南大學出版社
JINAN UNIVERSITY PRESS
中国·广州

图书在版编目（CIP）数据

“圆”词族系统性研究/张相平著．—广州：暨南大学出版社，2012.7
ISBN 978－7－5668－0225－5

Ⅰ．①圆…　Ⅱ．①张…　Ⅲ．①汉语—词源学—研究
Ⅳ．①H139

中国版本图书馆 CIP 数据核字（2012）第 111972 号

出版发行：暨南大学出版社

地　址：中国广州暨南大学
电　话：总编室（8620）85221601
营销部（8620）85225284　85228291　85228292（邮购）
传　真：（8620）85221583（办公室）　85223774（营销部）
邮　编：510630
网　址：http：//www.jnupress.com　http：//press.jnu.edu.cn

排　版：广州市天河星辰文化发展部照排中心
印　刷：广州市怡升印刷有限公司

开　本：890mm×1240mm　1/32
印　张：7
字　数：185 千
版　次：2012 年 7 月第 1 版
印　次：2012 年 7 月第 1 次

定　价：22.00 元

序

汉语同族词的研究在基础理论与方法论上已取得了一定的成果，但就汉语词源的探索而言，仍是一个较少人涉足、相对薄弱的领域。若干单个词语语源的考求，固然可以窥知汉语词语的某些演变轨迹，但这样很难了解汉语词汇的宏观动态。当今同族词的研究不再把汉语词语看做孤立的原子，而是借助词语之间的音义联系，通过探索一系列词语的孳衍路径，映现词汇系统的运动变化。但是，语音和词义的变化都受制于历史时段和历史地理人文环境，某种语音的转变，一定有引起转变的条件，而且一定的语音转变只发生在一定的历史时段和一定的地理环境，这就使同族词的研究工作具有相当高的难度。因此，语音的系联如果没有明确的时代限制，没有说明音变发生的具体地域和条件，词族的建立便缺乏客观的科学性。不同时代的训诂材料如果用来论述某一特定时代的词义特征，同样难以得出令人信服的结论。这不只是同族词研究需要认真考究的问题，而且也是所有汉语研究者必须共同面对的严肃课题。

本书作者对“圆”词族的探索，突破了单个词语语源研究的局限，以谐声偏旁为基点，系联了“圆、转”、“运转”、“弯曲、屈曲”义等二十个词群，揭示了词群之间远近不同的层次关系与语义联系，注意到词源义与词汇义的区别，特别强调同族词的研究要有系统的理念，对汉语同族词的理论建设作出了贡献。

在对具体单音词词源义的探求过程中，作者考察出“穷”、“极”、“究”虽同属一个词族，但其得名并不在同一意义层次上。王力虽指出了“穷”、“极”词汇意义的一致，但并未究其词源义。又如以“票”为声符的一群同族词均含“迅疾”、“轻急”的词义，此乃“旋转”动作在速度上的表现。王力认为其语源义为“风”、“飞”，是把词汇义等同于词源义。对词源义与词汇义的严格鉴别，是词语是否同属一族的分水岭。这不能不认为是在实践上与方法论上对同族词研究作出的贡献。

本书作者负笈从余长达六年，刻苦勤敏，对学问孜孜以求。今以其博士学位论文修订稿质诸并世大方，必可广获教益，学问日新。

是为序。

李国正

2011年12月11日

于马来西亚拉曼大学金宝校区中文系G009室

目　录

第一章　绪　论

一、目的、任务

本书在汉语语源研究的基础上，对“圆”词族进行构组，考察和分析“圆”词族的语音关系和语义关系，为词族的系联研究做些基础性工作。

我们所做的具体工作主要有以下两点：

（1）以《说文解字》（以下简称《说文》）作为主要语料来源，辅以出土文献与传世文献等典籍，吸收前人的研究成果，以谐声偏旁为出发点，在此基础上系联有着相同“圆”构词理据的词语，所系词语限于单音节词。

（2）努力探求“圆”词源义的派生层次，系联“圆、转”、“弯曲、屈曲”等二十个词群，并按照彼此的孳衍关系，汇总成“圆”词族。

二、同族词音义关系判断依据

语音方面，充分利用谐声和其他保存在传统训诂文本中的语音材料，同时参照古音的研究成果。本书采用王力先生的上古音系及音转条例作为分析语音关系的参照，具体字的声韵归属依郭锡良《汉字古音手册》，未收之字根据谐声偏旁推定。现将王力先生在《同源字典·同源字论》中所定的声韵表录于下：

表 1－1　纽表

喉		影						
牙		见	溪	群	疑		晓	匣
舌	舌头	端	透	定	泥	来		
	舌面	照	穿	神	日	喻	审	禅
齿	正齿	庄	初	床			山	俟
	齿头	精	清	从			心	邪
唇		帮	滂	并	明			

表 1－2　韵表

甲类	之	支	鱼	侯	宵	幽
	职	锡	铎	屋	沃	觉
	蒸	耕	阳	东		冬
乙类	微	脂	歌			
	物	质	月			
	文	真	元			
丙类	缉		盍			
	侵		谈			

（冬部依郭锡良《汉字古音手册》从侵部分出，作为跟幽部、觉部配的阳声韵）

语义即词源义方面，利用古代的训诂材料，类聚可能有着相同构词理据的词语，通过义素分析的方法①，透过表层的词汇意义，努力探求隐含在深层的词源意义。

① 王宁首次运用义素分析法探求单音节派生词的造词理据，详参王宁：《训诂学原理》，中国国际广播出版社 1994 年版，第 148 ~ 152 页。

第二章　词族概说

一、词族及其相关概念

词语在语言运用中不断发生变异，孳乳派生，从而产生了新词。而同族词就是指一种语言内部有着同一来源、在同一个意义层次上的词语，这些词语同出一源，因此在声音和意义上多相同或相关。在汉语语源学研究领域，指称具有同一来源的词，还有一个为人们所熟悉的术语，就是“同源词”，见张世禄（1984）《汉语同源词的孳乳》[①]、严廷德（1989）《同源词管窥》[②]、王蕴智（1993）《同源字、同源词说辨》[③] 等。但“同源词”原属于历史比较语言学的范畴，指同一语系中具有亲属关系的语言之间在发生学上存在着音义对应关系的词。用一种术语来指称两种不同的“同源”概念，容易引起混淆[④]。因此，为了与历史比较语源学的“同源词”区分开来，我们将汉语中有同一来源的词称为“同族词”[⑤]。

一个语源在孳衍派生中，分化出相关但又有所不同的意义层次，在每一个意义层次上类聚了为数不等的同族词群体，我们称

---

① 张世禄：《汉语同源词的孳乳》，见《张世禄语言学论文集》，学林出版社1984年版，第529页。

② 严廷德：《同源词管窥》，载《四川大学学报》1989年第1期。

③ 王蕴智：《同源字、同源词说辨》，载《古汉语研究》1993年第2期。

④ 董为光：《汉语侗台语语源联系举例》，载《语言研究》1984年第2期。

⑤ 张博（2003）将“同族词”定义为“新词与所由孳生的原词以及新词与新词之间具有源流族属关系，我们称之为同族词”（《汉语同族词的系统性与验证方法》，商务印书馆2003年版，第30页）。

作词群。如“夗、宛、苑、琬、婉、豌、怨”等词，有着相同的声符“夗”，语音相同或相近，在意义上辗转派生出如下相关意义层次：

（1）圆：琬，《说文》：“圭首琬者。从玉宛声。”《周礼·考工记·玉人》：“琬圭九寸而缫。”郑玄注：“琬，犹圆也，王使之瑞节也。”（元）方回《石氏四子名字说》：“盖琬圭之首圆，其象仁，第三子庆源，欲名曰石琬，字德玉。”豌，《玉篇·豆部》：“豌，豆名，夏收者。”（明）李时珍《本草纲目·谷三·豌豆》：“胡豆，豌豆也。其苗柔弱宛宛，故得豌名。”“豌”作为一种豆，其命名之由当取于其外在圆状形态。将“豌”得名缘于豆苗“柔弱宛宛”，恐未妥。

（2）曲：“圆”、“曲”状相通。夗，《说文》：“转卧也。”《广雅·释言》：“夗，转也。”冤，《说文》：“冤，屈也。”《广雅·释言》：“枉也。”腕，手臂与手掌相连可弯曲之处。《释名·释形体》：“腕，宛也，言可宛屈也。”

（3）范围：圆转、弯曲在地理上形成一个范围，可引申出“区域、范围”义。苑，《说文》：“所以养禽兽囿也。”（清）朱骏声《说文通训定声》（以下简称《定声》）：“《字林》：‘林有垣曰苑。’”《一切经音义》卷一九：“有垣曰苑。”

（4）郁积：圆曲向里表现为“团聚”状，由此引申出“团聚”、“郁积”义。怨，《说文》：“恚也。从心夗声。”《礼记·礼器》：“故君子有礼，则外谐而内无怨。”

（5）美好：古人崇“圆”，以“圆”为美，故由“圆”可引申为“美好”义。婉，《说文》：“婉，顺也。”《诗·邶风·新台》：“燕婉之求，籧篨不鲜。”毛亨传：“婉，顺也。”“心顺”即“心善”、“心灵美好”。字亦作“嫚”，《史记·司马相如传》：“靓庄刻饬，便嬛嬛绰约，柔桡嬛嬛。”张揖曰：“嬛嬛，犹婉婉也。”

在每个意义层次上，这些词语又可以类聚其他的同族词，构成一个个词群，而这些词群按照彼此的联系，组合成一个大的族群，就是词族。但是语源研究是一项逆推性的工作，在构拟同族词时，只能从其特征——音近义通——去反推词语之间的族属关系，同时古音系统拟测和词义分析可能会出现的偏差，决定了词族构组的相对准确性。

二、系联同族词的方法

词族是由单个的同族词构成的，因此构组词族，首先要判定和系联同族词。基于联想基础上的词语分化，在语音和语义上与源词有着相同或相近的联系，因此同族词的判定和系联要借助音义相同相近的特点来把握。但是在同族词的构组过程中，特别是在考察语音关系时，有个无法回避而不得不面对的致命缺陷，那就是在共时系统中看待历时问题。所以，如果系联的词语达到一定数量时，语音关系在一个平面上就表现为“无所不转”。这时，汉语词源学就像一个表面有着迷人光环的陷阱，吸引着人们，最后的结果往往是无法解释复杂的语音关系，只好死守语音条例，进行原子式研究，肢解词族关系。因此，尽管从最初先秦时期的随文声训算起，人们对汉语语源的探求已有两千多年的历史，但是有规模的词族研究寥寥无几，目前所知的有程瑶田《果蠃转语记》①、蔡凤圻《混沌——〈语源〉初稿之一节》②、刘又辛《释“籧篨”》③，而且所收词语均限于双音节词领域。

但是，理论上，词族又是存在的，我们利用各种材料通过音义关系是可以做到词族构组的。语音方面，利用谐声偏旁和其他古代的语音材料，发现并证明词语的语音流转关系，同时参照已

---

① 程瑶田：《果蠃转语记》，载《安徽丛书》1934 年第 2 期。

② 蔡凤圻：《混沌——〈语源〉初稿之一节》，载《说文月刊》1941 年第 2 卷第 11 期。

③ 刘又辛：《释“籧篨”》，载《语言研究》1984 年第 1 期。

构拟的古音系统；语义即词源义方面，利用谐声寓意特点及古代的训诂材料，努力透过词汇意义探求隐含的词源意义。声符载义，是语源义在字形上的体现，它使同族词的系联具有了目治的可操作性。所以，在词族的构组过程中，我们应重视谐声系统的价值，将据声符系联与据音系联结合起来，以谐声偏旁为起点，在此基础上系联其他不同谐声偏旁的词语。音、义这两方面的协同，在同族词判定过程中应二者并重，缺少其中的一方都不能对同族词作出判断，这也是判定同族词的基本原则。

（一）语音方面

同族词音近的判定要依靠语音系统，而根据《诗经》和《楚辞》用韵及《说文》谐声偏旁建立起来的周秦时代的先秦语音系统，各家的构拟不一致，特别是声母系统存在很大的分歧，这必然会影响到语音关系的判定。如王力先生所构拟的上古声母系统没有复辅音，但在处理“黑”、“墨”这对同族词时，他拟了一个复辅音“mx”，说：“‘黑’的古音可能是mxək，故与‘墨’mək同源。”[①]《说文》：“墨，书墨也。从土，从黑，黑亦声。”“黑”、“墨”意义相关，皆为古职部字，又有谐声关系，源流显而易见，而依王力先生构拟的上古声母系统和韵转条例，“黑”，晓纽喉音，“墨”，明纽唇音，二者相去甚远，唇、喉相通于音理难以解释。对“音近”的标准，语源学家制定了韵母“旁转”、“对转”、“旁对转”、“通转”等一些条例，但是在一个韵图上，这样转，那样转，转来转去，结果是无所不转。有学者[②]对同族词的语音关系进行考察，发现喉音与牙音、齿音、舌音、唇音都相

① 王力：《同源字典》，商务印书馆1982年版，第253页。

② 孟蓬生：《上古汉语同源词语音关系研究》，北京师范大学出版社2001年版，第99～154页。

通，唇音与牙音、舌音相通，舌音与齿音相通，牙音与舌音、齿音相通。声纽的发音部位总共就喉、牙、舌、齿、唇这几个，结果是与韵转条例一样变得通来通去。王宁在《关于汉语词源研究的几个问题》①一文中指出，“词的同源关系以音近为必要条件，判断音近必须运用历史语音学的研究成果。可是，判断同源词的音近关系谈何容易”，并提出四个原因：①“音近”概念模糊；②古代汉语的语音系统都带有一定的“假说”性质；③同源孳生呈网络状，演变层次越多，距离越远，难保音近；④个别词音变化含偶然因素。这样，同族词的语音关系就成了一个必须面对但又让人迷惑的问题，可是只要是研究语源，这个问题就绕不过去。

如前面所说，源词的派生，不是一时一地发生的，而是具有历史层次性的。直接派生的词语之间，语音关系肯定是相近的，但经过许多层次的派生后，在语音上就会出现较大区别的可能。这似乎出现了难以解决的矛盾：一方面，从理论上来说，词族经过漫长时间的源流衍化，首尾两头的词语之间在语音上出现较大差异是可能的；另一方面，依托现有构拟的语音系统难以将这种变化描述出来。问题就在于前者是历时的，顺流而下，而后者是平面的且是构拟的，既不能顺流又不能逆流，对有着明显同源关系而语音差异较大的词语无法用系统的条例解释，所以就容易陷人于迷雾之阵。因此，构拟的语音系统只能作为判定同族词在某个时代语音关系的参照，而不是作为标准来执行。

除了参照语音系统，还可以利用谐声和其他古代的语音材料对语音关系进行判定和验证。谐声偏旁是汉语语音在字形上的渗透，是汉字跟词语孳乳一致性的表现，对系联同族词有着重要的提示和验证作用。利用谐声还有一个优点，就是可以不受语音系

---

① 王宁：《关于汉语词源研究的几个问题》，载《陕西师范大学学报》2001年第1期。

统的时代性限制，系联不同时期的词语。“周秦时代是汉语词汇派生的高峰，在纷繁的派生活动中，积累了大量的同源词。”[①] 王力（1982）指出，“（同源字）必须以先秦古音为依据，因为同源字的形成，绝大多数是上古的事了”[②]。因此，就目前词源研究的情况来看，基本上是以上古语音系统作为依据来判定语音关系。但是不可否认，有些词语的分化在后代继续行进，所以单靠上古语音系统无法将后期分化的词语囊括在内，而谐声偏旁在字形上很好地保留了彼此之间的语音关系，不受语音系统的时代限制。如“裘”、“逑”、“救”、“莍”、“梂”、“赇”、“捄”、“殏”、“球”、“箓”、“觩”，同谐“求”声，意义分属“圆”（裘、莍、梂、箓、球）、“曲”（觩）、“聚”（逑、赇、捄）、“止”（救、殏）等层次，义相关联。从现有的传世典籍来看，“裘”、“逑”、“救”、“莍”、“梂”、“赇”、“捄”在先秦就已经出现，“殏”、“球”、“箓”、“觩”则出现在中古時期，但这并不妨碍我们依据声符“求”这个语音线索将其系联起来。另外，在训诂中出现的语音材料对语音关系也会起到很好的判定和验证功能。这些语音材料包括假借和声训术语，如“读若”、“读为”、“之言”等，通过这些语音材料，我们可以把谐声偏旁不同而语音相关的词语辗转系联起来，如老子《道德经》：“未知牝牡之合而全作，精之至。”（唐）陆德明《经典释文》（以下简称《释文》）：“河上本作峻，一作朘。峻、朘皆卵字。”“朘”、“全”为“卵”的假借字。又如《说文》：“睿，深通川也，从谷从𣦵。𣦵，残地坑坎意也。濬，古文睿。《虞书》曰：‘睿畎浍距川。’”（段玉裁《说文解字注》据《韵会》改为“从𣦵、谷，𣦵，残也。谷，坑坎意也。”）今传《虞书》中“睿”写作“浚”，𧾷公盨铭文中

① 王宁：《关于汉语词源研究的几个问题》，载《陕西师范大学学报》2001年第1期。

② 王力：《同源字典·同源字论》，商务印书馆1982年版。

写作“𡋟”，字从“𣦼”从“川”从“○”（“圆”的初文）。裘锡圭[1]认为，“‘𡋟’所从的‘圆’之初文，应是加注的音符”。又，趨，《说文》：“走皃，从走叡声，读若紃。”《说文》：“齐人谓雷为霣。从雨員声，一曰云转起也。读若昆。”《说文》：“沄，转流也。读若混。”《周礼·考工记》：“器中䏝，豆中县。䏝崇四尺，方四寸。”郑玄注：“䏝读如‘车辁’之辁。”“圆”、“霣”同谐“员”声，“浚”、“朘”同谐“夋”声，“浚”、“叡”同谐“睿”声，“䏝”从“专”声，如此一来，经过一番辗转相系后，可以判断“浚”、“叡”、“紃”、“圆”、“霣”、“浚”、“朘”、“混”、“沄”、“全”、“卵”、“䏝”语音相关联。

谐声及其他语音材料让我们在不知具体语音的情况下，就可以判断并验证词语的语音是否存在流转的关系。但并不是所有的词语都可以找到相关的语音数据，所以我们还必须以古音的研究成果作为参照，更好地说明语音关系。

（二）语义方面

义通是指词源意义相通。词源意义也叫构词理据、词的内部形式，是从发生学角度确定词的命名依据。早在东汉时期，刘熙在《释名·序》中指出：“夫名之于实，各有义类，百姓日称而不知其所以之意，故撰天地、阴阳、四时、邦国、都鄙、车服、丧纪，下及民庶应用之器，论叙指归，谓之释名。”他将词源意义称为“义类”，已明确认识到同族词在构词理据上的类聚性。

词源义不同于词汇意义，“词汇意义指的是语言的词的概括意义，它是词汇学的研究对象。词源义指的是同源词在滋生过程中由词根（或称语根）带给同族词或由源词直接带给派生词的构

---

① 裘锡圭：《𤸸公盨铭文考释》，载《中国历史文物》2002 年第 6 期。

词理据，它是词源学的研究对象”①。词源义隐含在词的意义的深层，而词汇意义是词语行使交际功能的使用意义，处于词的意义表层。如“秋”、“揫”、“愁”、“湫”、“甃”的词汇意义分别是“禾谷熟”，“束、聚”，“忧”，“潭、渊”，“井壁”，具体指向区别甚大，彼此之间没有相同的关系，但是在意义的深层，它们都有“团聚”（“禾谷熟”，乃收成之时）的词义特点。这个共同的特点并不直接显现，因为其对语言的交际没有什么影响，人们知道其表层的使用意义就可以了，这就是“百姓日称而不知其所以之意”的原因所在。有些词语表层的词汇意义相同，而词源义却不同，如“境”、“界”皆表“边境”义，是其词汇意义，但“境”得名于“止、尽”义，“界”则得名于“处中间而分”义，故可以说“分界点”、“分界”，却不能说“分境点”、“分境”。可见，词源义只是词语的某个词义特点，居于义素层次。由于词源义的隐蔽性，在语源研究的实际操作中，人们容易混淆词源义与词汇意义，以词汇意义取代词源义。王力在《同源字论》里曾明确提出，“判断同源字，主要是根据古代的训诂。有互训，有同训，有通训，有声训”，“同源字必然是同义词，或意义相关的词”，② 混淆了词汇意义和词源意义。后来有学者对这种做法提出批评：“在现代，用词汇意义取代词源意义来探讨同源关系，在一些有关汉语词源问题的论著中，还很严重地存在着。”③ 如《同源字典》“阳部见母”下，就将“境”、“界”共同的词汇意义“边境”义等同于其词源意义，把二者系为同源关系。④

词源义是通过族词的类聚关系体现出来的，许慎正是注意到

① 王宁、黄易青：《词源意义与词汇意义论析》，载《北京师范大学学报》2002年第4期。

② 王力：《同源字典·同源字论》，商务印书馆1982年版，第3页。

③ 王宁、黄易青：《词源意义与词汇意义论析》，载《北京师范大学学报》2002年第4期。

④ 王力：《同源字典》，商务印书馆1982年版，第344页。

同谐声的“拘、笱、钩”在词义特点上的共性，从而一改分别部居的做法，将其均列于“句”下。因此词源义的探求必须有系统的理念，摒弃原子主义的系联。沈兼士《右文说在训诂学上之沿革及其推阐》认为词源的探求“须组合一组同声母字，而抽绎其具有最大公约数性之意义，以为诸字之共训”[①]，并将其归纳为右文说公式“（ax，bx，cx，dx...）：x”。王宁《汉语词源的探求与阐释》将现代语义学的义素概念引入词源研究领域，形成“义素分析法”以探求词源义，其实就是对沈氏右文说公式的进一步演绎，都是在词语的类聚关系中探求共同的词义特点即词源意义。[②]

词语的分化派生，在文字形体上的一个表现就是源词与派生词之间共享谐声偏旁，因此声符寓含形声字所记录的词的源义素，是探求词源义和判定同源关系的重要线索。王宁、黄易青《词源意义与词汇意义论析》[③] 不同意《同源字典》[④] 将“穷”、“极”系为同源关系，认为“穷”与“究”同源，词源义是“（封闭空间）的尽头”；而“极”的本义是“古代房屋的最高的大梁”，以居中极而得名，与“亟”、“革”同源，其词源义是“空间紧迫（时间促迫）”。至于“穷”、“究”的词源义为什么是“（封闭空间）的尽头”，文章并未作解释。按，“穷”，《说文》：“极也，从穴躳声。”“躳”声寓“弯曲、圆”义，《说文》：“躳，身也。从吕从身。躬，俗从弓身。”段玉裁注曰：“从吕者，身以吕为柱也。矦执信圭。伸圭人形直，伯执躬圭，躬圭人形曲。鞠

① 沈兼士：《右文说在训诂学上之沿革及其推阐》，载《沈兼士学术论文集》，中华书局 1986 年版，第 82 页。

② 王宁：《汉语词源的探求与阐释》，见《训诂学原理》，中国国际广播出版社 1994 年版，第 148 ~ 152 页。

③ 王宁、黄易青：《词源意义与词汇意义论析》，载《北京师范大学学报》2002 年第 4 期。

④ 王力：《同源字典》，商务印书馆 1982 年版，第 253 页。

躬者，敛曲之貌也。”“宫”，《说文》：“室也。从宀，躳省声。”《礼记·丧大礼》：“君为庐宫之。”郑玄注曰：“宫谓围障之也。”《尔雅·释山》：“大山宫。”郭注：“宫谓围绕之。”“营”，《说文》：“营，匝居也。”所以，“穷”当指弯曲弓形的最高点，最高点即终止点，《礼记·乐记》：“穷高极远而测深厚。”孔颖达疏：“穷，尽也。”而“究”，《说文》：“穷也，从穴九声。”“九”声寓“圆曲、聚”义，“九”契文作“”、“”等形，徐中舒《甲骨文字典》：“（九）象曲钩之形。钩字古作句。内公钟句作形，罗振玉云其状正为圆环，下有物如蛇状，尾上曲为钩（《贞松堂集古遗文》卷十一）。句、九古音同，故句得借为九，复于句形上加指示符号而作、。”“轨”，《说文》：“车辙也。从车九声。”《淮南子·本经》：“五星循轨而不失其行。”乃为运转之迹。“勼”，《说文》：“聚也，从勹九声。读若鸠。”由“聚”义派生出“止、尽”义。“鼽”，《说文》：“病寒鼻窒也，从鼻九声。”“氿”，《说文》：“水厓枯也。从水九声。”所以“究”当指曲聚而尽，而非封闭空间的尽头。也就是说，在词语派生中，“穷”着眼于弓形的最高点，“究”则着眼于聚而止的词义特点，所以可以说“穷高”，但不能说“究高”。据我们研究，二者虽然同属于“圆”词族，但所处的意义层次即词群不同，并非均得名于“（封闭空间）的尽头”。声符载义，是词源义在字形上的体现，因此以声符为线索探求词源，然后在此基础上系联其他语音与之相同相近、构词理据与之相通的词语，不失为一种行之有效的方法。

需要注意的是，声符载义指的是声符之“声”载义，是义存于声这一实质性音义关系在文字上的反映，而非声符偏旁的字形本身就体现着词源。在典籍口授时期，字无定形，往往采用音同音近者来记录同一个词，如“秉”孳乳为“棅”，但在书写过程中，人们用与“手持”义毫无关系的音近字“丙”代替声符“秉”而写作“柄”。因此声符示源的实质是“声示源”，而非

"符示源"。如"烛"字声符为"蜀"，《说文》："蜀，葵中蚕也。"有学者认为"声符'蜀'兼示义，为'葵中虫'，居葵中逐渐食葵使之枯萎。烛象蜀形，点燃后逐渐燃尽，故从蜀得声"①。实际情况是，"烛"为"主"的孳乳字，后增加义符为"炷"，之后又以"蜀"更换"主"为"燭"，因"蜀"上古音禅纽屋部，"主"章纽侯部，侯屋对转，章禅旁转。"燭"继而简化为"烛"，成为名副其实的形声字，在字形上与初始象形字"主"已绝缘。② 因此以声符"蜀"之"葵中虫（食葵使之枯萎）"义作为"烛"的词源义是不准确的，而且"食葵使之枯萎"也并非是"蜀"的词义特点。作为一种虫子，"蜀"的外形特点是蜷曲貌，甲骨文中的"蜀"即像大目蜷身之虫形。又"欘"，声符为"蜀"，《说文》："斤柄性自曲者。"（清）朱骏声《定声》："《海内经》：'百仞无枝有九欘。'注：'欘，枝回曲也。'"《广韵·烛韵》："枝上曲，一曰斤柄。"《山海经·海内经》："有木，青叶紫茎，玄华黄实，名曰建木，百仞无枝，有九欘。"郭璞注："枝回曲也。"从训诂材料来看，"欘"亦具有"弯曲"的词义特点，所以"蜀"声既寓"弯曲"义（该义是"蜀"本有之词义特点），又可寓"主（烛）"之"直立"之义。

但即便明了词源义的特点和推求方法，从类聚的词语中抽绎出共有的词义特点也实非易事，是非下一番缜密心思不可的。如杨树达《形声字声中有义略证》③ 认为"邕"、"容"、"庸"声字多含蔽塞义，并征引大量训诂材料列以"邕、廱、雍、庸、拥、墉、䶝、鳙、痈、容"证之。按，诸词当得名于"环绕、圆"义，试详论之。"邕"，《说文》："四方有水自邕成池者。""自邕"即自环。字亦作"壅"，《左传·昭公元年》："勿使有所

① 李嘉翼：《说"烛"》，载《汉字文化》2005年第2期。

② 张相平：《"烛"词源考》，载《汉字文化》2007年第1期。

③ 杨树达：《形声字声中有义略证》，见《积微居金石论丛》，中华书局1983年版，第45～46页。

壅闭湫底，以露其体。”引申为“障，塞”，《战国策·齐策》：“宣王因以宴首壅塞之。”“廱”，《说文》：“天子飨饮辟廱。”字亦作“雍”，《诗·鲁颂·泮水》：“思乐泮水，薄采其芹。”郑玄笺：“辟雍者，筑土雝水之外，圆如璧，四方来观者均也。”“雍”，《汉书·地理志》：“雍，秦惠公都之。”颜师古注引《应劭音义》云：“四面积高曰雍。”《释名·释州国》：“雍州在四山之内，雍翳也。”“四面积高”、“四山之内”均可证“雍”之环绕之形。“拥”，《说文》：“裒也。”《礼记·少仪》：“侍射则约矢。侍投则拥矢。”孔颖达疏：“拥，抱也。”环而方能抱也。“墉”，《说文》：“城垣也。”指环绕于四周起障蔽作用的高墙。《诗·周颂·良耜》：“其崇如墉，其比如栉，以开百室。”“罋”，《说文》：“汲缾也，从缶雝声。”即汲水瓶，呈圆状。“容”，《说文》：“容，盛也。”物盛于器，以蔽外界，故引申为“蔽”义，《尔雅·释宫》：“容，谓之防。”郭璞注：“形如今床头小曲屏风，唱射者所以自防隐。”环绕之形而起蔽塞之用，故引申为“蔽塞”义，“齆”表“病寒而鼻窒”义，“痈”表“壅结溃肿”义。因此这几个有同源关系的词语，在词源意义上有两个层次，一是环绕，二是蔽塞，后者是前者的引申，故可以分为两个在意义上有引申关系的小词群，并非如杨树达所言均为“蔽塞”义。

综上所述，同族词的判断需要音义两方面的结合，且要具有系统的、历史的理念。只有这样，才能将同族词按照词源义的分化层次逐层系联为一个个词群从而汇总成大的词族，这是一项复杂而又艰巨的工程。

第三章 “圆”词族系统构拟

“圆”作为一种状态特征，最易为具象思维的先民感知，且作为构词理据，有着极强的孳衍能力，在语言交际的历史长河中，派生出众多词群。为便于指称，本书选取“圆”作为词族的族名。只以单音节词为研究对象，语料主要来自《说文解字》，辅以出土文献与传世文献等典籍，广泛吸收前人的研究成果，考察出“圆”作为词源义派生出的二十个意义层次，各个意义层次上类聚了数量不等的词语。

一、圆、转义

1. 员（圆）（匣文）①
2. 圜（匣元）環闤澴寰鬟繯䍺還檈
3. 丸（匣元）
4. 顽（疑元）脘莞髋輐鲩奦斡（影月）
5. 琬（影元）盌豌椀
6. 亘趄垣桓（匣元）
7. 肙（影元）圓梋
8. 管棺（见元）涫輨綰
9. 叀專（章元）膞篿團漙摶磚
10. 眷（见元）罐弮（见元）桊帣盉䍧（见元）
11. 旋（邪元）鏇淀蜁
12. 荃（清元）栓

① 括号内第一字为声纽名称，第二字为韵部名称，下文不再说明。

13. 回洄（匣微）
14. 篅（禅元）
15. 卵（来元）
16. 困（溪文）棞（匣文）
17. 绲（见文）棍鲲锟
18. 帬（群文）
19. 淪綸輪（来文）
20. 椽（定元）缘隊篆
21. 笆（定文）肫
22. 澶（端元）暄
23. 瞋（穿真）
24. 螺锣箩（累，来微；罗，来歌）
25. 梭（心歌）
26. 飏（影质）
27. 靁（来微）櫑垒蕾
28. 囗（匣微）韋緯禕幃湋
29. 云（匣文）沄魂园
30. 蜗媧（见歌）涡脶
31. 篿匴篹（邪元）
32. 渊（影真）籫（精元）
33. 軕紃（邪文）钏
34. 埒（来月）囨頛
35. 返贩（帮元）
36. 旬（邪真）帕旬
37. 军（见文）輝緷鍕幝
38. 归（见微）
39. 垠（疑文）
40. 葖（定物）
41. 沱飐（它，透歌）

42. 厶（心脂）
43. 蕢（群物）墤
44. 瑰（见微）凷魄
45. 般（并元）磐簸
46. 果（见歌）踝颗髁
47. 鐶（贯，见元）
48. 潏（喻质）術（神物）橘繘

以上诸词具有共同的语义特点“圆、转”，韵部均在乙类。在第二章“系联同族词的方法”一节里，本书通过语音材料辗转相系后，判断“浚”、“叡”、“紃”、“圆”、“賣”、“浚”、“朘”、“混”、“沄”、“全”、“卵”、“膞”众词语在语音上具有流转关系，同理，它们各自有着相同谐声偏旁的词语在语音上也当相互关联。

《礼记·玉藻》：“周还中规，折还中矩。”（唐）陆德明《释文》：“还音旋，本亦作旋。”《说文》：“趯，疾也，从走瞏声，读若讙。”《说文》：“憬，急也，从心瞏声，读若绢。”“趄”，在典籍中或作“爰”，或作“辕”（详见“趄”词条）。“趄”、“爰”、“辕”三者古音同属匣纽元部。与“濬”同从“睿”声的“璿”有异体作“璇”，《书·舜典》：“在璇玑玉衡，以齐七政。”孔安国传：“璇，美玉。”《汉书·异姓诸侯王》：“积德累功，洽于百姓，摄位行政，考之于天。”颜师古注中引作“璇玑玉衡，以齐七政”。“璇”、“旋”古音同属邪纽元部，故“睿”声可与“旋”声相通。“藋”声与“果”声相通，如《周礼·天官·冢宰》：“凡祭祀，赞王币爵之事，祼将之事。”郑玄注：“祼之言灌也。”

還、趯、憬、辕同谐“瞏”声，“绢”从“肙”声，“祼”从“果”声，“亘”从“亘”声，而“亘”、“回”初为一字（详参“亘”词条），故从“瞏”、“旋”、“肙”、“果”、“睿”、“亘”、“回”声的词语音近相通。

《礼记·月令》：“后妃齐戒，亲东乡躬桑，禁妇女毋观，省妇使，以劝蚕事。”郑玄注：“妇使，缝绵组紃之事。”（唐）陆德明《释文》：“紃音旬。”《说文》：“鞾，攻皮治鼓工也。从革軍声。读若运。”《尔雅·释鱼》：“徽，鱼有力者，鞏。”（唐）陆德明《释文》：“徽，音晖。”《说文》：“鐼，铁属，读若熏。”“熏”、“员”古音同属牙音文部（“熏”，匣纽文部，“员”晓纽文部），故“埙”或作“埙”（详见“埙”词条）。“鐼”、“分”、“奋”古音相通，同在唇音文部。“霣”，《说文》：“齐人谓雷为霣。从雨員声，一曰云转起也。读若昆。”

“旬”从“匀”声，“鞾”、“晖”从“军”声，“鐼”从“贲”声，“紃”从“川”声，故从“匀”、“军”、“贲”、“员”、“奋”、“雷”、“川”声的词语，语音是相通的。

声训作为一种用音同音近词解释词义、推求词源的训诂方法，虽然在推求词源方面存在牵强附会等缺陷，但是却在一定程度上保存了可以证明当时词语语音关系的重要材料。《释名·释衣服》：“裈，贯也，贯两脚上系腰中也。”“裈”的语源义当为“浑合、围”，但刘熙以“贯”声训“裈”，可推知“贯”、“裈”二者在东汉时期的语音是相近相通的。（汉）应劭《风俗通义·声音》：“物贯地而牙，故谓之管。”“管”、“贯”语音相通，但“管”当得名于“圆通”义，而非“贯”。《释名·释用器》：“棺，关也，关闭也。”又《诗·小雅·斯干》：“下莞上簟，乃安斯寝。”（唐）陆德明《释文》：“莞音官。”

“棺”、“管”同谐“官”声，“贯”从“毌”声，“裈”从“军”声，“莞”从“元”声，故谐“官”、“毌”、“军”、“元”声的词语在语音上是相近相通的。

《说文》：“蜼，蛹也，从虫鬼声，读若溃。”故谐“鬼”、“贵”声的词语音近相通。

《说文》：“㚃，鸷鸟食已吐其皮毛如丸，从丸咼声。读若骫。”故谐“咼”、“丸”声的词语音近相通。

又“圜”、“丸”、“眷”同属见纽元部，“般”、“返”同属唇音元部，唇、牙音相通已为学界认同。[①]“囷”、“帬”、“垠”、“绲”同属牙音文部，“瑰”、“归”、“回”同属牙音微部。“椽”、“澶”、“笹”、“瞋”、“葖”、“它”、“沦”、“累”、“罗”、“埒”、“术”、“潏”、“卵”同属舌音，“厶”、“籫”、“篫”、“梭”同属齿音，而“卵”、“梭”在语音上具有流转关系。“渊”、“飏”、“琬”“肙”同属喉音，而“肙”又与“還”音近相通。

辗转相系之后，众词语在语音上具有音近相通关系。

49. 亭椁（见铎）

50. 顾（见鱼）

51. 榴（留，来幽）

52. 柚（定幽）宙胄轴

53. 瓢（并宵）

54. 篓（来侯）

55. 兜篼（端侯）

56. 豆（定侯）頭

57. 簝（来宵）橑撩

58. 簋（见幽）

59. 匋（照幽）

60. 州（照幽）

61. 裘（群之）莍梂毬箓毬

62. 雹（并觉）泡（滂幽）匏脬（滂幽）稃郛

63. 賏（影耕）缨罂

64. 桃（定宵）

65. 複（并觉）復

① 详参孟蓬生：《上古汉语同源词语音关系研究》，北京师范大学出版社2001年版，第111～116页。

66. 軖（匣阳）
67. 珠（照侯）
68. 楃（影屋）
69. 褒緥（褓）宲（帮幽）
70. 黾（明阳）蝇（喻蒸）绳孕（喻蒸）身（审真）
71. 營縈（影耕）犖榮禜謍
72. 鞠（见觉）蘜
73. 莔（明阳）涠
74. 篽（影觉）
75. 篗（匣铎）籰護
76. 莒（见鱼）筥
77. 瓜（见鱼）苽菰瓠
78. 棓（帮之）瓿
79. 嫷（崇侯）
80. 瞿（见鱼）趯灈
81. 规（见支）
82. 畐（并职）辐堛
83. 庑（明鱼）
84. 宫（见冬）
85. 眮（定东）
86. 踵（照东）董蛹
87. 籠（来东）襱
88. 邕擁廱雍罋墉（影东）
89. 守狩（审幽）
90. 肘疛（端幽）
91. 梼（定幽）帱
92. 芋（匣鱼）軒宇
93. 扭（丑，泥幽）
94. 防（并阳）

95. 圭（见支）闺娃

96. 璧（帮阳）避

97. 壶（匣鱼）

以上诸词同前一组词一样，都具有相同的“圆、转”词义特点，与之不同的是该组词语的韵部均在甲类。据谐声系统及前人的研究成果，甲类与乙类韵部存在通转关系，如“媪”、“愠”同谐“昷”声，而“媪”居觉部，“愠”则居文部；“秃”、“颓”同谐“秃”声，而“秃”居屋部，“颓”则居微部；“訇”谐“匀”声，而“匀”居真部，“訇”则居耕部。《同源字典》：“在同源字中，叠韵最为常见，其次是对转。至于旁转、旁对转、通转，都比较少见。但通转也有比较常见的，例如鱼铎阳和歌月元的通转。”① 如此一来，经过辗转相系，两组词在语音上具有相近或相关关系。

1. 员、圆：《说文》：“员，物数也。”《说文》所释乃“员”的后起义，作量词用。员，甲骨文、金文、石鼓文都是在造型不同的鼎口上画一圆圈，表示鼎口为圆形，后作量词使用，如《诗・商颂・玄鸟》：“景员维河。”（宋）朱熹《诗集传》：“或曰景，山名，商所都也……员，与下篇‘幅陨’义同。盖言周也。”在“圆形”义上则加“囗”分化出“圆”，与之区别。《说文》：“圆，圜也。”即“周围、四周”义。“圜，天体也。”古人有“天圆地方”观念。《周礼・冬官・考工记》：“轸之方也，以象地也。盖之圜也，以象天也。”《墨子・法仪》：“百工为方以矩，为圆以规。”《韩非子・功名》：“右手画圆，左手画方。”（唐）王维《使至塞上》诗：“大漠孤烟直，长河落日圆。”

2. 圜：《说文》：“圜，天体也。”《易・说卦》：“干为天，为圜。”《吕氏春秋・序意》：“爰有大圜，在上。”高诱注：“圜，天也。”古人以“圜”指天，当得名于其天之圆状，（清）朱骏

① 王力：《同源字典》，商务印书馆 1982 年版，第 17 页。

声《定声》：“浑圆为圜，平圆为圆。”因牢狱其形制为圆圈状，故“圜”又可引申为“牢狱”义，《周礼·秋官·司寇》：“司圜中士六人。”郑玄引郑司农云：“圜，谓圜土也。圜土，谓狱城也。”

瓌、镮：《说文》：“瓌，璧也”，为圆圈形的玉器。《尔雅·释器》：“肉好若一谓之环。”郭璞注：“边孔适等。”引申为环状、环状物，《诗·齐风·卢令》：“卢重环，其人美且鬈。”毛亨传：“重环，子母环也。”《管子·度地》：“水之性……倚则环，环则中。”尹知章注云：“倚，排也。前后相排，则圆流生，空若环之中，所谓齐。”在此“环”指漩涡，亦为圆形状。又派生出“镮”字，《战国策·齐策五》：“军之所出，矛戟折，镮弦绝。”姚宏注：“镮，刀镮。”（汉）扬雄《太玄·周》：“带其钩鞶，锤以玉镮。”《搜神记》卷一五：“羊祜，年五岁时，令乳母取所弄金镮。”《广韵·删韵》：“镮，指镮。”

闤：《说文》未录。“闠”下，段玉裁注：“薛综《西京赋》注曰：‘闤，市营也”，“市之营域曰闤”，取其“圜”义。《说文·新附》：“闤，市垣也。”《文选·张衡〈西京赋〉》：“尔乃廓开九市，通闤带闠。”薛综注曰：“闤，市营也。”（晋）崔豹《古今注·都邑》：“闤者市之垣也。”

澴：水回旋貌。《文选·郭璞〈江赋〉》：“漩澴荥潛，渨溫濆瀑。”李善注：“皆波浪回旋濆涌而起之貌也。”（唐）杜甫《万丈潭》诗：“黑知湾澴底，清见光炯碎。”

寰：《正字通·宀部》：“宫周垣也。”《文选·颜延之〈直东宫答郑尚书诗〉》：“黄居体寰极，设险祗天工。”张铣注：“象众星之环北极。”又指京都周围千里以内之地，即领地，《谷梁传·隐公元年》：“寰内诸侯。”（唐）陆德明《释文》：“寰，音县，古县字。一音环。”其义亦当源于“寰”之“圆、圈”之词源义。

鬟：指环形发髻。《广韵·删韵》：“鬟，髻鬟。”《集韵·删韵》：“屈髮为髻。”得名于其圆形。（汉）辛延年《羽林郎》诗：“头上蓝田玉，耳后大秦珠。两鬟何窈窕，一世良所无。”又比喻作山形，（宋）杨万里《惠山云开复合》诗：“只嫌雨里不仔细，髣髴隔帘青山鬟。”在文献中，“鬟”往往借作“環”，表“环绕”义，（汉）贾谊《新书·修政语上》：“故鬟河而道之九牧，凿江而道之九路，洒五湖而定东海，民劳矣而弗苦者，功成而利于民也。”

繯：指绳子缠绕，《说文》：“繯，落也。”段玉裁注：“落者，今之络字。古假落，不作络。”《广雅·释器》：“繯，络也。”王念孙疏：“凡绳之相连者曰缳。”“缳之言绾也。”《玉篇·纟部》：“繯，环也。”历史上有一种绞刑，名为“缳首”，即用绳套勒死，（清）纪昀《阅微草堂笔记·滦阳消夏录六》：“众以白昼劫夺，罪当缳首，将执送官。”均得名于“圆、圈”义。

羂：《说文》：“羂，网也。”即以绳缳结成网。

還：《说文》：“复也。”《尔雅·释言》：“返也。”《广雅·释诂》：“還，归也。”《诗·小雅·出车》：“执讯获丑，薄言还归。”《国语·吴语》：“将还玩吴国于股掌之上。”韦注：“還，转也。”

檈：《说文》：“圜案也。”

本组字共同的声符“睘”，承载着其共同的语源义，即“圆、圈”义。

3. 丸：《说文》：“圜也。倾侧则转也。”《广韵·桓韵》：“弹丸。”《逸周书·器服》：“二丸弇。”（清）朱右曾《校释》引丁嘉葆曰：“凡物圆转者皆曰丸。”又引申作动词，表揉搓使物成圆形，《文选·马融〈长笛赋〉》：“丸挻雕琢，刻镂钻笮。”李善注：“丸，取也。”（清）王念孙《读书杂志馀编·文选》：“李说非也。丸之言和也。和土以为器也。”

4. 顽：《说文》：“棞头也，从页元声”，指未劈开的囫囵木头。段玉裁注：“凡物之头浑全者皆曰棞头。”故又引申作“浑圆”义，（明）徐弘祖《徐霞客游记·粤西游日记一》：“闻平乐以下，四顾皆土山，而巉厉之石，不挺于陆，而藏于水矣。盖山至此而顽，水至此而险也。”

胃、脘、胘：《说文》：“胃，谷府也。”字又作“脘”，《说文》：“脘，胃府也。”《黄帝内经·灵枢译解·大惑论》：“胃气逆上，则胃脘寒，故不嗜食也。”又作“胘”，《说文》：“牛百叶。”段玉裁引李时珍曰：“胘即胃之厚处。”《广雅·释亲》：“胃谓之胘。”脘，溪纽元部；胃，匣纽物部；胘，匣纽真部；同属牙音，韵部相近。“胃”之形为圆状，当得名于此。

莞：《说文》：“莞草也，可以作席。”《广韵·桓韵》：“似兰而圆，可以为席。”《诗·小雅·斯干》：“下莞上簟，乃安斯寝。”郑玄笺：“莞，小蒲之席也。”郑玄乃通言之，“莞”得名于“圆空”义。《广雅》谓之“葱蒲”，即以“葱”突出其茎圆而空的特点。（唐）陆德明《释文》：“莞音官，徐又九完反，草丛生水中，茎圆，江南以为席，形似小蒲而实非也。”

髋：《广韵·换韵》：“膝骨。”膝盖骨呈圆状。

輐：《集韵·缓韵》：“輐，輐断，刑截所用也。一曰圆貌。”《正字通·车部》：“輐，圜貌，刓去圭角也。”《庄子·天下》：“椎拍輐断，与物宛转。”（清）王先谦《庄子集解》：“《释文》：‘輐，圆也……’輐断，谓虽断而甚圆，不见决裂之迹，皆与物宛转之意也。”

鲩：《说文》：“鲩鱼也。从鱼完声。”段玉裁注：“鲩、鲲古今字，今人曰鲲子，读如混。”鲲，徐珂《清稗类钞·动物类》：“鲲，可食，形长身圆，颇似青鱼，而色微灰，江湖中处处有之，食草，亦谓之草鱼，又作鲩。”鲩鱼，得名于其圆筒状体型。

寏、院：《说文》：“寏，周垣也。从奂声，寏或从阜完声。”指围墙，最初作为“垣”的异体字，《墨子·大取》：“其类在院下之鼠。”《广雅·释室》：“院，垣也。”后来在所指上进行分工，“院”专指垣墙圈起来的部分，《广韵·线韵》：“院，垣院。”即今之“院子、庭院”。“窦”、“院”均名于“圆”状。

斡：《说文·斗部》：“斡，蠡柄也。”段玉裁注：“判瓠为瓢以为勺，必执其柄而后可以挹物。执其柄则运旋在我，故谓之斡。”按段玉裁所注，“斡”之“杓柄”得名于“运旋”义。故引申作“旋转”义，《广雅·释诂》：“斡，转也。”《史记·贾生传》：“斡弃周鼎兮，而宝康瓠。”《史记索隐》引《应劭音义》曰：“斡，音筦。筦，转也。康，空也。”（宋）陆游《落梅》诗之二：“向来冰雪凝严地，力斡春回竟是谁？”

5. 琬：《说文》：“圭首琬者。从玉宛声。”《周礼·考工记·玉人》：“琬圭九寸而缫。”郑玄注：“琬，犹圆也，王使之瑞节也。”（元）方回《石氏四子名字说》：“盖琬圭之首圆，其象仁，第三子庆源，欲名曰石琬，字德玉。”

盌、甇、碗：《说文》：“盌，小盂也。”段玉裁注：“于、夗皆坳曲意，皆以形声包会意也。”《说文》：“甇，小盂也。”（清）朱骏声《定声》：“按即盌之或体，俗或作碗。”

豌：《玉篇·豆部》：“豌，豆名，夏收者。”（明）李时珍《本草纲目·谷三·豌豆》：“胡豆，豌豆也。其苗柔弱宛宛，故得豌名。”按，“豌”作为一种豆，其命名之由当取于其外在圆状形态。将“豌”的得名来源归于豆苗“柔弱宛宛”，恐未妥。

裷：袜管、袖管。《方言》卷四：“襜襦谓之袖。”郭璞注：“江东呼，音婉。”《玉篇·衣部》：“裷，袜也。”《集韵·阮韵》：“裷，袖端屈。”“裷”无论指称袖还是袜，均着眼于其口的圆转形。

6. 亘：甲骨文作“□”、“□”等形，徐中舒《甲骨文字典》：“□，□象水中漩涡回转盘旋之形；或于上增短画作□、□，同。”“又《说文》回字作□，与□、□略同。且《说文·口部》：‘回，转也’，义与□、□形合，故回、亘初为一字。”《说文》：“亘，求亘也，从二□，□，古文回，象亘回形，上下所求物也。”（清）

朱骏声《定声》：“宛转经营之意。”引申为“遍”义，《诗·大雅·生民》：“恒之秬秠，是获是亩。”毛亨传：“恒，遍。”（唐）陆德明《释文》：“本又作‘亘’。”《文选·王巾〈头陀寺碑文〉》：“亘丘蔽陵，因高就远，层轩延袤，上出云霓。”李周翰注：“亘，偏也。”又引申作“萦绕”义，《文选·左思〈吴都赋〉》：“朱阙双立，驰道如砥。树以青槐，亘以绿水。”

趄：《说文》：“趄田，易居也。”典籍中或作“爰”，或作“辕”，（清）朱骏声《定声》：“《左传·僖公十五传》：‘晋于是乎作爰田。’服注：‘易也。’以爰为之。《汉书·地理志》：‘制辕田。’注：‘三年爰土易居，古制也。’以辕为之。《公羊》何注作换。”《广韵·元韵》：“畕，易田名也。”指轮流换耕之田。《周礼·大司徒》：“不易之地家百亩，一易之地家二百亩，再易之地家三百亩。”郑玄引郑司农云：“不易之地岁种之，地美，故家百亩。一易之地休一岁乃复种，地薄，故家二百亩。再易之地休二岁乃复种，故家三百亩。”

垣：《说文》：“墙也。”《释名·释宫室》：“垣，援也，人所以依阻以为援卫也。”按，“垣”词源应为“圆、环绕”，《荀子·富国》：“垣窖仓廪者，财之末也。”杨倞注：“垣，筑墙四周以藏穀也。”《诗·大雅·文王有声》：“王公伊濯，维丰之垣。”郑玄笺：“作邑于丰，城之既成，又垣之，立宫室，乃为天下所同心而归之。”“垣之”即筑墙围之。

桓：盘旋。《庄子·应帝王》：“鲵桓之审为渊，止水之审为渊，流水之审为渊。”（唐）陆德明《释文》引南朝梁简文帝曰：“桓，盘桓也。”

在该组中，其共同的声符“亘”寓有“圆”之语源义。

7. 肙、蜎：《说文》：“小虫也。”（清）朱骏声《定声》：“当作水虫也，从肉无骨也，口象首尾可接之形，即蜎之古文。《尔雅·释鱼》：‘蜎，蠉。’注：‘井中小蛣蟨，赤虫，一名孑孓。’按今苏俗谓之打拳虫，扬州谓之翻跟兜虫，生水中，久则化为蚊。《通俗文》：‘蜎，化为蚊者是也。以其转掉而行，首尾相接如环，故曰蠉。’”《集韵·狝韵》：“蜎，井中小虫，或作蝒。”又引申作“弯曲”义，《周礼·考工记·庐人》：“刺兵欲无蜎。”郑玄注：“郑司农云：‘蜎读为悁邑之悁，悁为桡也。’玄谓蜎亦掉也，谓若井中虫蜎之蜎。”

圓：《说文》：“规也。”《古文苑·蔡邕〈篆势〉》：“口学艺之范圓。”章樵注：“圓，音旋，规也，所以为圆。”

棩：《广雅·释器》：“棩，盂也。”《玉篇·木部》：“椀谓之棩，盂属也。”《广韵·先韵》：“椀属。”得名于其形制之“圆”特征。

该组中，声符“肙”寓“圆”义。

8. 管：指竹管。《庄子·秋水》：“是直用管窥天，用锥指地也，不亦小乎？”将竹管制成乐器，《说文》：“如篪，六孔。十二月之音，物开地牙，故谓之管。”（清）朱骏声《定声》：“按，物开地牙，开者，关字之误。关者贯字之借，当作物贯地芽。以声训也。《风俗通》：‘物贯地而牙，故谓之管。’”按，以“贯（地）”为“管”的词源义，有皮附之嫌。“管”作为一种乐器，由竹管制成，其显著特点为圆通状，其词源义当为“圆通”，《说文》“輨”下，段玉裁注曰：“鍚者，以金有所冒也。毂孔之里以金裹之曰釭。毂孔之外以金表之曰輨。輨之言管也。”故又可引申为“包容”义。《礼记·乐记》：“乐统和，礼辨异，礼乐之说，管乎人情矣。”郑玄注：“管犹包也。”《荀子·富国》：“知夫为人主上者，不美不饰之不足以一民也，不富不厚之不足以管下也。”杨倞注：“管犹包也。”

棺：《说文》：“棺，关也。”此乃声训。《释名·释用器》亦云：“棺，关也。”是以“关”为“棺”词源义。“棺”的词源义还有其他声训为解，《广雅·释诂》：“棺，完也。”按，“棺”乃装尸之所。《仪礼·聘礼》：“士介死，为之棺敛之。”《孝经·丧亲》：“为之棺椁衣衾而举之。”注曰：“周尸为棺，周棺为椁。”

作为一种容器，其最初命名之由当着眼于其形制，圆形中空，可供容纳之所。

涫：《说文》：“鬻也。”《春秋繁露·实性》：“茧待缲以涫汤，而后能为丝。”段玉裁注：“《周礼注》曰：‘今燕俗名汤热为观。’观即涫。今江苏俗语鬻水曰滚水。滚水即涫，语之转也。”水沸时，水作翻转状，“涫”取其“圆滚”义。

輨：《说文》：“毂端錔也。”段玉裁注：“錔者，以金有所冒也。毂孔之里以金裹之曰釭。毂孔之外以金表之曰輨。輨之言管也。”即包在车毂头上的金属套。”《周礼·春官·巾车》：“安车，雕面鹥緫，皆有容盖。”郑玄注：“其施之如鹥緫，车衡輨亦宜有焉。”亦作“錧”，《广韵·换韵》：“錧，车轴头铁。”车轴头以铁环之。

裷：《广韵·缓韵》：“袴襱也。”《广雅·释器》：“其裷谓之襱。”《说文》：“襱，袴踦也。”（清）朱骏声《定声》：“按，王念孙疏：‘《说文》：‘襱，袴踦也。’徐锴传云：‘踦，足也。’今人言袴脚或言袴管是也。管与裷同。’襱者，苏俗曰裤脚管。”裤脚为圆形状，名为“裷”，当得名于此。

该组中，声符“官”寓“圆”义。

9. 叀：甲骨文作“”、“”、“”等形，像纺砖上有线穗之形，即“砖”的初文。①

專：《说文》：“專，六寸簿也。一曰：專，纺專。”契文作“”、“”等形，从从手，像以手旋转纺砖之形。徐中舒《甲骨文字典》：“为转之本字。”造字理据为涵圆义。故又引申为“满”义，（宋）司马光《王安石乞退不允批答》：“卿文学高一时，名誉專四海。”

膞、腨：《说文》：“腨，腓肠也。”（清）朱骏声《定声》：“《素问·至真要大论》：‘腨如别。’注腨后软肉处也。《仪礼》

① 徐中舒：《甲骨文字典》，四川辞书出版社1988年版，第451页。

‘肫骼’，以‘肫’为之。‘膞骼’，以‘膞’为之。”按，腓肠即今所指小腿肚子，形圆滚，如“疋”，《说文》：“疋，足也，上象腓肠下从止。”甲骨文作“”等形，正像胫足之形，下为趾，上为圆滚之肥肠。“端”，古音端纽元部，“専”，章纽元部，二者古音相近，故二者作偏旁时往往互换。①“膞”亦作“膝盖”义，《释名·释形体》：“膝头曰膞。膞，团也，因形团而名之也。”亦取其“圆”义。又作制陶工具名称，《周礼·考工记·瓬人》：“器中膞，豆中县。膞崇四尺，方四寸。”郑玄注：“膞，读如车辁之辁。既拊泥而转其均，尌膞其侧以拟度端其器也。”

篿：《说文》：“圆竹器也。”

團：《说文》：“圆也。”亦作“専”，《周礼·地官·司徒》：“其民专而长。”郑玄注：“専，圜也。”《墨子·经下》：“鉴团景一。”（宋）王安石《题扇》诗：“玉斧修成宝月团，月边仍有女乘鸾。”故可引申为“环绕”义。（唐）李贺《屏风曲》：“团回六曲抱膏兰，将鬟镜上掷金蝉。”

漙：露珠圆貌。《诗·郑风·野有蔓草》：“野有蔓草，零露漙兮。”（唐）陆德明《释文》：“漙，本亦作團。”（唐）姚合《松檀》诗：“月中零露垂，日出露尚漙。”

摶：《说文》：“以手圜之也。”段玉裁注：“各本作‘圜也’，语不完。今依《韵会》所据补。”《礼记·曲礼上》：“毋抟饭，毋放饭。”孔颖达疏：“共器若取饭作抟，则易得多，是欲争饱，非谦也。”《周礼·考工记·矢人》：“凡相笴，欲生而抟。”郑玄注：“抟，圜也。”

磚：陶制的纺锤。《诗·小雅·斯干》：“乃生女子，载寝之地，载衣之裼，载弄之瓦。”毛亨传：“瓦，纺砖也。”纺锤之形制为圆转之形。（汉）刘向《说苑·杂言》：“子独不闻和氏之璧

① 曾良：《俗字及古籍文字通例研究》，百花洲文艺出版社 2006 年版，第 175 页。

乎！价重千金，然以之间纺，曾不如瓦砖。”

本组字中，声符“專”寓“圆、转”义。

10. 眷、矔：意为“转目”。《说文》：“眷，顾也。从目类声。《诗》：‘乃眷西顾。’”（清）朱骏声《定声》：“字亦作睠。”杨树达《积微居小学述林·释眷》[①]：“按许君训眷为顾，乃粗略言之，按之《诗》文，则重复难通。《方言》之‘矔’即《说文》之‘眷’。”“矔”，《方言》卷六：“矔，转目也。梁益之间瞋目曰矔，转目顾视亦曰矔。”故“眷”可作“回视”义，《诗·大雅·皇矣》：“乃眷西西顾，此维与宅。”《后汉书·列女传·董祀妻》：“山谷眇兮路曼曼，眷东顾兮但悲叹。”“矔”作“转目”义，《古文苑·刘歆〈遂初赋〉》：“空下时以矔世兮，自命己之取患。”章樵注：“矔，转目视也。”

罐：《广韵·换韵》：“汲水器也。”《世说新语·尤悔》：“既中毒，太后索水救之。帝预敕左右毁瓶罐，太后徒跣趋井，无以汲。”该容器为圆形状。

𢍏：《说文》：“抟饭也。从廾，釆声。读若书卷之卷。”“抟饭”乃圆转而为之。

桊：《说文》：“牛鼻环也。”段玉裁注：“各本环上有中字。今依玄应删，玄应曰：‘桊，牛拘也。今江以北皆曰牛拘，以南皆曰桊。’”字亦作“桊”形，《吕氏春秋·重己》：“使五尺竖子引其桊，而牛恣所以之，顺也。”以曲木形体做成的圆形器具。《孟子·告子》：“告子曰性，犹杞柳也；义，犹杯桊也。以人性为仁义，犹以杞柳为杯桊。”孙奭疏：“杯，素朴也。桊，器之似屈转木作也。以其杞柳可以楺而作桊也。”《广韵·仙韵》：“桊，器似升，曲木作。”又引申为“圆圈”义，（北魏）贾思勰《齐民要术·养羊》：“屈木为桊，以张生绢袋子，滤熟乳。着瓦瓶中卧之。”（元）王祯《农书》卷二二：“纫车，缠绳器也……揉木

---

① 杨树达：《积微居小学述林》，中华书局1983年版，第63页。

作桊，中贯轴柄，长可丈余，以桊之上角用单麻皮，右手执柄转之。”

帣：《说文》：“帣，囊也。”《广韵·线韵》：“囊也，亦三石为一帣。”作为一种容器，“帣”其形制为圆状。

觠：《广雅·释器》：“觠，盂也。”

眷：《说文》：“目围也。读若书卷之卷。”

11. 旋：回旋、旋转。《说文》：“周旋，旌旗之指麾也。”《礼记·内则》：“进退周旋慎齐。”《礼记·玉藻》：“周还中规，折还中矩。”（唐）陆德明《释文》：“还音旋，本亦作旋。”《广韵·仙韵》：“旋，还也，疾也。”《庄子·秋水》：“于是焉河伯始旋其面目，望洋向若而叹。”故可引申作“圈子”义，《水浒传》第七四回：“（燕青）把任原直托将起来，头重脚轻，借力便旋四五旋。”

鏇：《说文》：“圆炉也。”《广韵·仙韵》：“圆鑢铲也。”《广韵·线韵》：“转轴裁器。”（唐）慧琳《一切经音义》卷九引三国周成《难字》：“（鏇）谓以绳转轴裁木为器者也。”“圆炉”、“转轴裁器”均取于“圆”义。

淀：《说文》：“回泉也，从水旋省声。”字通作“漩”，指回旋之水流。

蜁：《广韵·仙韵》：“蜁蜗，蜗螺。”“螺”呈圆旋状。

12. 荃、筌：捕鱼器。《庄子·外物》：“荃者所以在鱼，得鱼而忘荃。”成玄英疏曰：“荃，鱼笱也，以竹为之，故字从竹。亦有从艹者。”（唐）陆德明《释文》：“一曰鱼笱也。”字亦作“筌”，《玉篇·竹部》：“筌，捕鱼笱也。”“荃”从“全”声，“全”表“周遍”义。“荃”作为捕鱼的笼子，当得名于“圜、周”的形制特点。

栓：《广雅·释器》：“栓，盂也。”容器“盂”呈圆状。

13. 回、迴、徊：旋转、回转。《说文》：“转也。”《诗·大雅·云汉》：“倬彼云汉，昭回于天。”毛亨传：“回，转也。”郑玄笺：“精光转运于天。”故可引申作“包围”义，银雀山汉墓竹简《孙膑兵法·五名五恭》：“出则击之，不出则回之。”字亦作“迴”、“徊”。《楚辞·离骚》：“迴朕车以复路兮，及行迷之未远。”王逸注：“迴，旋也。”（汉）司马迁《报任少卿书》：“是以肠一日而九迴，居则忽忽若有所亡，出则不知其所往。”《梁书·徐勉传》：“故属纩纔毕，灰钉已具。忘狐鼠之顾步，媿燕雀之徊翔。”

洄：《说文》：“溯洄也。从水回亦声。”（唐）玄应《一切经音义》卷一引《三苍》：“洄，水转也。”《后汉书·循吏传·王景》：“十里立水门，令更相洄注。”《后汉书·循吏传·王景》：“十里立一水门，令更相洄注，无复溃漏之患。”李贤注引郭璞曰：“旋流也。”关于“洄”，《汉语大词典》列有四个义项，排列顺序依次为：①逆流而上；②引申为上溯，往上推求；③水流回旋；④回旋的流水。按，“洄”语源义为“水回转、旋转”，其本义当为“水流回旋”，可引申为“（水）逆流而上”，故《汉语大词典》中的四个义项排列顺序当为：①水流回旋；②回旋的流水；③逆流而上；④引申为上溯，往上推求。

14. 篅、圌：盛谷物的圆形容器。《说文》：“以判竹，圜以盛穀也。”《广雅·释诂》：“篅，圆也。”（北魏）贾思勰《齐民要术·水稻》：“经五宿，漉出，内草篅中裛之。”石声汉注：“篅，盛谷的圆形容器，用草编织成。”字亦作“圌”，《释名·释宫室》：“圌，以草作之，团团然也。”《玉篇·囗部》：“圌，圜也。或作篅。”《广韵·仙韵》：“圌，同篅。”

15. 卵：《说文》：“凡物无乳者卵生。”取其“圆”义。《礼记·曲礼下》：“国君春田不围泽，大夫不掩群，士不取麛卵。”孔颖达疏：“卵，鸟卵也。”

16. 囷：圆形谷仓。《说文》：“廩之圜者。从禾在囗中。圜谓之囷，方谓之京。”《广韵·真韵》：“仓圆曰囷。”《周礼·考工记·匠人》：“囷窌仓城。”郑玄注：“囷，圜仓。”贾公彦疏：

“方曰仓，圜曰囷。”《诗·魏风·伐檀》：“不稼不穑，胡取禾三百囷兮。”由圆形可引申为“捆束、聚拢”义，《释名·释宫室》：“囷，绻也，藏物缱绻束缚之也。”（清）魏源《城守篇·守备下》：“其有大树及竹木囷积者，皆攻城之具也，或除或禁，或运入之。”

梱：《说文》“梡木未析也。”（清）朱骏声《定声》：“《通俗文》：‘合薪曰梱。’按，今苏俗常语之‘或仑’，‘或仑’者，梱之合音。”《说文》：“颃，梱头也，从页元声。”段玉裁注：“凡物之头浑全者皆曰梱头。”

17. 绲：《说文》：“织带也。从纟昆声。”《诗·秦风·小戎》：“交韔二弓，竹闭绲縢。”毛亨传：“绲，绳。”“绲”乃旋转而成之绳，故可引申为量词“捆”、“束”，《战国策·宋卫策》：“卫君惧，束组三百绲，黄金三百镒，以随使者。”高诱注：“十首为一绲也。”

棍：（唐）玄应《一切经音义》卷一：“棍，转也。谓筌篌上转绳也。”又卷三：“棍，谓转絃者也，今亦名关为棍子也。”

觛：《广韵·混韵》：“角圆貌。”

锟：车毂中的铁圈，圆圈状。《方言》：“车釭，齐燕海岱之间谓之锅，或谓之锟。自关而西谓之釭，盛膏者乃谓之锅。”《广雅·释器》：“锅、锟，釭也。”《广韵·混韵》：“锟，车釭。”

18. 帬：缝在衣领周围的圈边。《说文》：“帬，绕领也。从巾君声。或从衣。”段玉裁注：“绕领者，围绕于领，今男子妇人披肩，其遗意。”《方言》卷四：“绕衿谓之帬。”衿即今之“领”。《广雅·释器》：“绕领，帬也。”王念孙疏证：“帬之言围也，围绕下也。故又谓之绕领。”今作“裙”字。

19. 淪：圈状波纹。《说文》：“小波为沦，从水侖声。”《诗·魏风·伐檀》：“坎坎伐轮兮，置之河之漘兮，河水清且沦猗。”毛亨传：“小风，水成文，转如轮也。”

綸、累：青丝绞合、转动成带。《说文》：“綸，青丝绶也，从糸侖声。”（清）朱骏声《定声》：“秦汉百官佩此绶，非经纬织成，但合青丝绳辫纠之者，所谓宛转绳也。”《尔雅·释诂》：“貉、缩，綸也。”郭璞注：“綸者，绳也。”音转作“累”，《说文》：“累，缀得理，一曰大索也。”“缀得理”乃青丝宛转成绳的一个特点，其得名之由当为“宛转、转动”①，《庄子·外物》：“揭竿累。”司马彪注：“累，綸也。”故又引申为“捆束”义，《诗·周南·樛木》：“南有樛木，葛藟累之。”（唐）陆德明《释文》：“累，力追反，缠绕也。”《左传·成公三年》：“两释累囚。”“累囚”即被捆绑的俘虏。《广雅·释言》：“累，拘也。”

輪：车轮，圆形。《说文》：“有辐曰轮，无辐曰辁。”又指制作瓦瓶的圆形木模，《百喻经·观作瓶喻》：“譬如二人至陶师所，观其蹋轮而作瓦瓶，看无厌足。”

20. 椽：《说文》：“椽，榱也。”《左传·桓公十四年》：“以大官之椽归，为卢门之椽。”（唐）陆德明《释文》：“椽，直专反，榱也。圆曰椽，方曰桷。”

缘：《说文》：“缘，衣纯也。”《尔雅·释器》：“缘谓之纯。”郭璞注：“衣缘饰也。”本指衣服领口袖口的边饰，《礼记·玉藻》：“缘广寸半。”郑玄注：“饰边也。”《尔雅·释器》：“弓有缘者谓之弓。”郭璞注：“缘者缴缠之，即今宛转也。”《荀子·议兵》：“缘之以方城。”

隊：《说文》：“道边庳垣也。”《广雅·释室》：“垣也。”即“垣”之矮小者。而“垣”则是筑墙围之，《诗·大雅·文王有声》：“王公伊濯，维丰之垣。”郑玄笺：“作邑于丰，城之既成，又垣之，立宫室，乃为天下所同心而归之。”

篆：《说文》：“引书也。”即汉字的篆体写法，其特点为笔画圆转。

---

① 陆宗达认为“缀得理”为“累”的语源义（《说文解字通论》，第 33 ~ 36 页）。

21. 笹、囤：用竹篾、荆条、稻草等编成的贮粮器具，呈圆状。《说文》：“篅也。”字亦作“囤”。《六书故·工事二》：“囤，囷类，织竹规以贮谷也。”

肫：颧骨，高凸，圆状。《说文》：“面頯也。从肉屯声。”(清）朱骏声《定声》：“俗谓之两颧。”王筠句读：“颧骨也。《集韵》：‘面秀骨。’”又指禽类的胃，亦圆状。《玉篇·肉部》：“肫，鸟藏也。”

22. 澶：《说文》：“澶渊，水也。在宋，从水亶声。”

瞳：《说文》：“视而不止也。从目亶声。”段玉裁注：“‘不’字依《广韵》补。”（清）朱骏声《定声》：“视而邅回之貌。”得名于“回转”之义。

23. 瞋：《说文》：“张目也。”即圆睁貌。《庄子·盗跖》：“盗跖大怒，两展其足，案剑瞋目，声如乳虎。”《战国策·燕策三》：“士皆瞋目，发尽上指冠。”《史记·项羽本纪》：“哙遂入，披帷西向立，瞋目视项王，头发上指，目眦尽裂。”

24. 螺：《广韵·戈韵》：“蚌属。”同“蠃”。外壳有旋转纹的软体动物，故又可形容深碧色的山石盘旋似螺髻，借指青山。(宋）韩琦《北塘春雨》诗：“晴来西北凭栏望，拂黛遥峰濯万螺。”（宋）陆游《初夏郊行》诗：“破云山踊千螺翠，经雨波涵一镜秋。”《西游记》第一七回：“矗矗堆螺排黛色，巍巍拥翠弄岚光。”

锣：打击乐器，形状像盘子，圆形。《元史·刑法志四》：“诸军官鸠财聚众，张设仪卫，鸣锣击鼓，迎赛神社……并记过。”

箩：《广韵·歌韵》：“筛箩。”筛、箩之属口阔圆。（宋）范成大《雪中闻墙外鬻鱼菜者求售之声甚苦有感》之一：“饭箩驱出敢偷闲，雪胫冰须惯忍寒。”

25. 梭：《通俗文》：“梭，织具也，所以行纬。”两头尖，中间圆粗，纺锤状。（唐）李咸用《夜吟》：“落笔思成虎，悬梭待化龙。”（宋）孙光宪《风流子》词：“听织，声促，轧轧鸣梭穿屋。”

26. 瓞：小瓜。《说文》：“瓞也，从瓜失声。或从弗声。”其形为圆状。《尔雅·释草》：“瓞，瓝，其绍瓞。”郭璞注：“俗呼瓝瓜为瓞。”《诗·大雅·绵》：“绵绵瓜瓞，民之初生，自土沮漆。”郑玄笺：“瓜之本实，继先岁之瓜，必小，状似瓝，故谓之瓞。”孔颖达疏：“瓜之族类本有二种，大者曰瓜，小者曰瓞……瓜蔓近本之瓜必小于先岁之大瓜，以其小如瓝，故谓之瓞。瓞是瓝之别名。”

27. 靁、霣：雷。《说文》：“阴阳薄动，雷雨生万物者也，从雨，畾象回转形。籀文靁，间有回，会雷声也。”又作“霣”，《说文》：“齐人谓雷为霣。从雨員声，一曰云转起也。读若昆。”古人认为雷为回转之形。

櫑：盛酒的器物，回转形似云雷之象。《说文》：“鬼目酒尊刻木作云雷象，象施不穷也。”后又指食物盛器，（宋）黄庭坚《题校书图后》：“投壶一，琴二，懒几三，揞颐一，酒榼、果櫑十五。”（元）马彦良《一枝花·春雨》套曲：“酒杯，食櫑，可怜不见春明媚。”

垒：《说文》：“军壁也。”《周礼·量人》：“营军之垒舍，量其市朝州涂、军社之所里。”《说文》：“军，圜围也。四千人为军。从车，从勹省。”乃为环绕之壁。《孙膑兵法·陈忌问垒》：“车者，所以当垒也。”（唐）杜甫《不寐》诗：“多垒满山谷，桃源无处求。”又指军营，（晋）陆机《辩亡论上》：“结垒千里，志报关羽之败，图收湘西之地。”

蕾：《广韵·贿韵》：“蓓蕾，花绽貌。”花开前之圆状。（宋）王安石《次韵春日感事》：“丹白自分齐破蕾，青黄相向欲交阴。”

28. 囗：《说文》：“回也，象回帀之形。”段玉裁注：“回，转也。按围绕、周围字当用此，围行而囗废矣。”经籍通以“围”

为之。

韋、圍、衛：韋，甲骨文写作“”、“”等形，中间是城邑，周围是脚，表示绕城护卫。表“围绕”义，（北魏）郦道元《水经注·淮水》：“《释名》曰：‘淮，韋也，韦绕扬州北界，东至于海也。’”按，今本《释名·释水》作“圍”。又可作量词，用于计量圆周，指树木两臂合抱的长度。《汉书·成帝纪》：“是日大风，拔甘泉畤中大木十韦以上。”颜师古注：“韋与圍同。”到金文，增加“行”、“口”字，写作“衛”、“圍”形，分别表示巡逻周边和圈围义，（唐）韩愈《凤翔陇州节度使李公墓志铭》：“上曰：‘卿有母，可随我耶？’曰：‘臣以死从卫。’”《说文》：“圍，守也。”《礼记·曲礼下》：“国君春田不围泽，大夫不掩群，士不取麛卵。”

緯：《说文》：“织横丝也。”绕经线来回编织。《左传·昭公二十四年》：“嫠不恤其纬，而忧宗周之陨，为将及焉。”《礼记·间传》“禫而纤。”郑玄注：“黑经白纬曰纤。”（南梁）刘孝威《鄀县遇见人织率尔寄妇》诗：“经稀疑杼涩，纬断恨丝轻。”

褘：《说文》：“重衣貌。”表层层裹围貌。

幃：《说文》：“囊也。”《楚辞·离骚》：“椒专佞以慢慆兮，榝又欲充夫佩帏。”《广韵·微韵》：“香囊也。”又可指帷帐，亦呈圆环状，《史记·秦始皇本纪》：“郎中令与乐俱入，射上幄坐帏。”《资治通鉴·秦二世皇帝三年》引此文，胡三省注云：“帏，单帐也。”《古诗十九首·明月何皎皎》：“明月何皎皎，照我罗床帏。”

湋：《说文》：“湋，回也。”

29. 云、雲：“云”，甲骨文写作“”、“”形，像云之回旋状[①]。引申作“周旋、回旋”义，《诗·小雅·正月》：“洽比其邻，昏姻孔云。”毛亨传：“云，旋也。”《管子·戒》：“故天

① 详参于省吾：《甲骨文字释林·释云》，中华书局1979年版，第6页。

不动，四时云下而万物化。”尹知章注：“云，运动貌也。”刘绩补注：“云，周旋也。”又可引申作“旋归、归附”，《左传·襄公二十九年》：“晋不邻矣，其谁云之?”杜预注：“云，犹旋，旋归之。”后加“雨”写作“雲”，《说文》：“雲，山川气也。从雨云，象云回转形。云，古文省雨。”《易·小畜》：“密云不雨，自我西郊。”（唐）韩愈《别知赋》：“雨浪浪其不止，云浩浩其常浮。”

沄、澐：水回流回旋状。《说文》：“沄，转流也。读若混。”《玉篇·水部》：“沄，转流也。”《后汉书·张衡传》：“扬芒熛而绛天兮，水泫沄而涌涛。”李贤注：“泫音胡犬反，沄音户昆反，并水流貌也。”字又作“澐”，《说文》：“江水大波谓之澐。”（唐）于邵《送郑判官之广州序》：“游以舟楫，欲别不能，涨涛涌澐，长空不分。”

魂：《说文》：“阳气也。从鬼云声。”段玉裁注：“阳当作易，《白虎通》曰：‘魂者，沄也。犹沄沄行不休也。’《淮南子》曰：‘天气为魂。’”《易·系辞上》：“精气为物，游魂为变。”（晋）潘岳《马汧督诔》：“死而有灵，庶慰冤魂。”章太炎《文始·队脂谆类·阳声谆部丙》谓“魂”由“云”孳乳而来，“取回转义”。杨树达《文字孳乳之一斑》① 虽亦将“云”、“魂”系为同源词，但认为得名之由是“上升”。按，杨乃据阴阳五行说推之，不确。

囩：《说文》：“囩，回也。”《正字通》：“囩，回旋貌。”

30. 㼈：《说文》：“鸷鸟食已，吐其皮毛如丸，从丸咼声。读若骫。”

蜗：《说文》：“蜗蠃也，从虫咼声。”（清）朱骏声《定声》：“古蜗、蠃同训，后人别水生可食者为蠃，陆生不可食者为蜗牛。《匡谬正俗》云：‘蜗者，螺之类耳。’”《广韵·佳韵》：“蜗，蜗

① 杨树达：《积微居小学述林》，中华书局1983年版，第160页。

牛，小螺。”

涡：指漩涡。

腡：《广韵·佳韵》：“手理也。”即手指肚呈螺旋状的纹。

31. 篿：《说文》：“治车轴也。”段玉裁注：“旋转规圜之意。”《广韵·仙韵》：“车轴也。”

匴：《说文》：“渌米籔也。”《礼记·丧大记》“食于篹者盥。”郑玄注：“篹，竹筥也。”（唐）陆德明《释文》：“篹，本又作匴。”

篹：《广韵·缓韵》：“箩属。”“篹”、“匴”均为圆状。

32. 渊：《说文》：“回水也。”《管子·度地》：“水出地而不流，命曰渊水。”

籫：《说文》：“竹器也。读若纂。一曰丛。”《广雅·释器》：“籫，箸也。”“籫”从“赞”声，“赞”寓“团聚”义，如“攒”、“酂”。作为竹器之称，“籫”取名当着眼于其外在的圆状形制特点。

33. 軕：《说文》：“车约軕也。”段玉裁注：“軕之言巡也。巡绕之义。”

紃：《说文》：“圜采也。”段玉裁注：“圜采，以采线辫之，其体圜也。”

钏：《广韵·线韵》：“镮钏。《续汉书》曰：‘孙程十九人立顺帝，各赐金钏指镮。”即今所指“手镯”。

34. 埒：《说文》：“庳垣也。从土寽声。”取义于“圆、环”义。《尔雅·释丘》：“水潦所还，埒丘。”邢昺疏：“埒，小堤也，壝土为之。言此丘边有其界埒，外则为水潦环绕者，名埒丘。”《尔雅·释山》：“山上有水，埒。”郭璞注：“有停泉。”

圐：《广韵·仙韵》：“面圆也。”

頨：《广韵·仙韵》：“头圆也。”

35. 返：回、回归。《说文》：“还也。从辵反声。”经籍中多以“反”为之，《礼记·坊记》：“姑姊妹女子子已嫁而反。”《礼记·曲礼上》：“夫为人子者，出必告，反必面。”故可引申作“归还”义，（晋）干宝《搜神记》卷四：“俟汝至石头城，返汝簪。”《东周列国志》第五七回：“国佐答曰：‘佐愿言于寡君，返鲁、卫之侵地如何?’”

贩：低价买入，高价卖出。《说文》：“买贱卖贵也，从贝反声。”《周礼·司市》：“夕市，夕时而市，贩夫贩妇为主。”郑玄注：“贩夫贩妇朝资夕卖。”《荀子·王霸》：“农分田而耕，贾分货而贩。”

36. 旬：《说文》：“遍也，十日为旬。”“旬”甲骨文写作“”、“”等形，在一回环圈上加一画，表示一周。到金文在中间加一“日”字。《书·尧典》：“朞，三百有六旬有六日，以闰月定四时成岁。”（唐）陆德明《释文》：“十日为旬。”故可引申作“周遍”义，《诗·大雅·江汉》：“王命召虎，来旬来宣”。毛亨传：“旬，徧也”。（明）冯梦龙《智囊补·上智·周宗韩雍》：“韩公雍旬宣江右时，忽报宁府之弟某王至，公托疾乞少需，密遣人驰召三司。”又可引申作“满、足”义，《汉书·翟方进传》：“方进旬岁间免两司隶，朝廷由是惮之。”颜师古注：“旬，徧也，满也。旬岁犹言满岁也，若十日之一周。”

帕：《说文》：“领端也。”取其环、圆形。

旬、昀：眼珠转动。《说文》“目摇也。从目匀省声，或从旬声。”字亦作“昀”，（清）朱骏声《定声》：“《大戴本命》：‘三月而彻昀。’注：‘睛转貌。’”《大戴礼记·本命》：“（人生）三月而彻昀，然后能有见。”卢辩注：“昀，精也，转视貌。”

37. 军：包围。《说文》：“军，圜围也。四千人为军。从车，从勹省。”中山王鼎“军”字从“匀”声①。古时车战，驻扎时以车自围。朱芳圃《殷周文字释丛》：“（军）字从车从勹，会

① 容庚：《金文编》，中华书局1985年版，第933页。

意。古者车站，止则以车自围。”① 银雀山汉墓竹简《孙膑兵法·十阵》：“疏而不可蹙，数而不可军者，在于慎。”《周礼·秋官·朝士》：“凡盗贼军乡邑及家人杀之无罪。”（清）俞樾《群经平议·周官二》：“军者，围也。”

韗：车轭两边下伸反曲夹贴马颈的部分。《说文》：“軶軥也。”段玉裁注：“軶軥之异名曰韗也。韗之言围也，下围马颈也。”

緷：《说文》：“纬也。从糸軍声。”引申为“束”义，《尔雅·释器》：“一羽谓之箴，十羽谓之縛，百羽谓之緷。”

鲩：《广韵·混韵》：“鱼名。”徐珂《清稗类钞·动物类》：“鲩，可食，形长身圆，颇似青鱼，而色微灰，江湖中处处有之，食草，亦谓之草鱼，又作鲩。”关于“鲩”之得名于“圆”义，可参前面“鲩”词条。

㡓、褌：满裆裤。《说文》：“㡓，幒也，从巾軍声，或从衣。”（清）朱骏声《定声》：“按，古之裈，今之满裆裤也，古之绔，今之套裤也。”段玉裁注：“自其浑合近身言曰㡓，自其两袳孔穴言曰幒。”《急就篇》卷二：“襜褕袷复褶袴裈。”颜师古注：“合裆谓之裈，最亲身者也。”（唐）谷神子《博异志·马侍中》：“衣豹皮裈，携短兵，直入室来。”亦作“裩”，（五代）马缟《中华古今注·裩》：“裩，三代不见所述。周文王所制裩长至膝，谓之弊衣，贱人不下服，曰良衣，盖良人之服也。至魏文帝赐宫人绯交裆，即今之裩也。”

38. 归：《说文》：“女嫁也。从止从妇省，会意。从𠂤声。”即“转回”义，《易·渐》：“女归，吉。”孔颖达疏：“女人……以夫为家，故谓嫁曰归也。”《诗·周南·桃夭》：“之子于归，宜其室家。”故可引申作“返回”义，《书·舜典》：“十有一月朔巡守……归，格于艺祖，用特。”（唐）韩愈《送李六协律归荆

① 朱芳圃：《殷周文字释丛》，中华书局 1962 年版，第 109～110 页。

南》诗：“早日羇游所，春风送客归。”又可引申作“归还”义，《春秋·定公十年》：“齐人来归郓、讙、龟阴田。”《孟子·尽心上》：“久假而不归，恶知其非有也。”（北魏）郦道元《水经注·清水》：“共伯既归帝政，逍遥于共山之上。”

39. 垠：《说文》：“地垠也，一曰岸也。从土艮声，或从斤声。”（清）朱骏声《定声》：“《七发》注引《说文》：‘地垠，咢也。四边有棱角界限之貌，与限略同。’”得名于“围限”义。引申为“边际、界限”义，从而派生出“限”字，《说文》：“限，阻也，从阜艮声”。《楚辞·远游》：“其小无内兮，其大无垠。”（唐）韩愈《和侯协律咏笋》诗：“攒生犹有隙，散布忽无垠。”

40. 葖：今之萝卜，圆状。《尔雅·释草》：“葖，芦萉。”郭璞注：“萉宜为菔。芦菔，芜菁属。紫华，大根，俗呼雹葖。”邢昺疏：“今谓之萝卜是也。”

41. 沱：《广韵·哿韵》：“澺沱，沙水往来貌。”得名于弯圆形。如今有“沱茶”，指一种压成碗形的成块的茶。又可指停船的水湾，多用作地名，如朱家沱、石盘沱[①]等。四川方言谓回旋之水为“回水沱”，可证“沱”有“圆”义。[②]

飑：小旋风，呈旋转状。《广韵·支韵》：“小旋风，咸阳有之，小飑于地也。”

42. 厶：《说文》：“奸邪也。韩非曰：‘仓颉作字，自营为厶。’”《韩非子》“营”作“环”，《韩非子·五蠹》：“仓颉之作书也，自环为厶，背厶为公”，可证“厶”造词理据为“环绕”义。文献中，通以“私”为之，《左传·隐公元年》：“请师于邾，邾子使私于公子豫，豫请往，公弗许”。《书·周官》：“以公灭私，民其允怀。”孔安国传：“从政以公平灭私情，则民其信归

① 许宝华、宫田一郎：《汉语方言大词典》，中华书局1999年版，第3657页。
② 此例证承李国正老师惠示。

之。”《韩非子·大体》：“不以智累心，不以私累己。”

43. 蒉、篑：《说文》：“蒉，艹器也。臾，古文蒉，象形，《论语》曰：‘有荷臾而过孔氏之门。’”《论语·宪问》：“子击磬于卫，有荷蒉而过孔氏之门者。”（宋）朱熹《集注》：“蒉，草器也。”《孟子·告子上》：“不知而为屦，我知其不为蒉也。”字亦作“篑”，《广雅·释器》：“篑，笼也。”《书·旅獒》：“为山九仞，功亏一篑。”（晋）陆机《豪士赋》序：“一篑之衅，积成山岳。”取其外在圆状特征。

墤：《广韵·怪韵》：“俗云土块。”块状与圆状特征可相通。

44. 瑰：《说文》：“一曰圆好。”段玉裁注：“《众经音义》亦引‘圆好曰瑰’。”《诗·秦风·渭阳》：“何以赠之？琼瑰玉佩。”（唐）陆德明《释文》：“瑰，古回反。”孔颖达疏：“瑰是美石之名也。”

凷、塊：《说文》：“墣也，塊，俗凷字。”即土块。《广韵·队韵》：“塊，土块。”块状与圆状相通。《国语·晋语四》：“（重耳）过五鹿，乞食于野人，野人与块以与之。”韦昭注：“块，墣也。”（汉）桓宽《盐铁论·水旱》：“雨不破块，风不鸣条。”故可引申作“成疙瘩或成团的东西”义，（北魏）贾思勰《齐民要术·作酢法》：“又以手就瓮里，搦破小块。”又如现代汉语中“糖块”、“把肉切成块”等。故又可引申作“整体”义，（唐）柳宗元《佩韦赋》：“邈予生此下都兮，块天质之悫醇。”（唐）罗隐《谗书·二工人语》：“吴之建报恩寺也，塑一神于门，土工与木工互不相可。木人欲虚其内，窗其外，开通七窍，以应胸藏……土人以为不可：神尚洁也，通七窍应胸藏，必有尘滓之物点入其中，不若吾立块而瞪，不通关窍。”《朱子语类》卷七四：“《易》是一块，乾坤是在里面往来底。”

螝：《说文》：“蛹也，从虫鬼声，读若溃。”

45. 般、盘、磐、鎜、槃：《说文》：“般，辟也。象舟之旋。从舟从殳。”《说文》乃据小篆释形，误。“般”，甲骨文作“”、

“[illegible]”等形，如手持工具旋转制盘之形。故有“旋转、盘旋”义，（汉）班固《白虎通·崩薨》：“童子诸侯不朝而来奔丧者何？明臣子于其君父非有老少也，亦因丧质，无般旋之礼，但尽悲哀而已。”（晋）葛洪《抱朴子·广譬》：“般旋之仪，见憎于裸踞之乡。”“般”与“旋”同义连文，指按照一定的程序回旋进退。又写作“盘旋”，《淮南子·泛论训》：“夫弦歌鼓舞以为乐，盘旋揖让以修礼。”（晋）葛洪《抱朴子·讥惑》：“上帝悼混然之甚陋……制礼数以异等威之品，教以盘旋，训以揖让。”又作普通之“旋转、打转”义，（唐）黄滔《白日上升赋》：“有烟霞兮蓊郁数处，有鸾凤兮盘旋半空。”（元）袁桷《舟中杂咏》之十：“鸬鹚漾晴空，意态极楚楚……盘旋傲飞鸿，清远敌凡羽。”“般”的结果是制造出圆状器皿“盘”，《礼记·丧大记》：“沐用瓦盘，挋用巾，如它日。”孔颖达疏：“沐用瓦盘者，盘贮沐汁，就中沐也。”后因制作材料不一，故派生出“盘”、“鎜”、“槃”等字。

瞥：《说文》：“转目视也，从目般声。”

籓：《广韵·桓韵》：“捕鱼笱，其门可入不可出。”《集韵》：“捕鱼笱。”取其圆状特征。

46. 果：《说文》：“木实也。”木实外形多为圆状，故可引申作“饱足、充实”义，《庄子·逍遥游》：“适莽苍者，三飡而反，腹犹果然。”成玄英疏：“果然，饱貌也。”（宋）范成大《次韵温伯雨凉感怀》：“身安腹果然，此外吾何求。”（清）李渔《闲情偶寄·颐养·调饮啜》：“饥饱之度，不得过分，七分是已。然又岂无饕餮太甚，其腹果然之时，是则失之太饱。”（清）孔尚任《桃花扇·入道》：“吸一滴之甘泉，津含万劫；吞盈掬之玉粒，腹果千春。”（唐）柳宗元《憎王孙文》：“充嗛果腹兮，骄傲欢欣。”《明史·倪岳传》：“故朝廷有廪廪之虞，军士无果腹之乐。”

踝：《说文》：“足踝也，从足果声。”即足之左右隆然圆起者。《素问·气穴论》：“踝上横二穴，阴阳蹻四穴。”（北魏）杨衒之《洛阳伽蓝记·法云寺》：“唯融与陈留侯、李崇负绢过任，蹶倒伤踝。”

颗：《说文》：“小头也。”本义为头之小者，亦为圆状，故可引申作“圆粒状”义，（唐）白居易《题郡中荔枝》诗：“燕脂掌中颗，甘露舌头浆。”（宋）张先《菩萨蛮》词：“牡丹含露真珠颗，美人折向帘前过。”（金）元好问《未开海棠》诗：“翠叶轻拢豆颗匀，胭脂浓抹蜡痕新。”

輠：转动，回转。《礼记·杂记》：“见轮人以其杖关毂而輠轮者。”孔颖达疏：“关，穿也；輠，回也。谓作轮之人以扶病之杖关穿毂中而回转其轮。”（唐）陆德明《释文》：“輠，回也。”（唐）柳宗元《天对》：“转輠浑沦，蒙以圜号。”（宋）欧阳修《依韵和圣俞见寄》：“厥趣共乖时，畏涂难转輠。”

47. 鐶：臂环、手镯，呈圆状。《广韵·换韵》：“臂镮器也。”《太平御览》卷七一八引祖台之《志怪》：“后太守至，梦见一好妇人就为室家，持一双金鐶与，太守不能名。”

48. 潏：《说文》：“水涌出也。”又作“水中之地”义，《尔雅·释水》：“水中可居者曰洲，小洲曰陼，小陼曰沚，小沚曰坻，人所为为潏。”（唐）陆德明《释文》：“潏，述。”《释名·释水》：“人所为之曰潏，潏，術也，偃水使郁术也，鱼梁水碓之谓也。”作为一部声训著作，《释名》以“術”训“潏”，表明“術”、“潏”二字语音类同。沈兼士《与丁声树论释名潏字之义类书》①：“水碓之制，乃藉水之回力以为用，故谓之郁术。術者，《说文》训为邑中道。城中道路，周转互通，亦取义于回。《说文》：‘術，循也’，‘遹，回避也’其异文耳。”“潏”即人为之洲，取义于“圆转”。（唐）刘禹锡《连州刺史厅壁记》：“沦涟汩潏，擘山为渠，东南入于海。”《明史·外国传五·苏吉丹》：“其水潏，舟不可泊。”

---

① 沈兼士：《沈兼士学术论文集》，中华书局1986年版，第203页。

術：《说文》：“邑中道也，从行术声。”取义于“回转”，见“潏”词条。银雀山汉墓竹简《孙膑兵法·擒庞涓》：“齐城、高唐当术而大败。”《汉书·燕刺王刘旦传》：“王自歌曰：‘归空城兮，狗不吠，鸡不鸣，横术何广广兮，固知国中之无人！’”颜师古注引臣瓒曰：“術，道路也。”

橘：《说文》：“橘果也。出江南，从木矞声。”《尚书·禹贡》：“厥包橘柚锡贡。”王弼注：“小曰橘，大曰柚。”

繘：汲水的绳索。《说文》：“绠也”，旋转而成绳。《礼记·丧大记》：“管人汲，不说繘，屈之，尽阶不升堂，授御者。”孔颖达疏：“繘，汲水瓶索也。”《易·井》：“汔至，亦未繘井，羸其瓶，凶。”孔颖达疏：“汲水未出而覆，喻修德未成而止，所以致凶也。”

49. 𩫏：城外围加筑的城墙，为环绕状。《说文》：“外城也。”经传常以“郭”为之。《礼记·礼运》：“城郭沟池以为固。”（明）何景明《上元叶邦重别墅归》诗：“昏钟野寺到郭，晚饭人家出村。”

椁：套在棺外的大棺，呈包围状。《说文》：“葬有木𩫏也。”《礼记·丧大记》：“君松椁，大夫柏椁，士杂木椁。椁，谓周棺者也。”《周礼·地官·闾师》：“不树者无椁，不蚕者不帛。”郑玄注：“椁，周棺也。”《庄子·天下》：“古之丧礼，贵贱有仪，上下有等。天子棺椁七重，诸侯五重，大夫三重，士再重。今墨子独生不歌，死不服，桐棺三寸而无椁。”

50. 顧：回头看。《说文》：“还视也。从頁雇声。”《诗·桧风·匪风》：“顾瞻周道，中心怛兮。”郑玄笺：“回首曰顾。”《论语·乡党》：“车中不内顾，不疾言，不亲指。”邢昺疏：“顾谓回视也。”故可引申作“返回”义，《穆天子传》卷三：“万民平均，吾顾见汝。”郭璞注：“顾，还也。”（唐）韩愈《试大理评事王君墓志铭》：“居岁余，如有所不乐，一旦载妻子入阌乡南山，不顾。”

51. 榴：《广韵·尤韵》：“石榴，果名，《博物志》云：‘张骞使西域回所得。’”《文选·左思〈吴都赋〉》：“龙眼橄榄，棎榴御霜。”刘逵注引薛莹《荆扬已南异物志》：“榴，榴子树也。出山中，实亦如梨，核坚，味酸美，交趾献之。”“榴”从“留”声，“留”声寓“圆聚”、“止”、“凸起”义，如“留”①、“罶”②、“瘤”③等，“榴”为果名，当同“果”，均取“圆滚”义。

52. 柚：果名，呈圆状，《说文》：“条也，似橙而酢，从木由声。”字亦作“榛”，《广雅·释木》：“柚，榛也。”《文选·司马相如〈上林赋〉》：“黄甘橙榛。”李善注引张揖曰：“榛，小橘也，出武陵。”《尚书·禹贡》：“厥包橘柚锡贡。”王弼注：“小曰橘，大曰柚。”

宙：《说文》“舟舆所极覆也。从宀由声。”所覆乃包围之，古人认为天圆地方，《淮南子·本经》：“戴圆履方，抱表怀绳。”故“宙”又可指天，《南齐书·乐志》：“粹训宸中，仪形宙外。”

胄：古代作战的头盔，圆状。《说文》：“兜鍪也。”段玉裁注：“古谓之胄，汉谓之兜鍪，今谓之盔。”《书·费誓》：“善敹，乃甲胄。”孔颖达疏引《说文》：“胄，兜鍪也。”《诗·鲁颂·閟宫》：“公徒三万，贝胄朱綅，烝徒增增。”

轴：轮轴，穿于毂中持轮旋转的长杆，为圆柱形。《说文》：“持轮也，从车由声。”《周礼·考工记·辀人》：“辀有三度，轴有三理。”《管子·轻重丁》：“上斲轮轴，下采杼栗，田猎而为食。”亦写作“軸”字，《方言》卷九：“軸谓之轴。”

53. 瓢：《说文》：“蠡也，从瓠省票声。”段玉裁注：“以一瓠劙为二曰瓢。”“瓠”为圆状，劙为二亦为圆状。作饮器，《论

① 详参本书第157页“止、专”词群中的“留”词条。
② 详参本书第79页“弯曲、屈曲”词群中的“罶”词条。
③ 详参本书第170页“凸起、高大”词群中的“瘤”词条。

语·雍也》：“一箪食，一瓢饮，在陋巷。人不堪其忧，回也不改其乐。”“瓢”从“票”声，“票”声寓“圆，旋转”义，如“飘”，《说文》：“回风也，从风票声。”段玉裁注：“回者，般旋而起之风，《庄子》所谓羊角，司马云：‘风曲上行若羊角也。’《释天》云：‘回风为飘。’”由“旋转”引申为“迅疾、轻”义，可详参本章第十九节，谐“票”声的诸多词语。

54. 篓：盛器的一种，圆桶状。《说文》：“篓，竹笼也。”《广韵·厚韵》：“篓，笼也。《周礼》作‘籔’。”又“窭数”，指以头顶盆时，用来垫盆底的草圈，亦为圆状，《汉书·东方朔传》：“乃覆树上寄生，令朔射之，朔曰：‘是窭薮也。’舍人曰：‘果知朔不能中也。’朔曰：‘生肉为脍，干肉为脯；着树为寄生，盆下为窭薮。’”颜师古注引苏林曰：“窭，音贫窭之窭，薮，音数钱之数。窭薮，戴器也，以盆盛物戴于头者，则以窭数荐之，今卖白团饼人所用者是也。”

55. 兜：类似“胄”的帽子，成圆状。《说文》：“兜鍪，首铠也。古谓之胄。”《仪礼·既夕礼》：“役器，甲、胄、干、笮。”郑玄笺：“此皆师役之器。甲，铠。胄，兜鍪。”《红楼梦》第四九回：“见探春正从秋爽斋出来，围着大红猩猩毡的斗篷，带着观音兜。”故可引申作“包围、绕”义，《太平天国资料·畿辅平贼纪略》：“将近，见有红旗一闪，贼分两翼而出，以兜我军。”《儿女英雄传》第六回：“只见那人头上罩一方大红绉绸包头，从脑后燕尾边兜向前来拧成双股儿，在额上扎一个蝴蝶扣儿。”又可引申作“汇合、合上”义，（宋）周密《齐东野语·解颐》：“至今俗谚以人喜过甚者云兜不上下颏。”

篼：《说文》：“食马器也，从竹兜声。”按，“篼”当是用竹、藤等做成的容器，呈圆状，可作盛马料之用。

56. 豆、梪：古代盛事物的容器，口为圆状。《说文》：“古食肉器也，从口象形。”（清）朱骏声《定声》：“按《礼图》，豆口圆，径尺，黑漆饰，朱中，大夫以上画以云气，诸侯以象，天子以玉，皆谓饰豆口也。其实四升。”《尚书·武成》：“丁未，祀于周庙，邦甸、侯、卫，骏奔走，执豆笾。”（唐）陆德明《释文》：“豆，本又作梪。”《诗·大雅·生民》：“卬盛于豆，于豆于登。”毛亨传：“木曰豆，瓦曰登。豆，荐葅醢也。”豆，又指豆子，形状圆滚。《公羊传·桓公四年》：“一曰干豆。”《战国策·韩策一》：“韩地险恶山居，五谷所生，非麦而豆，民之所食，大抵豆饭藿羹。”（汉）杨恽《报孙会宗书》：“田彼南山，芜秽不治，种一顷豆，落而为萁。”（北魏）贾思勰《齐民要术·大豆》：“四月时雨降，可种大小豆。”

頭：《说文》：“首也，从頁豆声。”为圆状。

57. 簝：古代宗庙盛肉的圆形容器。《说文》：“宗庙盛肉竹器也。”《周礼·地官·牛人》：“凡祭祀，共其牛牲之互与其盆簝，以待事。”郑玄引郑司农云：“簝受肉笼也。”

橑：《说文》：“椽也。”《说文》：“椽，榱也。”《楚辞·九歌·湘夫人》：“桂栋兮兰橑，辛夷楣兮药房。”（清）王夫之《通释》：“橑，音老，桷也。今谓之椽。”《左传·桓公十四年》：“以大官之椽归，为卢门之椽。”（唐）陆德明《释文》：“椽，直专反，榱也。圆曰椽，方曰桷。”又指古代车伞盖的骨架，伞弓子，亦呈弯圆状，《淮南子·说林训》：“盖非橑不能蔽日，轮非辐不能追疾。”《大戴礼记·保傅》：“古之为路车也，盖圆以象天，二十八橑以象列星。”卢辩注：“橑，盖弓也。”

墂：《说文》：“周垣也。”《广雅·释室》：“墂，院也。”可参本节“院”词条。

58. 簋：圆腹盛食物的器皿。《说文》：“簋，黍稷方器也。”《说文》：“簠，黍稷圆器也。”《周礼·地官·舍人》：“凡祭祀，共簠簋，实之，陈之。”郑玄笺：“方曰簠，圆曰簋，盛黍稷稻粱器。”《诗·秦风·权舆》：“于我乎每食四簋。”（唐）陆德明《释文》：“内方外圆曰簋，以盛黍稷；外方内圆曰簠，用贮稻粱，皆容一斗二升。”与《说文》正相反。杨树达《积微居小学述林·释“簠”》：“今验之古器，簠形侈口而长方，簋形敛口而椭圆。”① 并据“簠”之声音论证郑说为是。

59. 匌、周、週：圆转。《说文》：“匌，匝遍也，从勹舟声。”经传中常以“周”为之，《左传·成公二年》：“齐师败绩，逐之，三周华不注。”银雀山汉墓竹简《孙膑兵法·地葆》：“军与阵皆毋政前右，右周毋左周。”注：“周，周匝环绕。”后俗写作“週”，《玉篇·辵部》：“週，周回也。”（明）徐弘祖《徐霞客游记·粤西游日记四》：“潭四週皆石壁无隙。”（明）陆采《怀香记·索香看墙》：“潜身怎掩，四週巡逻将遍。”

60. 州：契文作“𡿧”形，像水中高地，水绕之。《说文》：“水中可居曰州，水周绕其旁，从重川。昔尧遭洪水，民居水中高土，或曰九州岛。《诗》曰：‘在河之州。’”传世《诗经》作“洲”，《诗·周南·关雎》：“关关雎鸠，在河之洲。”毛亨传：“水中可居者曰洲。”

61. 裘：《说文》：“皮衣也。求，古文裘。”《诗·豳风·七月》：“一之日于貉，取彼狐狸，为公子裘。”陆宗达《训诂简论》：“古人皮衣多用羊皮（狐裘是极珍贵的），聚毛揉如小丸叫‘珍珠毛’，紫羔皮亦作小圆球形，治求必揉毛如丸，而与椒实相似，许慎以为此即‘莍’字得名之由来。”②

莍：《说文》：“芊椴实裹如裘者。”《尔雅·释木》：“椒椴。丑莍。”郭璞注：“莍萸子聚生成房貌。今江东亦呼莍。”

梂：《说文》：“栎实，一曰凿首，从木，求声。”《尔雅·释木》：“栎，其实梂。”郭璞注：“有梂汇自裹。”（清）郝懿行《尔雅义疏》：“栎实外有裹橐，形如汇毛，状如球子。”《诗·唐风·椒聊》：“椒聊之实，蕃衍盈升。”郑玄注：“椒之性芬香而少实，今一梂之实，蕃衍满升，非其常也。”按，“凿首”即斧首，

① 杨树达：《积微居小学述林》，中华书局 1983 年版，第 11 页。
② 陆宗达：《训诂简论》，北京出版社 1980 年版，第 112 页。

字亦作“銶”，《诗·豳风·破斧》：“既破我斧，又缺我銶。”（唐）陆德明《释文》：“《韩诗》云：‘凿属也。’一解云：‘今之独头斧。’”

毬、球：球类，圆状。（南梁）宗懔《荆楚岁时记》：“打毬、秋千、施钩之戏。按，刘向《别录》曰：‘蹴鞠，黄帝所造，本兵势也。’或云起于战国。按，鞠与毬同。古人蹋蹴以为戏也。”《广韵·尤韵》：“毛毬打者。”今作“球”字。

篍：《广韵·尤韵》：“笼也。”

甃：《说文》：“井壁也。”段玉裁注：“井壁者，谓用砖为井垣也。”《庄子·秋水》：“吾乐与，出跳梁乎井干之上，入休乎缺甃之崖。”（唐）陆德明《释文》引李颐曰：“如阑。以砖为之，着井底阑也。”《汉书·游侠传·陈遵》：“为甓所轠。”颜师古注：“甓，以砖为甃者也。”“甃”从“秋”声，“秋”寓“团聚”义，如“秋”、“揫”、“愁”、“湫”等，可参本章第七节相关词条。“甃”指井壁，取其“圆、转”之义，呈圆环状。

62. 雹：冰雹，呈圆状。《说文》：“雨冰也。”《诗·小雅·頍弁》：“如彼雨雪，先集维霰。”孔颖达疏：“《大戴礼》曾子云：‘阳之专气为霰，阴之专气为雹。盛阳气之在雨水则温暖，为阴气薄而胁之，不相入则抟为雹也。’”《左传·僖公二十九年》：“秋，大雨雹，为灾也。”《南齐书·五行志》：“永明元年九月乙丑，雹落大如蒜子，须臾乃止。”

泡：水泡，圆状。《广韵·肴韵》：“水上浮沤。”（南宋）谢灵运《维摩经十譬赞·聚沫泡合》：“水性本无泡，激流遂聚沫。”

匏、瓟：葫芦的一种，圆状。《说文》：“瓠也。”《诗·邶风·匏有苦叶》：“匏有苦叶，济有深涉。”毛亨传：“匏谓之瓠。”《国语·鲁语下》：“夫苦匏不材于人，共济而已。”字亦作“瓟”，《楚辞·九叹》：“莞芎弃于泽洲兮，瓟蠡蠹于筐簏。”《广韵·肴韵》：“瓟，似瓠，可为饮器。”（唐）陆龟蒙《奉和袭美新秋言怀三十韵次韵》：“勿谓江湖水，终浮一大瓟。”

脬、胞：膀胱，圆状。《说文》：“旁光也。”段玉裁注：“《素问》：‘旁光者，州都之官，津液藏焉。’……脬，俗作胞。”《史记·扁鹊仓公列传》：“风瘅客脬，难于大小溲，溺赤。”（唐）张守节《正义》：“脬……膀胱也。”（宋）苏舜钦《奉酬公素学士见招之作》：“看君岸帻卷大白，有似巨浸吸百潮，宾从倾颓尚未厌，直恐溃烂肠与脬。”

稃：谷壳，圆状。《说文》：“稽也。从禾孚声，或从米付声。”《尔雅·释草》：“秠，一稃二米。”《诗·大雅·生民》：“维秬维秠。”毛亨传：“秠，一稃二米也。”（唐）陆德明《释文》：“稃，芳于反。《字书》云：‘稃，麤糠也。’”（宋）范成大《上元纪吴中节物俳谐体三十二韵》：“捻粉团栾意，熬稃膈膊声。”

郛：外城。《说文》：“郭也。”《左传·僖公十二年》：“诸侯城卫楚丘之郛。”杜预注：“郛，郭也。”《公羊传·文公十五年》：“齐侯侵我西鄙，遂伐曹，入其郛。郛者何？恢郭也。”何休注：“恢，大也。郛，城外大郭。”

63. 賏、婴：《说文》：“颈饰也，从二贝，会意。”段玉裁注：“骈贝为饰也。”（唐）苏鹗《苏氏演义》卷上：“賏者，贝也。宝贝缨络之类，盖女子之饰也。”字又作“婴”，《说文》：“婴，颈饰也，从女賏，賏贝连也。”得名于“环绕”义，《山海经·西山经》：“婴以百圭百璧。”郭璞注：“婴谓陈之以环祭也；或曰婴即古罂字，谓盂也。”故可引申为“环绕”义，《文选·司马迁〈报任少卿书〉》：“其次剔毛发婴金铁受辱。”吕延济注：“婴，绕也。”《后汉书·卓茂传论》：“建武之初，雄豪方扰，虓呼者连响，婴城者相望。”李贤注：“婴城，言以城自婴绕。”

缨：《说文》：“冠系也，从纟婴声。”即帽子上系在颔下的带子，当得名于“賏”之“环绕”义。《礼记·玉藻》：“玄冠朱组缨，天子之冠也。”《孟子·离娄上》：“沧浪之水清兮，可以濯我缨。”

罂：《说文》：“缶也，从缶賏声。”《墨子·备城门》：“用瓦木罂，容十升以上者，五十步而十，盛水且用之。”（清）孙诒让《墨子间诂》：“《史记·韩信传》以木罂缻渡军，是罂或瓦或木，皆可以盛水者也。”《汉书·韩信传》：“陈船欲渡临晋，而复兵从夏阳以木罂缶度军，袭安邑。”颜师古注：“罂缶，谓瓶之大腹小口者也，音一政反。”

64. 桃：果木名，其果实略呈球形。《说文》：“桃果也，从木兆声。”《诗·魏风·园有桃》：“园有桃，其实之殽。”（唐）李白《独不见》：“忆与君别时，种桃齐蛾眉。桃今百余尺，花落成枯枝。”

65. 複：重复道路。《说文》：“行故道也。从夂畗省声。”

復：《说文》：“往来也。”《诗·小雅·蓼莪》：“顾我复我，出入腹我。”郑玄笺：“顾，旋视也。復，反复也。”《易·泰》：“无往不复。”高亨注：“復，返也。”《谷梁传·宣公八年》：“公子遂如齐，至黄乃复。”（唐）李频《寄远》诗：“槐欲成阴分袂时，君期十日复金扉。槐今落叶已将尽，君向远乡犹未归。”

66. 軖：《说文》：“纺车也。从車王声。一曰轮车。”得名于“转”义。

67. 珠：《说文》：“蚌之阴精。从玉朱声。”即珍珠，圆状。“朱”声寓“圆”、“孔”、“美好”等相关意义，如“味”（鸟嘴）、“姝”（美好）等，可参本章第五节、第十三节相关词条。

68. 楃、幄：《说文》：“楃，木帐也。”亦作“幄”，《周礼·天官·幕人》：“幕人掌帷幕幄帟绶之事。”郑玄笺：“王出宫则有是事。在旁曰帷，在上曰幕。幕或在地，展陈于上。帷幕皆以布为之。四合象宫室曰幄，王所居之帷也。”《汉书·礼乐志》：“照紫幄，珠熉黄。”颜师古注：“紫幄，飨神之帐也。帐上四下而覆曰幄。”

69. 褎：《说文》：“褎，衣博裾。”段玉裁注：“博裾，谓大其褎囊也。《汉书》：‘褎衣大裕。’谓大其衣绔之上也。引申之为凡大之偁。”

緥、褓：包裹婴儿的小被。《说文》：“緥，小儿衣也。一曰䋲。”字又作“褓”，（宋）孙奕《履斋示儿编·字说·集字一》：“緥者，襁緥也。俗作褓。”（汉）刘向《新序·节士》：“而二人谋取他婴儿，负以文褓，匿山中。”

宲：《说文》：“藏也。”

“衣博裾”、“小儿衣”、“藏”均寓“环围”义。

70. 黽：《说文》：“鼃黽也。”“鼃，虾蟆属。”《周礼·秋官·蝈氏》：“蝈氏掌去鼃黽。”甲骨文写作“”，像大腹、四足之蛙形。

蠅：苍蝇。《说文》：“营营青蝇，虫之大腹者。”得名于“腹圆大”义。

绳：《说文》：“索也，从纟蝇省声。”“绳”乃宛转而成，当得名于圆转之状。《易·系辞下》：“作结绳而为罔罟，以佃以渔。”（南梁）刘勰《文心雕龙·原道》：“自鸟迹代绳，文字始炳。”（唐）韩愈《张中丞传·后叙》：“引绳而绝之，其绝必有处。”

孕：《说文》：“裹子也。”（清）朱骏声《定声》：“《管子·五行》：‘䲻妇不弃。’注：‘古孕字。’”《玉篇·肉部》：“䲻，或孕字。”《广韵·证韵》：“䲻，孕也。”《集韵》：“䲻与孕同。”甲骨文“孕”写作“”等形，正像大腹中怀有一子的形状，得名之由当与“蝇”同。《易·渐》：“鸿渐于陆，夫征不复，妇孕不育，凶。利御寇。”（唐）李鼎祚《集解》引虞翻曰：“孕，妊娠也。”《国语·鲁语上》：“鸟兽孕，水虫成。”韦昭注：“孕，怀子也。”

身：《说文》：“身，躳也。象人之身。”甲骨文“身”、“孕”为一字，像人隆其腹，示有孕之形。《诗·大雅·大明》：“大任有身，生此文王。”毛亨传：“身，重也。”郑玄笺：“重，谓怀孕也。”在文字的演变过程中，“身”、“孕”分为二字，词义方面

“身”转指人之全体，与“孕”有别。而在“怀孕”词义上另造“傳”示之，《玉篇》：“傳，妊身也。”《释名·释形体》：“身，伸也。可屈伸也。”将“身”得名之由归于“伸（长）”，未妥。

71. 營：《说文》：“營，匝居也。”段玉裁注曰：“匝居谓围绕而居。如市营曰闤，军垒曰营，皆是也。”（清）桂馥《说文义证》：“营谓周垣。”《礼记·礼运》：“昔者先王未有宫室，冬则居营窟，夏则居橧巢。”孔颖达疏：“营累其土而为窟，地高则穴于地，地下则窟于地上，谓于地上累土而为窟。”四围拥土为窟。故可引申作“围绕”义，《汉书·李寻传》：“日中，为大臣欺诬；日且入，为妻妾役使所营。”颜师古注：“營，谓绕也。”（南宋）鲍照《喜雨》：“营社达群阴，屯云擀积阳。”

縈：回旋缠绕。《说文》：“收韏也。”段玉裁注：“各本作韏，非也。今依《韵会》、《玉篇》正。……收卷长绳，重迭如环，是为縈。”《诗·周南·樛木》：“南有樛木，葛藟縈之。”毛亨传：“縈，旋也。”

輂：《说文》：“车輮规也。一曰一轮车。从車荧省声，读若茕。”段玉裁注：“规者，圆之匡郭也。”

藀：《说文》：“草旋貌，从草荣声。诗曰‘葛藟藀之。’”（清）朱骏声《定声》：“此后出字。毛诗作萦。”

禜：《说文》：“设绵蕝为营，以禳风雨雪霜于日月星辰，禳水旱疠疫于山川也。”《周礼·春官·鬯人》：“凡祭祀社壝用大罍，禜门，用瓢赍。”郑玄注：“禜，谓营酂所祭。”《周礼·地官·党正》：“春秋祭禜，亦如之。”郑玄注：“禜，谓雩禜水旱之神。盖亦为坛位，如祭社稷云。”《左传·昭公元年》：“山川之神，则水旱、疠疫之灾，于是乎禜之；日月星辰之神，则雪霜、风雨之不时，于是乎禜之。”“禜”乃是“营”在祭祀方面的派生词。

罃：《说文》：“备火长颈瓶也。从缶荧省声。”《广雅·释器》：“罃，瓶也。”“罃”之外形圆滚。引申为泛指各种瓶子，章炳麟《新方言·释器》：“引申之，凡瓶，皆曰罃。惠、潮、嘉应之客籍谓酒瓶为酒罃子。”

72. 鞠：《说文》：“踏鞠也，从革匊声。或从匊声。”（清）朱骏声《定声》：“毛丸可蹴戏者，今谓之球。”《史记·卫将军骠骑列传》：“其在塞外，卒乏粮，或不能自振，而骠骑尚穿域蹋鞠。”（唐）司马贞《史记索隐》：“《蹵鞠书》有《域说篇》，又以杖打，亦有限域也。今之鞠戏，以皮为之，中实以毛，蹵蹋为戏。刘向《别录》云：‘蹴鞠，兵势，所以陈武事，知有材力也。’”

蘜、菊：《说文》：“日精也，以秋花。”即今之菊花，得名于圆转形。亦以鞠为之，《礼记·月令》：“鞠有黄华。”（唐）陆德明《释文》：“鞠，本又作菊。”《楚辞·九章·惜诵》：“播江离与滋菊兮，愿春日以为糗芳。”（晋）陶渊明《归去来兮辞》：“三径就荒，松菊犹存。”

73. 莔：《说文》：“贝母也。”《尔雅·释草》：“莔，贝母。”郭璞注：“根如小贝，圆而白华，叶似韭。”（唐）陆德明《释文》：“莔，音萌。”

泂：《广韵·梗韵》：“泂濴水，回旋也。”

74. 籅：《说文》：“漉米籔也。”（清）朱骏声《定声》：“今苏俗谓之饭箩。”

75. 篗：《说文》：“收丝者也。从竹蒦声，或从角间声。”（清）朱骏声《定声》：“《方言》五：‘篗，榬也。’今苏俗谓之篗头，有车曳者，有手转者。”收丝之器，旋转而作。

籱、篧：《说文》：“罩鱼也。从竹靃声。”《尔雅》作“篧”，《释器》：“篧，谓之罩。”郭璞注：“捕鱼笼也。”

護：《说文》：“救视也。”《史记·萧何世家》：“高祖为布衣时，数以吏事護高祖。”“救视”乃环围护之。故可引申为“遮蔽、掩盖”义，《乐府诗集·横吹曲辞五·捉搦歌》：“粟谷难舂付石臼，弊衣难护付巧妇。”（元）李孝光《环碧斋》：“面面溪光护石苔，轩墀无复有尘埃。”

76. 莒：《说文》：“齐谓芋为莒，从艹吕声。”“芋”为圆状。

筥、簴：圆形盛物竹器。《说文》：“𥶈也，从竹吕声。”《诗·召南·采苹》：“于以盛之，维筐及筥。”毛亨传：“方曰筐，圆曰筥。”字亦作“簴”，《礼记·月令》：“具曲、植、簴、筐。”（唐）陆德明《释文》：“簴筐，居吕反，亦作筥；下丘狂反。方曰筐，圆曰筥。”

77. 瓜：《说文》：“胍也，象形。”为圆状。《诗·小雅·信南山》：“中田有庐，疆场有瓜，是剥是菹。”

苽、菰：《说文》：“雕胡，一名蒋。”（按段玉裁注本）《礼记·内则》：“蜗醢而苽食、雉羹。”郑玄注：“苽，雕胡也。”（唐）陆德明《释文》：“苽音孤，字又作菰，同。”

蓏：《说文》：“在木曰果，在地曰蓏。”

瓠：《说文》：“匏也。”《诗·小雅·南有嘉鱼》：“南有樛木，甘瓠累之。”即葫芦。

78. 桮、杯：《说文》：“桮，𠤳也，从木否声，籀文从匚不声。”口呈圆状。字亦作“杯”，《礼记·玉藻》：“母没而杯圈不能饮焉，口泽之气存焉尔。”《庄子·逍遥游》：“覆杯水于坳堂之上，则芥为之舟；置杯焉则胶，水浅而舟大也。”

瓿：《尔雅·释器》：“瓯瓿谓之瓵。”郭璞注：“瓿甊，小罂，长沙谓之瓵。”为圆口容器。《汉书·扬雄传下》：“谓雄曰：‘空自苦！今学者有禄利，然尚不能明《易》，又如《玄》何？吾恐后人用覆酱瓿也。’”颜师古注：“瓿，音部。小罂也。”

79. 㑆：《说文》：“妇人妊身也。从人㔾声。”《广雅·释诂》：“㑆，偩也。”乃怀孕之身也，圆凸状。

80. 䀠：《说文》：“左右视也。从二目，会意，读若拘。又若良土瞿瞿。”得名于“环、遍”义。

趯：《说文》：“走顾貌。从走瞿声，读若劬。”

灈：《广韵·药韵》；“筌，取鱼器也。”

81. 规、巂：正圆之器。《楚辞·大招》：“曲眉规只。滂心绰态。”王逸注：“规，圜也。言美女之面，丰容丰满，颊肉若重，两耳郭辟，曲眉正圜，貌绝殊也。”《韩非子·饰邪》：“悬衡而知平，设规而知圆。”《吕氏春秋·分职》：“巧匠为宫室，为圆必以规，为方必以矩，为平直必以准绳。”《玉篇·夫部》：“规，正圆之器也。”字亦作“巂”，（明）黄生《义府·巂》：“《曲礼》：‘立视五巂。’注：‘音携，规也。轮一周为一规。’按，“巂”、“规”当即一音，古字通用，蜀子规鸟一名巂可证。”① 故可引申作“圆”义，《楚辞·大招》：“曾颊倚耳，曲眉规只。”王逸注：“规，圜也。”（唐）段成式《酉阳杂俎续集·支诺皋中》：“书生何讽常买得黄纸古书一卷读之，卷中得发卷，规四寸，如环无端，何因绝之。”

82. 畐：朱芳圃《殷周文字释丛》：“象长颈鼓腹圆底之器。”②《说文》：“满也。从高省，象高厚之形，读若伏。”字亦作“偪”，《方言》卷六：“愊、偪，满也。凡以器盛而满谓之愊，腹满曰偪。”（清）段玉裁《说文解字注》“畐”下注曰：“畐、偪，正俗字也，《释言》曰：‘逼，迫也’，本又作偪，二皆畐之俗字。”《广雅·释诂》则作“愊”。

辐：《说文》：“轮轑也。”《诗·魏风·伐檀》：“坎坎伐辐兮，寘之河之侧兮。”（宋）朱熹《诗集传》：“辐，车辐也。伐木以为辐也。”（南梁）刘勰《文心雕龙·附会》：“并驾齐驱，而一毂统辐。”

堛：《说文》：“凷也。从土畐声。”《尔雅·释言》：“块，堛也。”（唐）韩愈《南山诗》：“茫如试矫首，堛塞生怐愗。”

83. 庉：《说文》：“堂下周屋。”段玉裁注：“各本作堂下，玄应引作‘堂周屋曰庉’。”《楚辞·九歌·湘夫人》：“合百草兮

① 黄生撰、黄承吉合按：《字诂义府合按》，中华书局1984年版，第151页。

② 朱芳圃：《殷周文字释丛》，中华书局1962年版，第90~92页。

实庭，建芳馨兮庑门。”（宋）朱熹《集注》：“庑，堂下周屋也。”《后汉书·灵帝纪》：“公府驻驾庑自坏。”李贤注：“庑，廊屋也。”（宋）赵彦卫《云麓漫钞》卷二：“文潞公作家庙，求得唐杜岐公旧址，止余一堂四室两翼，公增置前两庑及门，东庑以藏祭器，西庑以藏家谱。”

84. 宫：《说文》：“宫，室也。从宀，躳省声。”按，“宫”乃得名于“围绕、圆”义。徐中舒《甲骨文字典》“宫”字下曰：“据半坡圆形房屋遗址复原，其房屋乃在圆形基础上建立围墙，墙之上部覆以圆锥形屋顶，又于围墙中部开门，门与屋顶斜面之通气窗孔呈吕形。此种形制房屋，屋顶似穹隆，墙壁上又似环形围绕，故名之宫。”① “宫”在先秦文献中作“围绕”、“环绕”义，《礼记·丧大礼》：“君为庐宫之，大夫襢之。”郑玄注曰：“宫谓围障之也。”《尔雅·释山》：“大山宫小山，霍。”郭注：“宫谓围绕之。”邢昺疏：“谓小山在中，大山在外围绕之，山形若此者名霍。”（清）姚鼐《望潜山》：“道边只堠复双堠，天半大山宫小山。”大山宫即群山围绕。《周礼·小胥》：“王宫悬。”郑玄注：“宫谓四方悬也。”悬，指悬挂乐器的架子。

85. 眮：转目旋视。《说文》：“吴楚谓瞋目，顾视曰眮。”《方言》卷六：“矔、眮，转目也。梁益之间瞋目曰矔，转目顾视亦曰矔，吴楚曰眮。”

86. 踵、歱：《说文》：“歱，跟也。”经籍中常以“踵”为之，《仪礼·士丧礼》：“夏葛屦，冬白屦，皆繶缁絇纯，组綦系于踵。”《广韵·肿韵》：“踵，足后。”《荀子·荣辱》：“小人莫不延颈举踵而愿曰：‘知虑材性，固有以贤人矣！’”足后为圆凸状，而《释名·释形体》中的“踵，锺也，锺聚也，体之所锺聚也”，殊为牵强。

蕫：《说文》：“鼎蕫也。杜林曰藕根。”《尔雅·释草》：

---

① 徐中舒：《甲骨文字典》，四川辞书出版社 1988 年版，第 832 页。

“蘋，蒲蓋。”郭璞注：“似蒲而细。”按，“蓋”乃指一种蒲草，其花穗呈圆柱形，与藕根形似，故二者异类同名。张博[①]认为“蓋”“是荷的根茎，中间有管状小孔，故寓中空义。”恐未确。

蛹：《说文》：“茧虫也。从虫，甬声。”《荀子·赋》：“蛹以为母，蛾以为父。”当取其“圆滚”义。

87. 籠、笭：用竹片编成的器物。《说文》：“籠，举土器也。一曰笭也。”（清）朱骏声《定声》：“笭笼一声之转也。”“笭，籯也。”段玉裁注：“竹笼。”《周礼·夏官·司马》：“充笼箙矢共矰矢。”郑玄注：“籠，竹箙也。”《周礼·地官·遂师》：“共丘笼。”贾公彦疏：“云‘共丘笼’者，土曰丘，谓共为丘之笼器以盛土也。”

襱：《说文·衣部》：“襱，绔踦也。”（清）朱骏声《通训定声》：“按，襱者，苏俗曰裤脚管。”《广雅·释器》：“其褙谓之襱。”（清）王念孙疏：“《说文》：‘襱，袴踦也。’徐锴传云：‘踦，足也。’今人言袴脚或言袴管是也。管与褙同。”

88. 邕、壅：四面环水，拥抱成池。《说文》：“邕，四方有水自邕成池者。”《诗·周颂·振鹭》：“振鹭于飞，于彼西雝。”陈奂传疏：“《说文》云：‘邕，四方有水自邕成池者。’《水经注》：‘四方有水为雍。’”后写作“壅”，《左传·昭公元年》：“勿使有所壅闭湫底，以露其体。”引申为“障，塞”，《战国策·齐策》：“宣王因以宴首壅塞之。”

擁：《说文》：“裒也。”《礼记·少仪》：“侍射则约矢。侍投则擁矢。”孔颖达疏：“擁，抱也。”《礼记·玉藻》：“肆束及带，勤者有事则收之，走则擁之。”孔颖达疏：“擁，谓抱之于怀也。”（汉）刘向《列女传·齐东郭姜》：“闭门，聚众鸣鼓。公恐，擁柱而歌。”环而能抱也，故可引申为“环围”义，（唐）李白

① 张博：《汉语同族词的系统性与验证方法》，商务印书馆 2003 年版，第 246 页。

《赠宣城赵太守悦》诗：“三千堂上客，出入擁平原。”（金）董解元《西厢记诸宫调》卷六：“回首孤城，依约青山擁。”

廱：《说文》：“廱，天子飨饮辟廱。”字亦作“雍”。《诗·鲁颂·泮水》：“思乐泮水，薄采其芹。”郑玄笺：“辟雍者，筑土雝水之外，圆如璧，四方来观者均也。”得名于“圆环”义。

雍：《汉书·地理志》：“雍，秦惠公都之。”注引《应劭音义》云：“四面积高曰雍。”《释名·释州国》：“雍州在四山之内，雍翳也。”“四面积高”、“四山之内”均可证“雍”之环绕之形。

罋：《说文》：“汲缾也，从缶雝声。”即汲水瓶，呈圆状。

墉：《说文》：“城垣也。”指环绕于四周起障蔽作用的高墙。《诗·周颂·良耜》：“其崇如墉，其比如栉，以开百室。”《诗·召南·行露》：“谁谓鼠无牙？何以穿我墉？”毛亨传：“墉，墙也。”《易·解》：“上六，公用射隼于高墉之上，获之，无不利。”孔颖达疏：“墉，墙也。”

89. 守：《说文》：“守官也。”按，“守”得名于“围、圈”义，《左传·庄公二十一年》：“五月，郑厉公卒。王巡虢守。”杜预注：“巡守于虢国也。天子省方，谓之巡守。”[①] 故可引申作“防守、守护”义，《易·坎》：“王公设险，以守其国。”《左传·襄公二十九年》：“闻守卞者将叛，臣帅徒以讨之。”

狩、兽：契文中“狩”、“兽”作“”、“”等形，从犬从丫，“丫”为狩猎工具，或作“（单）”形，“（单）”乃“丫”之繁体写法，金文作“”（员鼎），与甲骨文同，是为《说文》“兽”字篆文所本，而从犬声之“狩”字乃后起之形声字。在远古时代，田猎为“”，田猎所获亦为“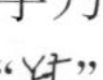”，后世总分为“狩”、“兽”二字。[②] 远古时期，田猎需围攻，狩（兽）取义于“围

① 详参吴金华：《三国志校诂》，江苏古籍出版社 1990 年版，第 6、75、113 页。

② 徐中舒：《甲骨文字典》，四川辞书出版社 1988 年版，第 1099 页。

攻”。《左传・隐公五年》：“故春搜、夏苗、秋狝、冬狩。”杜预注：“狩，围守也；冬物毕成，获则取之，无所择也。”《国语・周语上》：“狩于毕时。”韦庄注：“冬天曰狩，狩，围守而取之。”《周礼・夏官・司马》：“遂以狩田，以旌为左右和之门。”郑玄注：“冬田为狩，言守取之，无所择也。”

90. 肘：《说文》：“臂节也。从肉从寸，会意。”《礼记・深衣》：“袂之长短，反诎之及肘。”郑玄注：“袂属幅于衣，诎而至肘，当臂中为节，臂骨上下各尺二寸，则袂肘以前尺二寸。肘，或为腕。”取“圆、弯”义。

疛：《说文》：“小腹病也，从疒肘省声。”《吕氏春秋・尽数》：“精不流则气郁。郁处头则为肿为风……处腹则为张为疛。”高诱注：“疛，跳动，皆腹病。”“疛”专指小腹病，小腹为圆状。

91. 梼：《说文》：“断木也。”（清）朱骏声《定声》：“木下橱头也。”

帱：《说文》：“禅帐也。”《尔雅・释训》：“帱谓之帐。”《诗・召南・小星》：“肃肃宵征，抱衾与裯。”郑玄笺：“裯，床帐也。”则以“裯”为之。（三国）丁廙妻《寡妇赋》：“刷朱扉以白垩，易玄帐以素帱。”（宋）孔平仲《续世说・汰侈》：“朱梁、朱瑾，有所乘名马，冬以锦帐贮之，夏以罗帱护之。”又指“车帷”，《史记・礼书》：“大路之素帱也，郊之麻绝，丧服之先散麻，一也。”（唐）司马贞《史记索隐》：“谓车盖以素帷，亦质也。”

“断木”、“床帐”、“车帷”皆寓“环、圆”义。

92. 芋：《说文》：“大叶实根，骇人，故谓之芋也，从艹亏声。”按，从声符为“亏”的诸字来看，“亏”声寓“圆”义，“芋”当得名于其圆状，许慎谓“芋”得名于感叹词，盖出于猜测。

靬：《说文》：“鞘内环靼也。从革于声。”（清）朱骏声《定声》：“鞘者，车驾具，其内有鞣革以环之，曰靬。”

宇：《说文》：“屋边也。从宀亏声。籀文禹声。”《诗·豳风·七月》：“七月在野，八月在宇。”（唐）陆德明《释文》：“宇，屋四垂为宇。《韩诗》云：‘宇，屋溜也。’”四垂则周也，故可引申作“上下四方”义，如《庄子·庚桑楚》：“有实而无乎处者，宇也。”成玄英疏：“宇者，四方上下也。”（清）黄宗羲《寒村诗稿序》：“上天下地曰宇，古往今来曰宙。”

93. 扭：《广韵·有韵》：“扭，手转貌。”（元）王实甫《西厢记》第五本第一折：“傥或水浸雨湿休便扭，我只怕干时节熨不开褶皱。”（清）孔尚任《桃花扇·寄扇》：“待我采摘盆草，扭取鲜汁，权当颜色罢。”“扭”从“丑”声，“丑”声字寓“曲转、聚（不舒展）”义，如“丑”、“纽”、“忸”等，可参本章第四节、第七节相关词条。

94. 防：《说文》：“堤也。防或从土。”即圈围之堤以止水。《周礼·地官·稻人》：“稻人掌稼下地，以潴畜水，以防止水。”郑玄注：“防，潴旁堤也。”《吕氏春秋·慎小》：“巨防容蝼，而漂邑杀人。”高诱注：“防，堤也。”引申为“蔽”义。《尔雅·释宫》：“容，谓之防。”郭璞注：“形如今床头小曲屏风，唱射者所以自防隐。”

95. 圭：《说文》：“瑞玉也，上圆下方以封诸侯。”《仪礼·聘礼》：“所以朝天子，圭与缫皆九寸，剡上寸半，厚半寸，博三寸。”郑玄注：“圭，所执以为瑞节也，剡上象天圜地方也……九寸，上公之圭也。”

闺：上圆下方之门，形似圭状。《说文》：“特立之户，上圆下方，有似圭。”《公羊传·宣公六年》：“有人荷畚，自闺而出者。”何休注：“宫中之门谓之闱，其小者谓之闺。”《淮南子·泛论训》：“夫醉者俛入城门，以为七尺之闺也。”

娃：《说文》：“圆深目貌。”字亦作“眭”，《说文·新附》：“眭，深目也。”《淮南子·原道》：“今人之所以眭能视，营然能听……明是非者何也？气为之充，而神为之使也。”

96. 璧：圆形中间有孔之玉。《说文》：“瑞玉环也，从玉辟声。”《尔雅·释器》：“肉倍好谓之璧。”郭璞注：“肉，边。好，孔。”《诗·大雅·灵台》：“于论鼓钟，于乐辟雍。”毛亨传：“水旋丘如璧曰辟雍。”孔颖达疏：“水旋丘如璧，璧体圆而内有孔，此水亦圆而内有地，犹如璧然。”其乃圆形之状，故可指称月亮，（隋）薛道衡《和许给事善心戏场转韵》：“云间璧独转，空里镜孤悬。”（唐）顾况《奉酬刘侍郎》诗：“几回新秋影，璧满蟾又缺。”

避：《说文》：“回也，从辵辟声。”《管子·立政》：“罚避亲贵，不可使主兵。”（汉）枚乘《上书谏吴王》：“忠臣不避重诛，以直谏，则事无遗策，功流万世。”亦作“辟”，《仪礼·士昏礼》：“宾以几辟。”郑玄注：“辟位逡遁。”

97. 壶：《说文》：“昆吾圆器也。”《诗·豳风·七月》：“七月食瓜，八月断壶。”毛亨传：“壶，瓠也。”郑玄笺：“瓜瓠之属。”“瓜”与“壶”对文，可证“瓜”、“壶”均有“圆”义。

二、运转义

1. 逭（匣元）
2. 违（匣微）
3. 传转（端元）
4. 运（匣文）
5. 述（神物）
6. 遹（喻质）
7. 趁（透真）
8. 趲（端元）嬗僤
9. 逃（定宵）
10. 轧（影月）
11. 展（端元）

12. 逡（清文）
13. 追（端微）
14. 轨（见幽）
15. 踵（照东）
16. 巡（邪文）
17. 遵（精文）

在运动轨迹上，“圆”派生出“运转”义。语音上“运”、“述”、“遹”、“儃”、“逃”、“逡”、“踵”、“巡”的谐声字之间语音相通，“趁”、“追”、“展”、“轨”、“遵”语音与之亦相通，详参本章第一节。

1. 逭：《说文》：“逃也，从辵官声。逭或从雚从兆。”段玉裁注：“从兆者，从逃省也，从雚者，雚声也。”《礼记·缁衣》：“《太甲》曰：‘天作孽，可违也，自作孽，不可以逭。’”郑玄注：“逭，逃也。”《方言》卷一二：“逭，转也。”《方言》卷一三：“逭，周也。”《书·太甲中》：“天作孽，犹可违；自作孽，不可逭。”孔颖达传：“孽，灾；逭，逃也。言天灾可避；自作灾不可逃。”

2. 违：《说文》：“离也。从辵韦声。”《诗·邶风·谷风》：“行道迟迟，中心有违。”郑玄笺：“违，徘徊也。”《左传·宣公十年传》：“凡诸侯之大夫违。”杜预注：“违，奔放也。”《诗·邶风·谷风》：“行道迟迟，中心有违。”毛亨传：“违，离也。”（南梁）何逊《宿南州浦》诗：“违乡已信次，江月初三五。”

3. 传：《说文》：“遽也。”指传达急速之事。得名于“专（转）”。《周礼·秋官·行夫》：“行夫掌邦国传遽之小事媺恶而无礼者。”郑玄注：“传遽，若今时乘传骑驿而使者也。”引申为驿马，《左传·成公五年》：“梁山崩，晋侯以传召伯宗。”杜预注：“传，驿。”后又引申为“驿站”、“客舍”，表“中转站”。

转：《说文》：“运也。”本指车轮转动。《周礼·冬官·考工记》：“毂也者，以为利转也。”《逸周书·大匡》：“粮穷不转，孤寡不废。”《史记·秦本纪》：“于是用百里傒、公孙支言，卒与之粟。以船漕车转，自雍相望至绛。”故可引申为“返回”义，（宋）马子严《贺圣朝·春游》词：“游人拾翠不知远，被子规呼转。”《二刻拍案惊奇》卷一一：“（满生）正要收拾起身，转到凤翔，接了丈人妻子一同到任。”

4. 运：《广雅·释诂》：“运，转也。”（清）朱骏声《定声》：“《周髀算经》：‘日月运行，四极之道。’注：‘周也。’”《庄子·天道》：“天道运而无所积，故万物成。”成玄英疏：“运，动也，转也。”（明）徐弘祖《徐霞客游记·滇游日记十二》：“以水运机，磨麦为面。”

5. 述：《说文》：“循也，从辵术声。”（清）朱骏声《定声》：“经传多以遹为之。”《诗·邶风·日月》：“胡能有定？报我不述。”毛亨传：“述，循也。”《书·五子之歌》：“五子咸怨，述大禹之戒以作歌。”孔颖达传：“述，循也。”《汉书·地理志下》：“始楚贤臣屈原被谗放流，作《离骚》诸赋以自伤悼。后有宋玉、唐勒之属慕而述之，皆以显名。”

6. 遹：《说文》：“回避也。”《诗·小雅·小旻》：“谋犹回遹，何日斯沮。”“回”、“遹”同义连语。《诗·大雅·文王有声》：“文王有声，遹骏有声。”郑玄笺：“遹，述也。”《诗·小雅·小旻》：“谋犹回遹，何日斯沮。”毛亨传：“遹，僻。”

7. 趁：《说文》：“𧾷亶也，从走㐱声。读若尘。”“㐱”声寓“圆凸”、“缠绕”、“团聚”、“钝、厚重”等相关意义，如“胗”（本章第十四节），“紾”（本章第十五节），“沴”、“鬒”、“眕”、“駗”（本章第十节）。《梁书·曹景宗传》：“景宗幼善骑射，好畋猎，常与少年数十人泽中逐麞鹿，每众骑趁鹿，鹿马相乱，景宗于众中射之。”

8. 𧾷亶：《说文》：“趁也，从走亶声。字亦作邅。”即辗转追赶。

嬗：《说文》：“一曰传也。”《汉书·文帝纪》：“今纵不能博求天下贤圣有德之人而嬗天下焉，而曰豫建太子，是重吾不德也。”

儃：《说文》：“儃回也。从人亶声。”《楚辞·惜誓》：“寿冉冉而日衰兮，固儃回而不息。”王逸注：“儃回，运转也。”“儃”、“回”同义连文。

9. 逃：《说文》：“亡也，从辵兆声。”《广雅·释诂》：“逃，避也。”《春秋·庄公十七年》：“秋，郑詹自齐逃来。”（唐）韩愈《平淮西碑》：“士饱而歌，马腾于槽，试之新城，贼遇败逃。”

10. 轧：《说文》：“辗也，从车乙声。”《史记·匈奴列传》：“罪小者轧，大者死。”张守节引颜师古曰：“轧者，谓辗轹其骨节，若今之厌踝者也。”

11. 展：《说文》：“转也。”《西游记》第一百回：“须臾间，那马打个展身，即退了皮毛。”字亦作“辗”，《诗·邶风·关雎》：“悠哉悠哉，辗转反侧。”

12. 逡：《说文》：“复也，从辵夋声。”《方言》卷一二：“逡，循也，日运为躔，月运为逡。”《后汉书·隗嚣传》：“舅犯谢罪文公，亦逡巡于河上。”李贤注：“逡巡，不进也。”即徘徊不前。

13. 追：《说文》：“逐也。”《方言》卷一二：“追，随也。”得名于“辗转逐之”。《公羊传·庄公十八年》：“夏，追戎于济西。”（唐）韩愈《顺宗实录四》：“万福倍道追而杀之，免者十二三。”可引申为“追念”义，《诗·大雅·文王有声》：“匪棘其欲，遹追来孝。”《三国志·蜀志·诸葛亮传》：“盖追先帝之殊遇，欲报之于陛下也。”

14. 轨：《说文》：“车辙也。从车九声。”《广雅·释室》：“轨，道也。”《淮南子·本经训》：“五星循轨而不失其行。”《孟子·尽心下》：“城门之轨，两马之力与？”（宋）朱熹《集注》：“轨，车辙迹也。”

15. 踵：《说文》：“踵，追也，一曰往来貌。从足重声。”

《六韬·均兵》：“骑者，军之伺候也，所以踵败军，绝粮道，击便寇也。”

16. 巡：《说文》：“视行也。从辵川声。”段玉裁注：“视行者，有所省视之行也。”言之“遍”也。《书·泰誓下》：“时厥明，王乃大巡六师，明誓众士。”《国语·晋语四》：“臣从君还轸，巡于天下，怨其多矣。”韦昭注：“巡，行也。”（汉）扬雄《太玄·玄测》：“巡乘六甲，与斗相逢。”（宋）司马光《集注》：“巡，行也。”

17. 遵：《说文》：“循也，从辵尊声。”《方言》卷一二：“遵，行也。”《孟子·梁惠王下》：“吾欲观于转附、朝儛、遵海而南，放于琅邪，吾何修而可以比于先王观也？”《诗·豳风·七月》：“女执懿筐，遵彼微行。”（宋）朱熹《诗集传》：“遵，循也。”《文选·陆机〈文赋〉》：“遵四时以叹逝，瞻万物而思纷。”李善注：“遵，循也，循四时而叹其逝往之事。”

三、满、充足义

1. 餇（影元）
2. 餇（见幽）
3. 馨（影耕）
4. 饶（日宵）
5. 淈（见物）
6. 饇（影侯）
7. 餉（晓侯）酗彀（见屋）
8. 飽（帮幽）
9. 醉（精物）
10. 濆（并文）
11. 醺（晓文）泆
12. 蹟（溪铎）

13. 䬳（帮之）
14. 癟（滂质）
15. 实（神质）
16. 满（明元）
17. 涌（喻东）
18. 汹（晓东）
19. 丰（滂冬）
20. 豟（匣鱼）
21. 皲（见文）
22. 幡（帮文）
23. 豆刂（豆，定侯）
24. 溃（匣物）殨
25. 盈（喻耕）

在外形上“圆”表现为“圆满”状，过满则裂。众词语韵部均在甲、乙类，语音关系可参本章第一节。

1. 餶：《说文》：“猒也，从食肙声。”即饱足。

2. 餫：《说文》：“饱也，从勹㿝声。”（清）朱骏声《定声》：“民祭祀曰餫，字亦作䭓。”

3. 醟：《说文》：“酗也，从酉荧省声。”指喝酒过量而醉。《汉书·叙传下》：“赵敬险诐，中山淫醟。”颜师古注：“醟，酗酒也。”《隋书·刑法志》：“昏狂酗醟，任情喜怒。”

4. 饶：《说文》：“饶，饱也。从食尧声。”《左传·成公六年》：“夫山、泽、林、盬，国之宝也。国饶则民骄佚。”（唐）韩愈《崔评事墓铭》：“实掌军田，凿浍沟，斩茭茅，为陆田千二百顷，水田五百顷，连岁大穰，军食以饶。”

5. 淈、汩：《说文》：“一曰水出貌。”（清）朱骏声《定声》：“《仓颉篇》：‘水通貌。’《上林赋》：‘潏潏淈淈。’《史记索隐》：‘水微转细涌之貌。’与用汩汩同。”《文选·郭璞〈江赋〉》：“潜演之所汩淈，奔流之所磢错。”李善注引《苍颉篇》：

“淈，水通貌。”《史记·樗里子甘茂列传》：“樗里子滑稽多智。”张守节正义：“滑，读为淈，水流自出。稽，计也。言其智计宣吐如泉，流出无尽。”《玉篇·水部》：“淈，亦曰汩字。”《庄子·达生》：“吾始乎故，长乎性，成乎命。与齐俱入，与汩偕出，从水之道而不为私焉。”（唐）陆德明《释文》：“与汩，胡忽反。司马云：‘涌波也。’郭云：‘回伏而涌出者，汩也。’”

6. 饇：《玉篇·食部》：“饱也。”《诗·小雅·角弓》：“如食宜饇，如酌孔取。”毛亨传：“饇，饱也。”

7. 餇：《玉篇·食部》：“饱也。”

酗：《说文》：“醉酱也，从酉句声。”字亦作“酗”，《汉书·赵充国》：“后临众病免，五府复举汤，汤数醉酗羌人。”颜师古注：“即酗字也。醉怒曰酗。”

彀：拉满弓弩，满。《说文》：“张弓弩也。”乃满弓也。字亦作“句”，《诗·大雅·行苇》：“敦弓既句，既挟四鍭。”（唐）陆德明《释文》：“句，古豆反，《说文》作彀，云：‘张弓曰彀’。”孔颖达疏：“明既句是引满之时也。……《说文》云：‘彀，张弓也。’《二京赋》曰：‘雕弓既彀。’彀与句，字虽异，音义同。”《孟子·告子上》：“羿之教人射，必志于彀。”杨伯峻注：“羿教人射箭，一定拉满弓；学习的人也一定要求努力拉满弓。”《汉书·周亚夫传》：“已而之细柳军，军士吏披甲，锐兵刃，彀弓弩，持满。”（唐）韩愈《祭郴州李使君文》：“辍行谋于俄顷，见秋月之三彀。”

8. 饱：《说文》：“猒也，从食包声。古文饱从孚声。”《书·酒诰》：“尔乃饮食醉饱。”又引申作“满足”抽象义，《诗·大雅·既醉》：“既醉以酒，既饱以德。”（宋）王安石《日出堂上饮》诗：“指此堂上柱，始生在岩幽。雨露饱所滋，凌云亦千秋。”

9. 醉：《说文》：“酒卒也，各卒其度量不至于乱也。”（清）朱骏声《定声》：“满其量谓之醉。”即今之“酒足饭饱”之

“足”。《诗·周颂·执竞》：“既醉既饱，福禄來反。”郑玄笺：“君臣醉饱，礼无违者，以重得福禄也。”“醉”、“饱”连文，可证“醉”有“足”之义，又《诗·大雅·即醉》：“既醉以酒，既饱以德。君子万年，介尔景福。”“充足”之义在契文中即假“正”（足）为之，徐中舒《甲骨文字典》（第147页）：“辛未卜古贞黍年有正（足）雨。（合二二九）”陆宗达《说文解字通论》认为，“醉字所从之卒意义毫不相关。醉字所从之卒（包括训释中的卒）是终了或完结的意思，其本字当作‘殚’。‘大夫死曰殚’（见歹部），引申为一切事物的完了或终结”①。按，“殚”之“死”义当为“卒”声之“满、足”义的引申义。

10. 濆：《说文》：“水厓也。”《诗·大雅·常武》：“铺敦淮濆，仍执丑虏。”毛亨传：“濆，涯。”亦指水喷涌而出，高出地面。《公羊传·昭公五年》：“濆泉者何？直泉也。直泉者何？涌泉也。”《楚辞·刘向〈九叹·逢纷〉》：“波逢汹涌，濆滂沛兮。”洪兴祖补注：“濆……涌也。”

11. 醺：《说文》：“醉也。”《诗·大雅·凫鹥》：“凫鹥在亹，公尸来止熏熏。”郑玄笺：“坐不安意。”（唐）陆德明《释文》：“熏，许云反。《说文》作‘醺’，云：‘醉也。’”

泆：水满而溢出。《说文》：“水所荡泆也，从水失声。”（清）朱骏声《定声》：“《书·禹贡》：‘泆为荥卫’，包改作溢，《多士》‘诞淫厥泆’……又《庄子·天地》：‘数若泆汤’，李注：‘疾速如汤沸泆也。’”《史记·夏本纪》：“道沇水，东为济，入于河，泆为荥。”（唐）张九龄《彭蠡湖上》诗：“沿涉经大湖，湖流多行泆。”

12. 彉、彍：《说文》：“彉，弩满也。”《广雅·释诂》：“彉，张也。”字亦作“彍”，《汉书·吾丘寿王传》：“十贼彍弩，百吏不敢前。”颜师古注曰：“引满曰彍。”《孙子·势》：“故善战者，

---

① 陆宗达：《说文解字通论》，北京出版社1981年版，第132页。

其执险，其节短，执如彍弩，节如发机。”《淮南子·兵略训》：“疾如彍弩，势如发矢。”

13. 醅：《说文》：“醉饱也。”“醉”、“饱”同义连文。

14. 癗：《说文》：“满也。”（清）朱骏声《定声》：“肝气张满之病。”

15. 实：充也，满也。《说文》：“富也。”《左传·文公十八年》：“聚敛积实，不知纪极。”杜预注：“实，财也。”《宣公·十二年》：“实其言，必长晋国。”杜预注：“实犹充也。”《国语·越语下》：“田野开阔，府仓实，民众殷。”

16. 满：《说文》：“满，盈溢也。”《广雅·释诂》：“满，充也。”《庄子·天运》：“在谷满谷，在坑满坑。”成玄英疏：“乃谷乃坑，悉皆盈满。”（唐）卢纶《和张仆射塞下曲》之三：“欲将轻骑逐，大雪满弓刀。”《吕氏春秋·审时》：“后时者，茎叶带芒而末衡，穗阅而青零，多秕而不满。”

17. 涌：《尔雅·释水》：“滥泉正出，正出，涌出也。”《释名·释山》：“山旁陇间曰涌，涌犹桶，桶狭而长也。”按，泉口为圆，水满而外流为涌，“涌”当源于“甬”之“圆空”形，非《释名》之“狭长”说。《文选·枚乘〈七发〉》：“旨酒嘉肴，羞炰脍炙，以御宾客，涌触并起，动心惊耳。”李周翰注：“涌触，言满于器也。”（汉）司马相如《上林赋》：“醴泉涌于清室，通川过于中庭。”（汉）王充《论衡·状留》：“泉暴出者曰涌。”

18. 汹：《说文》：“汹，涌也。”《文选·宋玉〈高唐赋〉》：“濞汹汹其无声兮，溃淡淡而并入。”李善注：“《说文》曰：‘汹，汹涌也。’谓水波腾貌。”

19. 丰：《说文》：“豆之丰满也。”引申为“丰足”抽象义，《淮南子·主术训》：“岁登民丰，乃始县钟鼓，陈干戚。”（晋）葛洪《抱朴子·诘鲍》：“昔文、景之世，百姓务农，家给户丰。”

20. 弙：《说文》：“满弓有所乡也。从弓于声。”《广雅·释诂》：“张也。”

21. 皲、皸：《说文·新附》：“皲，足坼也。从皮军声。”满而裂，《汉书·赵充国传》：“将军士寒，手足皲瘃。”《新唐书·突厥传上》：“会雨雪，士皲寒，反为虏袭，大败。”《明史·张溥传》：“冬日手皲，日沃汤数次。”字亦作“皸”，《玉篇》：“皸，足坼裂也。”

22. 幡：《说文》：“以囊盛谷太满而裂也，从巾奮声。”

23. 刓：《广雅·释诂》：“刓，裂也。”《广韵·侯韵》：“刓，小穿。”字亦作“敂”，《玉篇》：“敂，裂也，亦作刓。”过满而裂。

24. 溃：《说文》：“漏也。从水贵声。”过满而决。《国语·周语上》：“川壅而溃，伤人必多。”《汉书·文帝纪》：“齐、楚地震，二十九山同日崩，大水溃出。”

殨：《说文》：“烂也。”多以“溃”为之。《素问·五常政大论》：“其动疡涌分溃痈肿。”王冰注：“溃，烂也。”（晋）左思《吴都赋》：“蒲陶乱溃，若榴竞裂。”

25. 盈：《说文》：“满器也。”《礼记·礼运》：“和而后月生也，是以三五而盈。”《诗·周南·卷耳》：“采采卷耳，不盈顷筐。”可引申作“足够”义，《左传·襄公三十一年》：“年且未盈五十，而谆谆焉如八九十者，弗能久矣。”

四、弯曲、屈曲义

1. 弯（影元）湾蠻
2. 欒（来元）
3. 骫（匣元）
4. 軏（疑元）
5. 弲（影元）峼
6. 䩪（官，见元）
7. 㲉（见幽）

8. 夗（影元）䝹宛䂂腕蜿踠
9. 趯（群元）䉵
10. 卷（见元）䖭𤽶拳痵䄅埢锩腃踡蜷
11. 罶（来幽）
12. 跧（全，从元）
13. 鮬（端元）
14. 楎（匣文）
15. 蜦（来文）
16. 耒頛（来微）
17. 衮（见文）
18. 屮（喻月）
19. 椽（彖，透元）
20. 娄（来侯）
21. 伛（影侯）
22. 句（见侯）钩跔笱斪耇軥朐劬枸椒曲
23. 迟（章支）
24. 局跼（群屋）
25. 桡（日宵）
26. 轑（来宵）
27. 诎茁朏屈（溪物）
28. 腘（见职）
29. 鮴（从幽）
30. 楢（喻幽）酋
31. 鞄（帮幽）
32. 臣（禅真）臥（疑歌）
33. 蟺（禅元）颤
34. 旃（章元）
35. 旐（定宵）
36. 枉（影阳）軖尣

37. 蜀（禅屋）欘
38. 椲（匣微）韋
39. ㄴ（影文）隐
40. 蛸（晓之）
41. 丩（见幽）虬
42. 翏鸝（见觉）
43. 乙（影质）
44. 窦（秩，定质）
45. 鍋（锅，见歌）
46. 隈（影微）鰃
47. 弧（匣鱼）
48. 璜（匣阳）
49. 僻（滂锡）
50. 碩（并之）
51. 虿（透月）
52. 媪（影觉）
53. 鬒（照真）
54. 虹（匣东）
55. 虫（定冬）
56. 弓（见蒸）弘厷纮（匣蒸）穹船
57. 栱（见东）
58. 九（见幽）
59. 龙（来东）
60. 丑（泥幽）
61. 纣（定幽）
62. 趽（帮阳）
63. 畴（定幽）
64. 迂（影鱼）纡尪虷
65. 夭（影宵）芺

66. 彎（影真）

“圆”、“曲”状相通。语音关系详参第二章及本章第一节。

1. 弯：《说文》：“持弓关矢也。”即挽弓。《文选·司马相如〈上林赋〉》：“弯蕃弱，满白羽。”郭璞注引文颖曰：“弯，牵也。”《广雅·释诂》：“弯，引也。”《字汇·弓部》：“弯，曲也。”

湾：水流弯曲处。《搜神记》卷十：“明日，当至，其夜闻江中汹汹有人声，往视之，槎乃移去，沿流下数里，驻湾中。”（北周）庾信《望渭水》诗：“树似新亭岸，沙如龙尾湾。”（唐）沈佺期《入鬼门关》诗：“马危千仞谷，舟险万重湾。”《广韵·删韵》：“湾，水曲。”

蠻：《广韵·删韵》：“蚂蠻，虫名。”《集韵·删韵》：“蚂蠻，虫曲息貌。”

2. 欒：《说文》：“木似栏。从木䜌声。”段玉裁注：“借为圆曲之称，如钟角曰栾，屋曲枅曰栾是。”《文选·张衡〈西京赋〉》：“跱游极于浮柱，结重栾以相承。”薛综注：“栾，柱上曲木，两头受栌者。”（唐）李白《明堂赋》：“云楣立岌以横绮，彩桷攒栾而仰天。”

3. 骫：《说文》：“骫，骨端骫䐁也。从骨丸声。”“䐁，头邪骫䐁态也。”即膝盖，膝骨之弯曲部位。（清）朱骏声《定声》：“字亦误从九声，读如委。《广雅·释诂》：‘骩，曲也。’”字亦作“䯛”。《字汇·骨部》：“䯛，音惋。膝骨宛。”《玉篇·骨部》：“骫，骨曲也。”《楚辞·淮南小山〈招隐士〉》：“树轮相纠兮，林木茷骫。”洪兴祖补注：“茷，木枝叶盘纡貌，通作芰。骫，音委。骫骳，屈曲也。”

4. 軏：《说文》：“车辕端持衡者。”乃指车辕两头的曲木，以平衡车辕之用。（清）朱骏声《定声》：“字亦省作軏。《论语·为政》：‘大车无輗，小车无軏，其何以行之哉！’包注：‘軏，辕端上曲钩衡者也。’”《广韵·月韵》：“軏，车辕端曲木也。”

5. 弲：《说文》：“角弓也，从弓肙声。”

峭：《广韵・仙韵》：“山曲。”

6. 輨：《广韵・谏韵》：“面曲貌。”“官”声寓“圆”、“运行”、“聚”、“好”等相关意义，可参各节相关词条。

7. 㲋：《说文》：“揉屈也。从殳，从㔾。㔾，古文叀字，厩字从此。”则“㔾”即“叀”，有揉屈义。

8. 夗：《说文》：“转卧也。”《广雅・释言》：“夗，转也。”

冤：《说文》：“冤，屈也。”《广雅・释言》：“枉也。”《汉书・息夫躬传》：“冤颈折翼，庸得往兮！”颜师古注：“冤，屈也。”

宛：《说文》：“屈草自覆也。”《诗・陈风・宛丘》：“子之汤兮，宛丘之上兮。”毛亨传：“四方高，中央下，曰宛丘。”《尔雅・释丘》：“宛中，宛丘。”郭璞注：“宛谓中央隆高。”中央下与中央隆起，形似相反，义实相成。《庄子・知北游》：“纷乎宛乎，魂魄将往。”成玄英疏：“纷纶宛转，并适散之貌也。”（唐）杜牧《长安送友人游湖南》诗：“楚南饶风烟，湘岸苦萦宛。”

詧、俒：《说文》：“尉也。”《广韵・阮韵》：“詧，慰也。”即今婉言劝谏义。亦作“俒”，《玉篇・人部》：“俒，劝也。”

腕：手臂与手掌相连可弯曲之处。《释名・释形体》：“腕，宛也，言可宛屈也。”《玉篇・肉部》：“腕，手腕。”《墨子・大取》：“断指与断腕，利于天下相若，无择也。”

蜿、涴：《广韵・元韵》：“蜿蜿，龙状也。”即弯曲貌。（汉）扬雄《蜀都赋》：“龙蛇蜿蜷错其中，禽兽奇伟髦山林。”《楚辞・大招》：“山林险隘，虎豹蜿只。”王逸注：“蜿，虎行貌也……匍匐蜿蜒，以候伺人也。”（汉）张衡《思玄赋》：“玄武缩于壳中兮，腾蛇蜿而自纠。”《集韵・阮韵》：“涴，涴演，水貌。”按，“涴演”乃“蜿蜒”的分别文。《文选・郭璞〈江赋〉》：“洪澜涴演而云回。”李善注：“涴演，回曲貌。”

踠：《玉篇》：“曲脚也。”《广韵·阮韵》：“体屈。”《后汉书·方术列传》：“向度宛陵浦里斻，马踠足，是以不得速。”李贤注：“踠，屈损也。”（北魏）贾思勰《齐民要术·养牛马驴骡》：“蹄欲得厚而大，踠欲得细而促。”

9. 趯、躍：《说文》：“趯，行曲脊貌。”《广韵·仙韵》：“趯，曲走貌。”“躍，曲脊行也。”

彃、虇：《说文》：“彃，弓曲也。”段玉裁注：“作虇者，正是古本草初生勾曲也。”在此义上分化出“虇”字，《尔雅·释草》：“葭华。蒹，薕。葭，芦。菼，薍。其萌虇。”郭璞注：“今江东呼芦笋为虇，然则萑苇之类，其初生者皆名虇。虇，音缱绻。”按，郭璞仅对“虇”之词义作出说明，即“初生之萑苇之类”，而非如许慎、段玉裁对其语源义予以交代。

10. 卷：《说文》：“膝曲也。”引申为一般的“敛卷、卷曲”义，《礼记·丧大记》：“卷衣投于前，司命受之，降自西北荣。”《诗·大雅·卷阿》：“有卷者阿，飘风自南。”毛亨传：“卷，曲也。”《诗·邶风·柏舟》：“我心匪席，不可卷也。”《广韵·仙韵》：“卷，曲也。”

齤：《说文》：“曲齿。”《广韵·仙韵》：“齤，齿曲。”

觠：《说文》：“曲角也。”《北史·司马子如传》：“王给露车一乘，觠牸牛犊。犊在道死，唯觠角存。”引申为“卷曲”义，《广雅·释诂》：“觠，曲也。”《诗·小雅·正月》：“谓天盖高，不敢不局。”毛亨传：“局，曲也。”马瑞辰通释：“《广雅》：‘觠局，匔跧也。’《玉篇》：‘蜷局，不伸也。’皆曲身之貌。”

拳：《说文》：“手也。”许慎以总名释之，未得肯綮。（清）朱骏声《定声》：“张之为掌，卷之为拳。”段玉裁注：“合掌指而为手……卷之为拳。”《吕氏春秋·赞能》：“鲁君许诺，乃使吏鞹其拳。”高诱注：“以革囊其手也。”即今之拳头。《广韵·仙韵》：“拳，屈手也。”引申为“力量”义，《诗·小雅·巧言》：“无拳无勇，职为乱阶。”毛亨传：“拳，力也。”

痽：《广韵·仙韵》：“痽，手屈病也。”即手弯曲之病。

鲞：《尔雅·释器》：“革中绝谓之辨。革中辨谓之鲞。”前半句郭璞注：“中断皮也。”后半句注曰：“复分半也。”（清）王引之《经义述闻·尔雅中》：“革中辨之辨，当为辟，字形相近，又涉上句辨字而误也。辟与鲞，皆屈也。辟字或作襞。《说文》曰：‘诎，诘诎也；一曰屈襞。’又曰：‘襞，鲞衣也。’徐锴曰：‘鲞，犹卷也。’《广雅》曰：‘鲞、诎，曲也。’又曰：‘襞、鲞，诎也。’郑玄注《士丧礼》曰：‘以席覆重，辟屈而反两端，交于后。’高诱注《战国策·西周策》曰：山形屈辟，状如羊肠。辟之言辟屈，鲞之言卷曲也。”《说文》：“革辨谓之鲞。”（清）朱骏声《定声》：“《广雅·释诂》一：鲞，曲也；四：诎也。王氏引之云：‘鲞之言卷曲。《尔雅》革中辨之辨当为辟字，形相近，又蒙上文辨字而误。’愚按古襞积字，皆以辟为之，王说是也。”

埢：《玉篇·土部》：“曲也。”《集韵·仙韵》：“埢垣，曲墙也。”《文选·扬雄〈甘泉〉》：“单埢垣兮。”李善注：“埢垣，圆貌。”

锩：《集韵·阮韵》：“锩，曲金也。”《吕氏春秋·别类》：“又柔则锩，坚则折。剑折且锩，焉得为利剑？”

腃：《集韵·仙韵》：“腃，身曲貌。”《敦煌变文集·破魔变文》：“身腃项缩，恰似害冻老鸦。”① 项楚注：“腃，同‘蜷’，身体弯曲貌。”② 又指嘴唇，《周礼·考工记·梓人》：“锐喙决吻，数目顧脰，小体骞腹，若是者谓之羽属。”郑玄注：“吻，口腃也。”亦为弯曲状。

踡：《玉篇·足部》：“踡跼，不伸也。”（唐）慧琳《一切经音义》卷九〇引《字书》：“踡跼，奇行曲背也。”《黄帝内经·

① 项楚：《敦煌变文选注》（增订本），中华书局2006年版，第627页。

② 同上，第629页。

素问·举痛论》：“脉寒则缩踡，缩踡则脉绌急。”《古文苑·王延寿〈王孙赋〉》：“踡兔蹲而狗踞，声历鹿而喔咿。”章樵注：“踡，局不伸也。”

蜷：《广韵·仙韵》：“蜷，虫形诘屈。”泛化为“卷曲”义。《楚辞·离骚》：“仆夫悲余马怀兮，蜷局顾而不行。”王逸注：“蜷局，诘屈不行貌。”

11. 罶：《说文》：“曲梁寡妇之笱，鱼所留也，或从娄声。”《尔雅·释训》：“凡曲者为罶。”又《释器》：“嫠妇之笱，谓之罶。”《诗·小雅·鱼丽》：“鱼丽于罶，鲿鲨。”毛亨传：“罶，曲梁也，寡妇之笱也。”《国语·鲁语上》：“水虞于是乎讲罛罶，取名鱼，登川禽。”韦昭注：“罶，笱也。”“笱”之声符“句”亦寓“曲”义，可参本节相关词条。

12. 跧：屈伏。《广雅·释诂》：“跧，伏也。”《广韵·仙韵》：“屈也，伏也，蹴也。”（唐）白居易《太湖石记》：“如虬如凤，若跧若动。”“跧坐”指屈膝、盘膝而坐，（清）徐珂《清稗类钞·风俗·北人尚炕》：“北方居民，室中皆有火炕。入门，脱屦而登，跧坐于炕。”

13. 䚡：《说文》：“角䚡兽也，状似豕，角善为弓。出胡休多国。”其角为弯曲之状，故名。

14. 楎：《说文》：“六叉犁。一曰犁上曲木，犁辕。从木軍声，读若浑天之浑。”

15. 蜦：《说文》：“蛇属，黑色潜于神渊，能兴风雨。从虫侖声。”“仑”声寓“圆转、曲”，相关意义，如“沦、纶、轮”(见本章第一节)，“蜦”，蛇属，命名当取其行走之“曲”状，可参本节“虫”词条。

16. 耒：《说文》：“手耕曲木也。”《礼记·月令》：“乃择元辰，天子亲载耒耜。”郑玄注：“耒，耜之上曲也。”

頛：《说文》：“头不正也，从页耒声。”不正，弯曲倾斜貌。

17. 衮：《说文》：“衮，天子享先王，卷龙绣于下幅，一龙蟠阿上卿。从衣公声。”《周礼·春官·司服》：“享先王则衮冕。”郑玄注引郑司农：“衮衣，卷龙衣也。”（清）孙诒让《正义》：“案卷龙者，谓画龙于衣，其形卷曲，其字《礼记》多作卷。郑《王制》注云：‘卷俗读也，其通则曰衮。’是衮虽取卷龙之义，字则以衮为正，作卷者借字也。”《诗·豳风·九罭》：“我覯之子。衮衣绣裳。”毛亨传：“衮衣，卷龙也。”《释名·释首饰》：“衮，卷也，画卷龙于衣也。”

18. 屮：契文作“⺌”形，像草木初生弯曲之形。《说文》：“艸木初生也。象丨出形有枝茎也。古文或以为艸字，读若彻。”

19. 埢：《广韵·狝韵》：“耕土卷也。”

20. 娄、偻：曲、曲背。《尔雅·释木》：“瘣木，苻娄。”郭璞注：“谓木病尫伛瘿肿无枝条。”字亦作“偻”，《说文》：“偻，尪也，从人娄声。”为驼背，佝偻义，《庄子·列御寇》：“正考父一命而伛，再命而偻，三命而俯，循墙而走，孰敢不轨。”《谷梁传·成公元年》：“冬十月，季孙行父秃，晋郄克眇，卫孙良夫跛，曹公子手偻，同时而聘于齐。齐使秃者御秃者，使眇者御眇者，使跛者御跛者，使偻者御偻者。”可泛指身体弯曲，《左传·昭公四年》：“顾而见人，黑而上偻。”杜预注：“上偻，肩伛。”《汉书·蔡义传》：“义为丞相时年八十余，短小无须眉，貌似老妪，行步俛偻。”颜师古注：“偻，曲背也。”

21. 伛：《说文》：“偻也，从人区声。”背部弯曲之貌。《礼记·问丧》：“伛者不袒。跛者不踊。”（唐）陆德明《释文》：“伛，于缕反，一音纡矩反，背曲也。”《左传·昭公七年》：“一命而偻，再命而伛，三命而俯，循墙而走，亦莫余敢侮。”《广雅·释诂》：“伛，曲也。”

22. 句：《说文》：“曲也。”《左传·哀公十七年》：“越子为左右句卒。”杜预注：“句卒，钩伍相着。”《礼记·月令》：“是月也，生气方盛，阳气发泄，句者毕出，萌者尽达，不可以内。”郑玄注：“句，屈生者。”《周礼·考工记·冶氏》：“戈广二寸，内倍之，胡三之，援四之。已倨则不入，已句则不决。”郑玄注：“戈，句兵也……已句谓胡曲多也。以啄人则创不决。”《史记·天官书》：“后句四星，末大星正妃，余三星后宫之属也。”（唐）司马贞《史记索隐》：“句，音钩。句，曲也。”

钩：“句”派生出“钩”。《说文》：“曲钩也。从金句，会意，句亦声。”《庄子·马蹄》：“我善治木，曲者中钩，直者应绳。”“钩”即圆规，可制圆。《广韵·侯韵》：“钩，剑属。”《汉书·韩延寿传》：“延寿又取官铜物，候月蚀铸作剑钩镡。”颜师古注：“钩亦兵器也。似剑而曲，所以钩杀人也。”《庄子·外物》：“任公子为大钩巨缁，五十犗以为饵。”

跔：《说文》：“天寒足跔也。从足句声，句亦声。”本指脚弯曲难伸。《玉篇·足部》：“天寒足跔，寒冻手足跔不伸也。”《逸周书·太子晋》：“师旷束躅其足，曰：‘善哉！善哉！’王子曰：‘太师何举足骤？’师旷曰：‘天寒足跔，是以数也。’”

笱：《说文》：“曲竹捕鱼具也。”《诗·邶风·谷风》：“毋逝我梁，毋发我笱。”《庄子·胠箧》：“钩饵罔罟罾笱之知多，则鱼乱于水矣。”

斪：农具，曲状。《说文》：“斫也，从斤句声。”（清）朱骏声《定声》：“字亦以句为之。”段玉裁注：“斪之言钩也。”《尔雅·释器》：“斪斸，定也。”郭璞注：“锄属。”

耇：《说文》：“老人面冻黎若垢也。”按，《说文》所释不确，（清）朱骏声《定声》：“当训老人背伛偻也。”人老容易背曲，故“耇”引申为老人，《诗·大雅·行苇》：“酌以大斗，以祈黄耇，黄耇台背，以引以翼。”《尔雅·释诂》：“耇，寿也。”《诗·小雅·南山有台》：“乐只君子，遐不黄耇。”毛亨传：“黄，黄发也；耇，老也。”另外，“耇”声符为“句”，谐“句”的诸多词语如“句”、“钩”、“跔”、“軥”、“朐”等，均有“弯曲”义，故“句”声寓“弯曲”义，“耇”当得名于其“弯曲”义，而非许慎所言“老人面冻黎若垢也”。

軥：“軶下曲者。”《左传·襄公十四年》：“射两軥而还。”杜预注：“軥，车轭卷者。”孔颖达疏引服虔曰：“车轭，两边叉马颈者。”《左传·昭公二十六年》：“繇朐汰輈，匕入者三寸。”则以“朐”为之，杜预注：“朐，车轭。”《广雅·释器》：“軥谓之輗。”王念孙疏证：“軥谓之钩也，拘也。”有时借“朐”为之，如《左传·昭公二十六年》：“繇朐汰輈。”杜预注：“朐，车轭。”孔颖达疏：“盖朐、軥通用也。”

朐：弯曲之肉脯。《说文》：“脯挺也。”（清）朱骏声《定声》：“全挺曰脯脡，其端屈处曰朐。”《礼记·曲礼》：“以脯修置者，左朐右末。”郑玄注：“屈中曰朐。”《仪礼·士虞礼》：“荐脯醢，设俎于荐东，朐在南。”郑玄注：“朐，脯及干肉之屈也。”

句刂：《说文》：“镰也。”段玉裁注：“句刂亦作钩。”《周礼·秋官·薙氏》：“日至而夷之。”郑玄笺：“夷之以钩镰迫地芟之也。”

枸：《说文》：“枳椇也。”《诗·小雅·南山有台》：“南山有枸，北山有楰。”毛亨传：“枸，枳枸。”孔颖达疏：“宋玉赋曰‘枳枸来巢’，则枸木多枝而曲，所以来巢也。”陆玑疏：“枸树高大如白杨，所在山中皆有，理白，可为函板。枝柯不直，子着枝端，大如指，长数寸，噉之甘美如饴。”《礼记·明堂位》：“俎，有虞氏以梡，夏后氏以嶡，殷以椇，周以房俎。”郑玄注：“椇之言枳椇也，谓曲桡之也。”

椒：《说文》：“积椒也。”（清）朱骏声《定声》：“支拘屈曲，有所妨碍之意。”

曲：《说文》：“象器曲受物之形也。”段玉裁注：“引申为凡委曲之称，不直曰曲。”《荀子·劝学》：“其曲中规。”（唐）韩愈《独钓》诗之一：“曲树行藤角，平池散芡盘。”《易·系辞下》：“其旨远，其辞文，其言曲而中，其事肆而隐。”孔颖达疏：“其言随物屈曲，而各中其理也。”

23. 迟：《说文》：“曲行也。从辵只声。”段玉裁注：“迟曲双声。……迟通作枳。《明堂位》注：‘枳椇谓曲桡之。’《庄子》：‘吾行却曲。’即迟曲，异部假借也。”

24. 局：《说文》：“一曰博所以行棋，象形。”即棋盘，取“曲”义。《诗·小雅·正月》：“谓天盖高？不敢不局。”毛亨传：“局，曲也。”（唐）陆德明《释文》：“局，本又作局。”《方言》卷五：“所以行棋谓之局，或谓之曲道。”

跼：《玉篇·足部》：“跼，蜷局不伸也。”《广韵·烛韵》：“跼，蜷局，又曲也。”《后汉书·李固传》：“亭长叹曰：‘居非命之世，天高不敢不跼，地厚不敢不蹐。’”李贤注：“跼，曲也。”

25. 桡：《说文》：“曲木。”引申为“曲”，《周礼·冬官·考工记》：“此无故，唯辕直且无桡也。”字亦作“挠”，《吕氏春秋·知度》：“枉辟邪挠之人退矣。”注曰：“曲也。”《易·大过》：“栋桡，凶。”（唐）陆德明《释文》：“桡，曲折也。”《周礼·考工记·辀人》：“唯辕直且无桡也。”

26. 轑：《说文》：“车盖弓也。从車尞声。”（清）朱骏声《定声》：“其弓二十有八，亦谓之盖。……此字后出，盖弓之训，实为橑椽之转注。”《周礼·冬官·考工记》：“弓凿广四枚，凿上二枚，凿下四枚。”郑玄注：“弓，盖橑也。”《说文》：“橑，椽也。”“椽，榱也。”《左传·桓公十四年》：“以大官之椽归，为卢门之椽。”（唐）陆德明《释文》：“椽，直专反，榱也。圆曰椽，方曰桷。”《广韵·皓韵》：“轑，车轴。”“轑”之训“车盖弓”、“车轴”义，均可抽绎出“圆、曲”的词义特点。

27. 诎：《说文》：“诘诎也。从言出声。或从屈声。”段玉裁注：“二字双声，屈曲之意。”（清）朱骏声《定声》：“凡言诎者，皆曲之转声也。”《礼记·深衣》：“袂之长短，反诎之及肘。”《礼记·丧大记》：“凡陈衣不诎，非列采不入，絺绤纻不入。”郑玄注：“不屈，谓舒而不卷也。”《广雅·释诂》：“诎，屈也。”“诎，折也。”

茁：《说文》：“草初生出地貌。”初生出地貌为弯曲之状。《诗·召南·驺虞》：“彼茁者葭，一发五豝。”毛亨传：“茁，出也。葭，芦也。”

朏：《广雅·释亲》：“曲脚也。”（清）王念孙《疏证》：“朏之言诎，其体诎曲也。”

屈：《礼记·乐记》：“乐之器也。屈伸俯仰。”《玉篇·出部》：“屈，曲也。”《老子》：“大直若屈，大巧若拙。”可引申为“聚集”义，《尔雅·释诂》：“屈，聚也。”

28. 腘：《广雅·释亲》：“腘，曲脚也。”《荀子·富国篇》：“虽为之逢蒙视，诎要挠腘，君卢屋妾，由将不足以免也。”杨倞注：“腘，曲脚中也。”《素问·骨空论》：“膝痛，痛及拇指，治其腘。”王冰注：“腘，谓膝解之后，曲脚之中委中穴。”

29. 觩：兽角上曲。《诗·小雅·桑扈》：“兕觥其觩，旨酒思柔。”（宋）朱熹《集传》：“觩，角上曲貌。”《广韵·幽韵》：“上曲貌。”

30. 楢：《说文》：“柔木也，工官以为耎轮，从木酋声，读若糗。”柔木为曲也。

媨：《说文》：“丑也，一曰老妪也。从女酋声，读若蹴。”

31. 鞄：《说文》：“柔革工也。从革包声。”

32. 臣：《说文》：“牵也。事君者，象屈服之形。”段玉裁注：“以叠韵释之，《春秋说》、《广雅》皆曰：‘臣，坚也。’《白虎通》曰：‘臣者，纏坚也，属志自坚固。’”人被捆缚则卷曲，当取义于“屈服之形”。“臣”字，郭沫若依据契文之形释为“竖目”，世人多循此说，至以许说为误。[①] 李国正[②]遍考甲、金文及先秦古玺文字，认为“其字形由来有两个源头：‘臣’象人

① 徐中舒：《甲骨文字典》，四川辞书出版社1988年版，第321页。

② 李国正：《“臣”字新论》，载《厦门大学学报》1985年第1期。

被束缚之形是正宗主流；象竖目之形乃是旁支杂厕。”“‘臣’于造字之初，与‘目’在形、音、义三方面都完全无涉，但后来甲文横写之‘目’有变竖者，字形与‘臣’混而为一，竖写之‘目’原有的读音遂为“臣”的读音所取代，各自原有的意义却在形、音统一的条件下保持下来。”他进一步指出：“我们认为象人束缚状之‘臣’才是造字的真正源头。许慎《说文》分列部首大致能将两类来源不同的‘臣’加以区别，然亦有小误。如《说文八上·卧部》：‘臥，休也。从人臣，取其伏也。凡臥之属皆从臥。’‘臥’既‘取其伏’，当是从‘臣’之‘束缚’义引申而来。人被臾缚则蜷曲，人凭几而卧，腰亦当弯曲。而‘监、临’从人从目，与‘束缚’义无涉。《说文》将其列卧部，殊为不类。”

臥：《说文》：“臥，休也。从人臣，取其伏也。凡臥之属皆从臥。”人卧则体弯曲。《孟子·公孙丑下》：“坐而言，不应，隐几而卧。”焦循正义：“卧与寝异，寝于床，《论语》‘寝不尸’是也；卧于几，《孟子》‘隐几而卧’是也。卧于几，故曰伏。”

“臣”声寓“曲聚”、“缠、紧”相关意义，如“抠”、“臤”、“紧”、“坚”、“掔”，参本章第十五节、第十六节。

33. 蟺：《说文》：“夗蟺也，从虫亶声，谓曲折宛转。”段玉裁注：“夗转卧也，引申为凡宛曲之称。夗蟺迭韵，盖谓凡虫之冤曲之状。”（宋）沈辽《谕客辞》：“使能绩其蟺绪兮，亦纡组而垂绅。”“蟺绪”，指屈曲的丝头。

颤：《说文》：“头不正也，从页亶声。”“曲”、“不正”相通。

34. 旃：《说文》：“旗曲柄也，所以旃表士众，从㫃丹声，或从亶声。”《仪礼·聘礼》：“使者载旜，帅以受命于朝。”郑玄注：“旜，旌旗属也。载之者所以表识其事也。”

35. 旐：《说文》：“龟蛇四游，以象营室，悠悠而长，从㫃兆声，《周礼》曰：‘县鄙建旐。’”《周礼·春官·司常》：“县鄙建旐。”《诗·小雅·出车》：“设此旐矣，建彼旄矣。”毛亨传：“龟蛇曰旐。”《汉书·隽不疑传》：“始元五年，有一男子乘黄犊车，建黄旐，衣黄襜褕，着黄冒，诣北阙，自谓‘卫太子’。”颜师古注：“旐，旌旗之属，画龟蛇曰旐。”

36. 枉：《说文》：“邪曲也。”《广雅·释诂》：“枉，曲也。”《荀子·王霸》：“辟之是犹立直木而求其景之枉也。”（汉）刘向《说苑·说丛》：“直而不能枉，不可与大任；方而不能圜，不可与长存。”

軭：《说文》：“车戾也，从車匡声。”段玉裁注：“戾者，曲也。”亦以匡为之，《周礼·考工记·轮人》：“则轮虽敝不匡。”郑玄注：“匡，枉也。”

尣、尪：金文作“”，像人腿曲形。《说文》：“尣曲径也，从大，象偏曲之形。”字亦作“尪”，《尔雅·释木》：“瘣木，苻娄。”郭璞注：“谓木病尪伛瘿肿无枝条。”《说文》：“偻，尪也，从人娄声。”《礼记·檀弓下》：“岁旱，穆公召县子而问然，曰：‘天久不雨，吾欲暴尪而奚若？’”郑玄注：“尪者面乡天，觊天哀而雨之。”《吕氏春秋·尽数》：“辛水所多疽与痤人，苦水所多尪与伛人。”高诱注：“尪，突胸仰向疾也。”

37. 蜀：《说文》：“葵中蚕也。从虫。上‘目’象蜀头形，中象其身蜎蜎。《诗》曰：‘蜎蜎者蜀。’”段玉裁注：“葵，《尔雅》释文引作桑，《诗》曰：‘蜎蜎者蠋，蒸在桑野。’似作桑为长。毛传曰：‘蜎蜎，蠋貌。蠋，桑虫也。’传言虫，许言蚕者，蜀似蚕也。《淮南子》曰：‘蚕与蜀相类而爱憎异也。’”《尔雅·释文》引《说文》：“桑中虫也。”甲骨文写作“”、“”，像大目蜷身之虫形，当得名于“弯曲之虫”义。

欘：《说文》：“斤柄性自曲者。”（清）朱骏声《定声》：“《海内经》：‘百仞无枝有九欘。’注：‘欘，枝回曲也。’”《广韵·烛韵》：“枝上曲，一曰斤柄。”《山海经·海内经》：“有木，青叶紫茎，玄华黄实，名曰建木，百仞无枝，有九欘。”郭璞注：

“枝回曲也。”

38. 椲：《说文》：“椲，木也，可屈为杅者。”段玉裁注：“杅，当作盂。盂，饮器也。《玉篇》曰：‘椲木皮如韦，可屈以为盂。’”（唐）元结《演兴·讼木魅》：“榴桡桡兮未坚，椲㭰㭰兮可屈。”

㦚：《说文》：“衺也，从交韋声。”“衺”、“曲”义相通。

39. 乚：《说文》：“匿也，象迟曲隐蔽形，读若隐。”地理弯曲而匿人（物）。

隐、㶏：《说文》：“蔽也。”亦有“凸起、隆起”义，《晋书·列传第三十四》：“初，覃为清河世子，所佩金铃欻生隐起如麻粟，祖母陈太妃以为不祥，毁而卖之。”《文选·西征赋》：“觅陛殿之余基，裁坡陀以隐嶙。”李善注：“隐嶙，绝起貌。”在这个意义上，“隐”受“嶙”类化从而分化出“㶏”字。凸起、隆起硌人，故引申为“硌”义，在唐宋典籍中乃习见意义。（宋）释元照《四分律行事钞资持记》下二《释钵器篇》：“若手下六明带持，口外向者，律因比丘钵口向胁，道行遇雨，脚跌倒地，隐胁成患，佛言不应尔。”

40. 蛕：《说文》：“蛕，腹中长虫也，从虫有声。”（清）朱骏声《定声》：“字亦作蚘，俗作蛔。”《广韵·灰韵》：“蛕，人腹中长虫。”

41. 朻、樛：《尔雅·释木》：“下句曰朻。”邢昺疏：“树枝下垂而曲，名朻。”字亦作“樛”，《诗·周南·樛木》：“南有樛木，葛藟累之。”毛亨传：“木下曲曰樛。”（唐）陆德明《释文》：“木下句曰樛。马融、《韩诗》本并作朻，音同。”

虯、虬：《说文》：“虯，龙子有角者，从虫丩声。”亦作“虬”，“虬曲”意为“盘曲貌”。

42. 匔：《说文》：“曲脊也。”经籍常以“鞠”为之，《尔雅·释言》：“鞠，稚也。”《尔雅·释诂》：“鞠，盈也。”

䩴：《说文》：“马曲脊也。”

43. 乙：《说文》：“象春艸木冤曲而出。”《史记·律书》：“其于十母为甲乙。甲者，言万物剖符甲而出也；乙者，言万物生轧轧也。”

44. 窦：《龙龛手镜·穴部》：“窦，不平也。”曲为不平状。“失”声寓“圆凸”、“积聚”、“满”等相关意义，如“胅”、“瓞”、“秩”、“泆”、“眣”等，可参相关词条。

45. 鍋：《广韵·果韵》：“刈钩。”乃曲形。“咼”声寓“圆曲”义，如“腡”、“蜗”、“涡”等。

46. 隈：《说文》：“水曲隩也。从阜畏声。”《尔雅·释丘》：“隩，隈，厓内为隩，外为隈。”亦以“畏”为之，《周礼·考工记·弓人》：“恒当弓之畏。畏也者。必桡。桡故欲其坚也。”郑玄注：“玄谓畏读如‘秦师入隈’之隈。”贾公彦疏：“故从隈为曲隈之义。”《左传·僖公二十五年》：“秦人过析，隈入而系舆人，以围商密 ，昏而傅焉。”杜预注：“隈，隐蔽之处。”

䚍：《说文》：“角曲中也。从角畏声。”

47. 弧：《说文》：“木弓也，从弓瓜声，一曰往体寡，来体多曰弧。”段玉裁注：“弧者，直而稍纡之谓。”故可引申作“弯曲”义，《周礼·考工记·辀人》：“辀欲弧而无折，经而绝。”孙诒让正义引王宗涑云：“盖煣辀如引满之弓，则深伤木理，不能无折也。‘辀欲弧’言但欲煣屈如弧，‘而无折’言不欲深伤木理也。”

48. 璜：《说文》：“半璧也。”《太平御览》卷一四引《搜神记》：“孔子修《春秋》，制《孝经》，既备，斋戒向北斗星而拜，告备于天。天乃有赤气如虹，自上而下，化为玉璜，上有刻文。孔子跪而受之。”即“璜”乃拱曲的玉，像虹形。《周礼·春官·大宗伯》：“以玄璜礼北方。”郑玄注：“半璧曰璜，象冬闭藏，地上无物，唯天半见。”《楚辞·招魂》：“纂组绮缟，结琦璜些。”王逸注：“璜，玉名也……玉璜为帷帐之饰也。”

49. 僻：《说文》：“避也，一曰从旁牵也。”亦作“辟”，

《诗·大雅·板》：“民之多辟，无自立辟。”郑玄笺：“民之行多为邪辟者。乃女君臣之过，无自谓所建为法也。”前一“辟”即“僻”，释为“邪”。可引申作“邪僻”义，《论语·先进》：“师也僻。”孔颖达疏：“子张才过人，失在邪僻。”

50. 碩：《说文》：“曲颐也。”

51. 蚕：毒虫，尾部向上弯曲。《诗·小雅·都人士》：“彼君子女，卷发如蚕。”郑玄笺：“蚕，螫虫也。尾末揵然，似妇人发末曲上卷然。”

52. 媪：《说文》：“女老称也。从女𥁕声，读若奥。”即老妪，人老体形易弯曲。“𥁕”声寓“曲聚”、“止”义，如“薀”、“愠”、“煴”、“醖”。

53. 鬒：《说文》：“屈发也。从髟貴声。”

54. 虹：《说文》：“虹，螮蝀也，状似虫。”《释名·释天》：“蝃蝀，其见每于日在西而见于东，啜饮东方之水气也。”甲骨文作“”形。虹能饮水已见于《卜辞》：“有出虹自北饮于河。”故甲骨文“虹”字作两首，且有巨口，以其能饮也。弯曲之状。

55. 虫、它：《说文》：“虫，一名蝮，博三寸，首大如擘指。象其卧形。”“虫”与“它”在甲骨文中实为一字①，作“”、“”等形，像蛇之头、身、尾形。其单画之“”、“”，为《说文》虫字篆文“”所本；其双钩之“”，旧释为“蚕”，不确。“”形至金文渐省讹为“”（沈子簋）、“”（师遽方彝），为《说文》“它”字篆文“”所本。“虫”、“它”为一字，而《说文》误分为二字。“它”，《说文》：“虫也，从虫而长，象冤曲垂尾形，或又从虫。”“虫（它）”乃弯曲之形，“它”声寓“圆曲”、“团聚”、“短小”等相关意义，如“沱”、“咃”、“坨”、“鞑”、“铊”等，详参各词条。

---

① 徐中舒：《甲骨文字典》，四川辞书出版社1988年版，第1430页。

56. 弓：《说文》：“弓，以近穷远。象形。”甲骨文作“”、“”等形，像弓形。故可引申为“弯身”义，指行礼。（明）何良俊《四友斋丛说摘抄·经》：“昔日张先生进朝，我们要多打个弓。”

弘：《说文》：“弘，弓声也，从弓厶声，厶，古文肱字。”甲骨文作“”、“”，像弛弓有臂形，又于弓臂彎曲部位附着一短画，与甲骨文“”（厷）所从之“”同。

厷、肱：《说文》：“厷，臂上也。从又从古文，古文厷。象形。肱，厷或从肉。”按，人臂之曲为肱，弓臂则为弘。

纮：《说文》：“冠卷，维也。”段玉裁注曰：“维字今依《玉篇》补。”《仪礼·士冠礼》：“皮弁笄，爵弁笄。”郑玄注曰：“有笄者，屈组为纮，垂为饰。”《礼记·礼器》：“管仲镂簋，朱纮，山节，藻棁，君子以为滥矣。”孔颖达疏：“纮，冕之饰，用组为之，以其组从下屈而上属之于两旁，垂余为缨。”

穹：《说文》：“穷也。”按，“穹”从穴弓声，声符寓意，古人名物近取诸身，远取诸物，“穹”当指苍天，像弓一样罩在大地上，《尔雅·释天》：“穹苍，苍天也。”《周礼·考工记·韗人》：“韗人为皋陶……穹者三分之一。”郑玄注引郑司农曰：“谓鼓木腹穹隆者，居鼓三分之一也。”又作“孔、洞”义，《正字通·穴部》：“穹，孔也。”

躳：《说文》：“躳，身也。从吕从身。躳，俗从弓身。”段玉裁注曰：“从吕者，身以吕为柱也。矦执信圭。伸圭人形直，伯执躳圭，躳圭人形曲。鞠躬者，敛曲之貌也。”又作“躬”，《管子·霸形》：“桓公变躬迁席，拱手而问曰：‘敢问何谓其本？’”

57. 栱：《说文》：“拲或从木。”（清）朱骏声《定声》：“《景福殿赋》：‘栾栱天蟜而交结。’注：‘栱，栾类而曲也。’按，即柱上斗栱，所以捧持梁栋者。”斗拱呈弯曲状。

58. 九：契文作“”、“”等形，徐中舒《甲骨文字典》：

“象曲钩之形。钩字古作句。内公钟句作“”形，罗振玉云其状正为圆环，下有物如蛇状，尾上曲为钩（《贞松堂集古遗文》卷一一）。句九古音同，故句得借为九，复于句形上加指示符号而作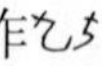”。《说文》：“九，阳之变也，象其屈曲究尽之形。”

59. 龙：“龙”乃先民想象之神物。《说文》：“鳞虫之长，能幽能明，能细能巨，能短能长，春分而登天，秋分则潜渊。从肉飞之形，童省声。”按，“龙”在契文中作“”、“”“”等形，金文作“”、“”等形，与甲骨文略同。在“龙”的各种写法中，其最大的共同特点是其弯曲之形。“龙”声寓“圆”、“洞孔”、“凸起”等相关意义，如“笼”、“襱”、“竉”、“咙”、“垄”等，详参相关词条。

60. 丑、纽：丑，契文作“”，像手指扭曲之形。《说文》：“丑，纽也。”又曰：“纽，系也，一曰结而可解。”《广雅·释诂》：“纽，束也。”《礼记·丧服大记》：“小敛大敛，祭服不倒皆左衽，结绞不纽。”孔颖达疏：“‘结绞不纽’者，生时带并为屈纽，使易抽解，若死则无复解义，故绞束毕结不为纽也。”

61. 紨：《说文》：“马緧也，从纟肘省声。”（清）朱骏声《定声》：“《方言》卷九：‘车紨谓之楸，或谓之曲绹，或谓之曲纶。’”“曲绹”、“曲纶”均为指其形制为曲而言。

62. 趽：《说文》：“曲胫马也，从足方声。读与彭同。”引申作“邪曲”义，（汉）贾谊《新书·道术》：“衷理不辟谓之端，反端为趽。”

63. 畴：《说文》：“耕治之田也，象耕田沟诘诎也。”

64. 迂：《说文》：“避也，从辵亏声。”迂回，屈曲以远。《汉书·郊祀志》：“言神事，如迂诞。”颜师古注曰：“迂，回远也。”《孙子·军争》：“军争之难者，以迂为直，以患为利。”

纡：《说文》：“绌也，一曰萦也。”《周礼·考工记》：“中弱则纡，中强则扬。”郑玄注：“纡，曲也。”

尪：《说文》：“股尪也。从尣于声。”段玉裁注：“尪之言纡也，纡者，绌也。”

虷：《广韵·虞韵》：“蚰蜒别名。”指物体形弯曲。

65. 夭：《说文》：“屈也，从大象形。”段玉裁注：“象首夭屈之形也。《隰又苌楚》传曰：‘夭，少也。’《桃夭》传曰：‘夭夭，桃之少壮也。’《凯风》传：‘夭夭，盛貌。’《月令》注曰：‘少长曰夭。’此皆谓物初长可观也。”

芺：《尔雅·释草》：“钩，芺。”郭璞注：“大如拇指，中空，茎头有台似蓟。初生可食。”邢昺疏：“蓟类也。一名钩，一名芺。”“钩”、“芺”均为其形弯曲状。

66. 弲：《玉篇·弓部》：“弓上下曲中。”《集韵·先韵》：“弲，弓隈也。通作渊。”《释名·释兵》：“弓，穹也，张之弓，隆然也，其末曰箫，言箫梢也……中央曰弣，弣，抚也，人所持抚也，箫弣之间曰渊，渊，宛也，言曲宛也。”

五、（挖）洞孔、空义

1. 埦（见元）刓捾
2. 䜌（见元）
3. 俞（喻侯）揄匬瓴窬
4. 隕䩓削（见元）
5. 銚（喻宵）斛
6. 袖（邪幽）岫笛
7. 袪（溪鱼）
8. 褢魁（溪微）
9. 訇（晓耕）
10. 穴（匣质）
11. 窬剷（喻质）
12. 喙（晓月）
13. 䫐（溪文）

14. 娄（来侯）镂耧
15. 镣（来宵）
16. 堀窟掘（群物）
17. 搰（匣物）
18. 劚抠（溪侯）枢瓯
19. 瑗（匣元）
20. 裪匋（定幽）窅
21. 窯（见宵）
22. 竈（精觉）
23. 唐（定阳）
24. 隍（匣阳）
25. 勺（禅沃）酌
26. 汪（影阳）
27. 韣镯斀噣
28. 箙（并职）
29. 啄（端屋）琢椓豚
30. 口（溪侯）
31. 咮（端侯）瓴
32. 缸（见阳）空（溪东）釭（见东）蛏埪箜椌腔崆肛疘銎
蛩（见东）恐
33. 窾（溪元）
34. 罄（溪耕）
35. 盍（影之）
36. 鎏镠廖（来幽）
37. 埙（晓文）
38. 夬（见月）肤缺抉袂缺缺
39. 楇（见歌）斛
40. 椳（影微）
41. 穵（影物）

下径尺二寸，其义当分别。”《诗·郑风·遵大路》：“遵大路兮，掺执子之祛兮。”毛亨传：“祛，袂也。”孔颖达疏：“《丧服》云：‘袂属幅，祛尺二寸。’则袂是祛之本，祛为袂之末。《唐风·羔裘》传云：‘祛，袂末。’则袂、祛不同。此云‘祛，袂’者，以祛袂俱是衣袖本末别耳。”

8. 褢：《说文》：“袖也，从衣鬼声。”

魁：《说文》：“羹枓也。”段玉裁注：“斗，当作枓……枓，勺也，抒羹之勺也。”《太平御览》卷七五八引郭璞《易洞林》：“太子洗马荀子骥家中以龙铜魁作食欻鸣。”

9. 訇：《说文》：“骇言声。从言匀声。”字亦作“訩”，《广雅·释诂》：“訩，欺也。”即今之“哄骗”之“哄”，义取“空”义。

10. 穴：《说文》：“土室也。”《诗·大雅·绵》：“陶复陶穴。未有家室。”郑玄笺：“凿地曰穴。”《墨子·辞过》：“古之民未知为宫室时，就陵阜而居，穴而处。”《易·需》：“需于血，出自穴。”高亨注：“出自穴，由穴窦中逃出。”《文选·宋玉〈高唐赋〉》：“陬互横牾，背穴偃跖。”李善注：“穴，孔也。”

11. 窬：《说文》：“空貌，从穴矞声。”

劀：《说文》：“刮去恶疮肉也，从刀矞声。”即挖去恶肉。《周礼·天官·疡医》：“劀杀之齐。”郑玄注：“刮去脓血。”（唐）皮日休《九讽·遇谤》：“佞为赘兮何去，奸为庞兮莫劀。”

12. 喙：鸟的嘴巴。《广韵·废韵》：“喙，口喙。”《易·说卦》：“艮……为黔喙之属。”《战国策·燕策二》：“蚌方出曝而鹬啄其肉，蚌合而拑其喙。”

13. 顣：《说文》：“无发也，一曰耳门也，从頁囷声。”（清）朱骏声《定声》：“按，无发则与髡同，当以耳门为本训，字或误从困，《玉篇》亦作顐。”《玉篇·页部》：“顐，秃也。”

14. 娄、廔、寠：《说文》：“空也。”《说文》：“屋丽廔曳，从广婁声。”（清）朱骏声《定声》：“窗牖通明之貌，亦双声连语。《玉篇》作‘蠡廔’，《长门赋》作‘离楼’。”《玉篇·广部》：“屋蠡曳。”字亦作“寠”，《玉篇·宀部》：“贫陋也，空也。”

镂：《说文》：“钢铁可以刻镂。从金娄声。”《书·禹贡》：“厥贡璆、铁、银、镂、砮、磬。”孔颖达疏：“镂者，可以刻镂，故为刚铁也。”

耧：播种用的农具，可同时完成开沟和下种两项工作。（汉）崔寔《政论》：“武帝以赵过为搜粟都尉，教民耕植。其法三犁共一牛，一人将之，下种挽耧皆取备焉。日种一顷。”《广韵·侯韵》：“种具。”

15. 镣：《广韵·萧韵》：“镣，有孔炉。”

16. 堀：《说文》：“突也。《诗》曰：‘蜉蝣堀阅。’”段玉裁注：“突为犬从穴中暂出，因谓穴中可居曰突，亦曰堀，俗字作堀，古书中堀字多讹掘。”许慎所引《诗经》，今传本“堀”即写作“掘”，毛亨注：“掘阅，容阅也。”

窟：穴，《礼记·礼运》：“昔者先王。未有宫室。冬则居营窟。夏则居橧巢。”孔颖达疏：“营累其土而为窟，地高则穴于地，地下则窟于地上。”《孟子·滕文公下》：“当尧之时，水逆行，泛滥于中国，蛇龙居之，民无所定；下者为巢，上者为营窟。”《玉篇·穴部》：“窟，穴也。”

掘：挖洞。《说文》：“搰也。从手屈声。”《易·系辞下》：“断木为杵，掘地为臼。”《史记·货殖列传》：“丈夫相聚游戏，悲歌忼慨，起则相随椎剽，休则掘冢作巧奸冶。”《广韵·物韵》：“掘，掘地。”《集韵·月部》：“掘，穿也。”

17. 搰：《说文》：“掘也。”《国语·吴语》：“狐埋之而狐搰之，是以无成功。”韦昭注：“搰，发也。”字亦作“扣”，《荀子·尧问》：“深扣之而得甘泉焉。”《列子·说符》：“俄而扣其谷而得其铁。”张湛注：“扣，古‘掘’字。”《吕氏春秋·节葬》：“浅葬则狐狸扣之。”高诱注：“扣，读曰‘掘’。”《广雅·

释诂》：“扣，穿也。”《释言》：“扣，掘也。”

18. 剾：《广雅·释诂》：“劊，剜也。”《释言》：“剾，劊也。”《玉篇·刀部》：“剜也。”《广韵·侯韵》：“剜裹也。”

抠：《列子·黄帝》：“以瓦抠者巧。”（唐）陆德明《释文》云：“抠，探也，以手藏物探而取之曰抠，亦曰藏弜。风土记云：腊日饮祭之后，叟妪儿童为弜之戏。辛氏三秦记：汉钩弋夫人手拳，时人效之，因名为藏钩也。弜，口侯切，庄子作抠。秦恩复曰：今本庄子抠作注。”

枢：门臼，以便转动门。《说文》：“户枢也。从木区声。”段玉裁注：“户所以转动开闭之枢机也。”《释文》：“门臼也。”《墨子·经说上》：“户枢免瑟。”《汉书·五行志下之上》：“不信我言，视门枢下，当有白发。”颜师古注：“枢，门扇所由开闭者也。”

瓯：《说文》：“小盆也，从瓦区声。”《方言》卷一三郭璞注：“江东名盂为凯，亦曰瓯也。”《淮南子·说林训》：“狗彘不择甂瓯而食，偷肥其体，而顾近其死。”

19. 瑗：《说文》：“大孔璧也，人君上除陛以相引，从玉爰声。”《尔雅·释器》：“好倍肉谓之瑗。”郭璞注：“孔大而边小。”《管子·轻重丁》：“因使玉人刻石而为璧，尺者万泉……珪中四千，瑗中五百，璧之数已具。”《荀子·大略》：“聘人以珪，问士以璧，召人以瑗。”

20. 袍：《广韵·豪韵》：“襦袍，衣袖。”

匋：《说文》：“作瓦器也。包省声。”段玉裁注：“作字，各本无，今依《玉篇》补。《大雅》：‘陶复陶穴。’笺云：‘复穴皆如陶然。’正义引说文：‘匋，瓦器竈也。’”

窇：《广雅》：“窖也。”乃洞穴之处也。

21. 窯：《说文》：“烧瓦窯竈也。从穴羔声。”

22. 竈：《说文》：“炊穴也。”

23. 唐、塘：空虚。《说文》：“大言也。”即“说空话”。《庄子·田子方》：“彼已尽矣，而女求之以为有，是求马于唐肆也。”又指池内洼下可以蓄水的地方，即池内的空膛，字后写作“塘”，《国语·周语》：“陂塘污庳，以钟其美。”《淮南子·说山》：“坏塘以取龟，发屋而求狸。”“大言、空话”当从“中空”引申而来。

24. 隍：《说文》：“城池也，有水曰池，无水曰隍。”无水乃空。（汉）王逸《七谏·谬谏》：“悲太山之为隍兮，孰江河之可涸。”王逸自注：“言太山将颓为池。”

25. 勺：《说文》：“挹取也，象形，中有实，与包同意。”《周礼·考工记·梓人》：“梓人为饮器，勺一升。”《仪礼·乡射礼》：“两壶斯禁，左玄酒，皆加勺。”《礼记·明堂位》：“灌尊……其勺，夏后氏以龙勺，殷以疏勺，周以蒲勺。”

酌：《说文》：“盛酒觞也。”《诗·大雅·行苇》：“酒醴维醹，酌以大斗。”

26. 汪：《说文》：“一曰汪，池也。”《左传·桓公十五年》：“祭仲杀雍纠，尸诸周氏之汪。”杜预注：“汪，池也。”（明）王志坚《表异录·山川》：“《左传》‘雍氏之汪’，服虔注：‘停水曰汪。’”

27. 韣：《说文》：“弓衣也。”《礼记·少仪》：“弓则以左手屈韣执拊。”郑玄笺：“韣，弓衣也。”又指套子，《礼记·明堂位》：“是以鲁君，孟春乘大路，载弧韣，旗十有二旒，日月之章，祀帝于郊。”郑玄注：“弧，旌旗所以张幅也，其衣曰韣。”孔颖达疏：“弧，以竹为之，其形为弓。”《诗·唐风·葛生》：“角枕粲兮，锦衾烂兮。”毛亨传：“敛枕箧衾席韣而藏之。”陈奂传疏：“席韣，席韬也。”

镯：《说文》：“钲也。”《周礼·地官·鼓人》：“以金镯节鼓。”郑玄笺：“镯，钲也，形如小钟，军行鸣之，以为鼓节。”又指套在手腕、脚腕上的环状饰品，如《西游记》第四三回：“行者笑道：‘我那乖乖，菩萨恐你养不大，与你戴个颈圈镯头哩。’”《西游记》第五二回：“左胳膊上，白森森的套着那个圈子，原来像一个连珠镯头模样。

斀：《说文》：“去阴之刑也。《周书》曰：‘刵劓斀黥。’”亦作“挖掘”之义，今本作“椓”，《诗·大雅·召旻》：“昏椓靡共，溃溃回遹，实靖夷我邦。”郑玄笺：“椓，椓毁阴者也。”取“凿空”之义。

噣：鸟嘴。《说文》：“喙也，从口蜀声。”《史记·赵世家》：“中衍人面鸟噣。”《玉篇·口部》：“噣，喙也。《诗》曰：‘不濡其噣。’亦作‘咮’。”《广雅·释亲》：“噣，口也。”

28. 箙：《说文》：“弩矢箙也。”《周礼·夏官·司弓矢》：“中春献弓弩，中秋献矢箙。”郑玄注：“（箙），盛矢器也，以兽皮为之。”《方言》卷九：“所以藏箭弩谓之箙。”

29. 啄：《说文》：“鸟食也。从口豕声。”《广雅·释诂》：“啮也。”《诗·小雅·小宛》：“交交桑扈，率场啄粟。”（唐）韩愈《送浮屠文畅师序》：“夫鸟，俛而啄，仰而四顾。”

琢：《说文》：“治玉也。”雕以成空，《尔雅·释器》：“雕谓之琢。”《诗·卫风·淇奥》：“有匪君子，如切如瑳，如琢如磨。”毛亨传：“治骨曰切，象曰瑳，玉曰琢，石曰磨。”《荀子·大略》：“和之璧，井里之厥也，玉人琢之，为天子宝。”

椓：《说文》：“击也。从木豖声。”《诗·小雅·斯干》：“约之阁阁，椓之橐橐。”孔颖达疏：“既投土于板，以杵椓筑之，皆橐橐然用力。”《诗·周南·兔罝》：“肃肃兔罝，椓之丁丁。”《广雅·释诂》：“椎也。”

豚：《广韵·屋韵》：“尾下窍也。”即尾下之洞孔。

30. 口：《说文》：“人所以言食也，象形。”《书·秦誓》：“人之彦圣，其心好之，不啻若自其口出，是能容之。”

31. 咮：鸟口，《说文》：“鸟口也，从口朱声。”即“噣”，《诗·曹风·侯人》：“维鹈在梁。不濡其咮。”毛亨传：“咮，喙也。”《广韵·尤韵》：“曲喙。”

瓶：《方言》卷五：“罃，陈魏宋楚之间曰甂，或曰瓶。”

32. 缸、坻：《说文》：“缸，坻也。”“坻，似罌，长颈，受十斗。”《史记·货殖传》：“醯酱千坻。”

空：《说文》：“空，窍也，从穴工声。”段玉裁注曰：“今俗语所谓孔也。”即孔穴，名取于空穴之圆形。《庄子·秋水》：“计四海之在天地之间也，不似礨空之在大泽乎？”（唐）陆德明《释文》：“空，音孔。礨空，小穴也。”

釭：《说文》：“车毂中铁也，从金工声。”（清）朱骏声《定声》曰：“以铁鍱裹毂壶中。所以固毂。”段玉裁注曰：“按壶中谓三十辐菑所趋，非以铁鍱裹之，惧其易伤也，其裹之之铁鍱曰釭，因之壶中亦曰釭。《释名》曰：‘釭，空也。’其中空也。《方言》曰：‘自关而西谓之釭。’引申之，凡空中可受者皆曰釭。《汉书》曰：‘昭阳宫壁带谓黄金釭。’函蓝田璧是也。俗谓膏灯为釭，亦取凹处盛膏之意。”《方言》：“车釭，齐燕海岱之间谓之锅，或谓之锟。自关而西谓之釭，盛膏者乃谓之锅。”

蛀：《玉篇·虫部》：“蛀，蝉蜕，蛀皮也。”《广韵·东韵》：“蝉脱蛀皮。”

埪：《广韵·东韵》：“土，埪窕也。”

谾：《广韵·东韵》：“谾，谷空貌。”

椌：《广韵·东韵》：“稻秆。”

腔：身体内部空的部分，如“胸腔”、“口腔”。（北魏）贾思勰《齐民要术·养牛马驴骡》：“（相马）腹欲充，腔欲小。”

崆：《广韵·东韵》：“衣袂。”《集韵·东韵》：“袂谓之崆。”

肛：《集韵·东韵》：“肛，肛门，肠端。”即大肠下口。《史记·扁鹊仓公列传》：“若仓公者，可谓近之矣。”张守节正义曰：“肛门重十二两，大八寸，径二寸太半，长二尺八寸，受谷九升三合八分合之一。”注：“肛，釭也。言其处似车釭，故曰釭门。”

疘：《玉篇·疒部》：“疘，下病也。”

銎：《说文》：“斤斧穿也。”（清）朱骏声《定声》：“谓斤斧之孔，所以受柄者。《墨子·备穴》：“以金剑为难，长五尺，为銎、木尿。”《诗·豳风·七月》：“取彼斧斨。”毛亨传：“斨，方銎也。”泛指农器上孔，(元)王祯《农书》卷一四：“(粟鉴)其刃长寸许，上带圆銎。”(明)徐光启《农政全书》卷二一：“(铁搭)就带圄銎，以受直柄，柄长四尺。”字亦作“銃”，《广雅·释器》：“銃谓之銎。”

蛩：《说文》：“一曰秦谓蝉蜕曰蛩。”段玉裁注曰：“方俗熟语也，蛩之言空也。”

恐：《说文》：“惧也。从心巩声。古文从工声。”(清)朱骏声《定声》曰：“《素问·宣明五气篇》：‘精气并于肾则恐。’注：‘心虚而肾气并之，则为恐。’”得名于“空”义。

33. 窾：《广雅·释诂》：“窾，空也。”《庄子·养生主》：“依乎天理，批大郤，导大窾，因其固然。”成玄英疏：“窾，空也，骨节空处。”《史记·太史公自序》：“其实中其音者谓之端，实不中者其声者谓之窾。”(南宋)裴骃《史记集解》引徐广曰：“窾，音款，空也。”

34. 罄：《说文》：“器中空也。”《诗·小雅·蓼莪》：“缾之罄矣，维罍之耻。”《诗·小雅·天保》：“罄无不宜，受天百禄。”故可引申为“尽”义，(汉)张衡《东京赋》：“东京之懿未罄，值余有犬马之疾，不能究其精详。”

35. 盍：《说文》：“小瓯也，从皿有声，读若灰。”《广韵·宥韵》：“抒水器也。”

36. 鏐：《说文》：“器也。”《广韵·巧韵》：“温器也。”“浊也。”

谬：《说文》：“空谷也。”《广雅·释诂》：“谬，空也。”

廖：《说文》：“空虚也。”段玉裁注：“此今之寥字。”《广雅·释诂》：“寥，深也。”“寥，藏也。”

37. 壎、埙：《说文》：“乐器也，以土为之，六孔，从土熏声。”字亦作“埙”。《周礼·春官·小师》：“小师掌教鼓、鼗、柷、敔、埙、箫、管、弦、歌。”郑玄注：“埙，烧土为之，大如雁卵。”孙诒让正义引聂崇义曰：“大如雁卵谓之雅埙；小者如鸡子谓之颂埙。凡六孔：上一，前三，后二。”《尔雅·释乐》：“大埙谓之嘂。”郭璞注：“大如鹅子，锐上，平底，形如秤锤，六孔。小者如鸡子。”

38. 夬：扳指，用作钩弦。《说文》：“夬，分决也。”（清）朱骏声《定声》：“按本义当为引弦彄也。今俗谓之扳指，字亦作觖。《周礼·缮人》‘抉拾’，注：‘挟矢所以持弦饰也，着右手巨指。’《诗·车攻》：‘夬拾既佽。’《释文》：‘夬本作抉。’”《诗·小雅·车攻》：“夬拾既饮，弓矢既调。”（唐）陆德明《释文》：“夬，本又作决，或作抉。同。古穴反。”（宋）朱熹《集传》：“决，以象骨为之，着于左手大指，所以钩弦闿体。”

肤：《说文》：“孔也，从肉夬声，读若决。”

缺：《说文》：“刺也。”刺而成孔。

抉：《说文》：“挑也，从手夬声。”段玉裁注：“抉者，有所入以出之也。”《荀子·正论》：“若是，则有何尤抇人之墓、抉人之口而求利矣哉。”杨倞注：“抉，挑也。抉人口取其珠也。”

袂：《说文》：“袖也，从衣夬声。”《易·归妹》：“帝乙归妹，其君之袂，不如其娣之袂良。”王弼注曰：“袂，衣袖，所以为礼容者也。”

缺：《说文》：“器破也，从缶夬声。”《诗·豳风·破斧》：“既破我斧，又缺我斨。”可引申作“亏缺”义，《古诗十九首·孟冬寒气至》：“三五明月满，四五蟾兔缺。”

觖：《说文》：“城缺也。”“缺”、“觖”均指完整对象的缺口。

39. 楇、锅：圆形中凹器具。《说文》：“盛膏器也。从木咼声，读若过。”字亦作“锅”，《方言》卷九：“车釭，齐燕海岱之间谓之锅，或谓之锟。自关而西谓之釭，盛膏者乃谓之锅。”锅，《玉篇·金部》：“车釭盛膏器。”

鬲丱、锅：《说文》：“秦名土釜曰鬲丱，从鬲丱声，读若过。”今字作“锅”，《广韵·戈韵》：“锅，温器。”

40. 椳：《说文》：“门枢臼也，从木畏声。”（清）朱骏声《定声》：“渊中以居枢。苏俗谓之门印子。”

41. 空、挖：《说文》：“空，空大也。”（清）朱骏声《定声》：“今苏俗谓窃贼穴墙曰空。”《玉篇》：“空，空也。”《广韵·黠韵》：“空，受空为穴。”《西游记》第一回：“只见海边有人捕鱼、打雁、空蛤、淘盐。”《正字通》：“空，凿地成穴也。与掘、穿字别义通。”字后作“挖”。《字汇补》：“挖，挑挖也。”（明）汤显祖《牡丹亭·回生》：“敢太岁头上动土，向小姐脚跟挖窟。”

42. 浚：《说文》：“抒也，从水夋声。”《孟子·万章》：“使浚井，出，从而揜之。”《春秋·庄公九年》：“冬浚洙 。”《公羊传·庄公九年》：“洙者何？水也。浚之者何？深之也。”“夋”声寓“圆”、“运转”、“止”、“凸起”等相关意义，如“梭”、“逡”、“悛”、“陖”等，详参有关词条。

43. 觵：饮酒器。《说文》：“兕牛角，可以饮者也。从角黄声。”字亦作“觥”，《诗·周南·卷耳》：“我姑酌彼兕觥，维以不永伤。”毛亨传：“兕觥，角爵也。”角爵中空也。

壙：《说文》：“堑穴也。”《周礼·夏官·司马方相氏》：“及墓，入圹，以戈击四隅，驱方良。”郑玄注：“壙，穿地中也。”《荀子·大略》：“望其圹，皋如也，颠如也，鬲如也，此则知所息矣。”杨倞注：“丘垄。”

潢：《说文》：“积水池也。”《左传·隐公三年》：“潢污行潦之水。”杜预注：“潢污，停水。”孔颖达引服虔曰：“畜小水谓之潢。”《文选·木华〈海赋〉》：“决陂潢而相浚。”李善注引《说文》：“潢，积水池也。”

44. 稞：《说文》：“谷之善者，从禾果声，一曰无皮谷。”无皮则裸（空）其表也。

窠：《说文》：“空也，穴中曰窠，树上曰巢。”（汉）王充《论衡·辨祟》：“能行之物，死伤病困，小大相害，或人捕取以给口腹，非作窠穿穴有所触，东西行徙有所犯也。”

45. 檷：《说文》：“筐当也。”（清）朱骏声《定声》：“今苏俗谓物之腔子曰匡当。”

46. 檜：《说文》：“糠也。”即裹米之皮。

47. 臼：《说文》：“舂也，古者掘地为臼，其后穿木石，象形，中米也。”《易·系辞下》：“断木为杵，掘地为臼。”（汉）王充《论衡·量知》：“谷之始熟曰粟，舂之于臼，簸其秕糠，蒸之于甑，爨之以火，成熟为饭，乃甘可食。”

齨：《说文》：“老人齿如臼也。”《太平御览》卷三六八引《字林》：“齨，老人齿如臼也。”杨树达《积微居小学述林·文字孳乳之一斑》：“臼，舂臼，古者掘地为臼，其后穿木石也，象形，中象米也。孳乳为齨，老人齿如臼也，从齿臼，臼亦声。”

48. 盄：《说文》：“器也。从皿宁声。”

鑒：《说文》：“幡也，所以载盛米。”

49. 囧：《说文》：“窗牖丽廔闿明也。”通空而明，《广雅·释诂》：“明也。”

50. 觚：饮酒器。《说文》：“乡饮酒之爵也，一曰觞，受三升者谓之觚，从角瓜声。”《仪礼·特牲馈食礼》：“实二爵二觚四觯一角一散。”郑玄注：“旧说云：爵一升，觚二升，觯三升，角四升，散五升。”（晋）葛洪《抱朴子·酒诫》：“盖闻千钟百觚，尧舜之饮也。”

柧：《说文》：“棱也，从木瓜声，又柧棱，殿堂上最高之处也。”字亦作“觚”，《史记·酷吏传》：“汉兴，破觚而为圜。”《史记索隐》引应劭云：“觚，八棱有隅者。”

窊：《说文》：“窊污衺下也。从穴瓜声。”

窳：《说文》：“污窬也。”《史记·孔子世家》：“生而首上圩顶，故因名丘云。”《史记索隐》：“圩顶，言顶上窳也，故孔子顶如反宇。”

51. 抯：《说文》：“挹也。从手且声。”即挖取。《墨子·天志下》：“而况有踰于人之墙垣、抯格人之子女者乎?”（清）孙诒让《墨子间诂》：“抯、摣字通。《方言》云：‘抯、摣，取也……’《释名·释姿客》云：‘摣，叉也，五指俱往叉取也。’”

52. 鞹：《说文》：“去毛皮也。”去毛皮其表乃空也。《诗·齐风·载驱》：“载驱薄薄，簟茀朱鞹。”（宋）朱熹《集传》：“鞹，兽皮之去毛者。”《论语·颜渊》：“虎豹之鞟，犹犬羊之鞟。”（三国）何晏《集解》引孔安国曰：“皮去毛曰鞟。”

廓：《广雅·释诂》：“廓，空也。”《楚辞·九辩》：“悲忧穷戚兮独处廓。”

53. 琮：《说文》：“琮，瑞玉。大八寸，似车釭。”段玉裁注：“如车釭者，盖车毂空中不正圆，为八觚形，琮似之。琮釭迭韵。”《周礼·春官·大宗伯》：“以玉作六器，以礼天地四方，以苍璧礼天，以黄琮礼地。”郑玄注：“琮八方，象地。”《周礼·秋官·小行人》：“琮以锦。”郑玄注：“五等诸侯享天子用璧，享后用琮。”《仪礼·聘礼》：“聘于夫人用璋，享用琮。”

54. 恫：恐惧。《史记·苏秦列传》：“是故恫疑虚喝，骄矜而不敢进。”（唐）司马贞《史记索隐》：“恫，恐惧之心也。”

洞、峒、硐、衕：（汉）扬雄《羽猎赋》：“入洞穴，出苍梧。”《正字通》：“衕，与洞通。”《集韵·送韵》：“峒，山穴，通作洞。”《正字通》：“硐，或借洞。硐，空也；与峒通，山穴也。”（唐）陆龟蒙《寄茅山何道士》：“紫燕长巢硐，青龟忽上莲。”

胴：《玉篇·月部》：“大肠也。”得名于“中空”之义。

穸：《玉篇·穴部》：“穴也。”

僮、犝：《说文》：“未冠也，从人童声。”经籍中多以“童”为之，《礼记·曲礼》：“自称于其君曰小童。”郑玄注：“小童，若云未成人也。”《左传·哀公十一年》：“公为与其嬖僮汪锜乘，皆死皆殡。”（唐）陆德明《释文》：“僮，本亦作童。”《释名·释长幼》：“十五曰童，故有有阳童，牛羊之无角者曰童，山无草木曰童，言未巾冠似之也，女子之未笄者亦称之也。”牛无角之童，分化为“犝”字，《尔雅·释畜》：“犝牛。”郭璞注：“今无角牛。”《集韵·东韵》：“犝，或从同。”羊无角之童，分化为“羶”字，《广韵·东韵》：“羶，无角羊。”

瞳：瞳孔。《广韵·东韵》：“目瞳。”

獞：《广韵·锺韵》：“土精，如豘，在地下也。”

窰：《玉篇·穴部》：“空也。”

55. 孔：《尔雅·释诂》：“孔，间也。”郭璞注曰：“穴也。”《诗·小雅·角工》：“如食宜饇，如酌孔取。”郑玄笺曰：“器之孔。”《墨子·备城门》：“客至，诸门户皆令凿而幂孔。”（清）孙诒让《墨子间诂》：“盖凿门为孔窍而以物蒙覆之，使外不得见。孔，窍也。”

56. 容：《说文》：“容，盛也。从宀从谷。会意。”《礼记·投壶》：“口径二寸半。容斗五升。”《书·泰誓》：“其心休休焉其如有容。”孙星衍疏：“其心休美宽大，如有所容纳也。”《墨子·备城门》：“令陶者为薄瓵，大容一斗以上至二斗。”《史记·吕太后本纪》：“凡有天下治为万民命者，盖之如天，容之如地，上有欢心以安百姓，百姓欣然以事其上，欢欣交通而天下治。”

瓵、甗：《说文》：“器也，从瓦容声。”《广雅·释器》：“瓵，瓶也。”字亦作“甗”，《玉篇》：“瓵、甗，并音容。罂也。”

瓮：《说文》：“瓮，罂也。”《方言》卷五：“瓮，罂也，自关而东，赵魏之郊谓之瓮。”《礼记·檀弓上》：“宋襄公葬其夫人，醯醢百瓮。”《易·井》：“井谷射鲋，瓮敝漏。”（唐）陆德明《释文》引郑玄曰：“瓮，停水器也。”《后汉书·列女传·鲍宣妻》：“拜姑礼毕，提瓮出汲。”

57. 好：“孔”音转为“好”。《尔雅·释器》：“肉倍好谓之璧。”郭璞注曰：“肉，边；好，孔。”《周礼·考工记·玉人》：“璧羡度尺，好三寸，以为度。”郑玄注引郑司农云：“好，璧孔也。”《汉书·食货志下》：“卒铸大钱，文曰‘宝货’，肉好皆有周郭。”颜师古注引韦昭曰：“肉，钱形也；好，孔也。”“好”，契文从女从子，其字之起源与孔穴无涉，“好”之“孔洞”义，其词源义在“孔”不在“好”之“女子”义。

口：《说文》：“口，人所以言食也。象形。”《书·秦誓》：“人之彦圣，其心好之，不啻若自其口出，是能容之。”《儒林外史》第一六回：“他倚恃尊长，开口就说：‘本家的产业是卖不断的。’”引申作“通口”义，《墨子·备穴》：“必令明习橐事者，勿令离灶口。”

噭：《说文》：“口也。”一般指动物的嘴巴。《汉书·货殖传·巴寡妇清》：“马蹄噭千，牛千足，羊彘千双，童手指千。”颜师古注曰：“蹄与口共千，则为马二百也。”《新唐书·崔玄亮传》：“歙人马牛生驹犊，官籍蹄噭，故吏得为奸。”

尻：《吕氏春秋·观表》：“寒风是相口齿，麻朝相颊，子女厉相目，卫忌相髭，许鄙相尻。”高诱注曰：“尻，后窍也。”即今所谓肛门。

州：《尔雅·释畜》：“白州驠。”郭璞注：“州，窍。”邢昺疏曰：“谓马之白尻者，名驠。”“州”，本义为水中的小岛，《说文·川部》：“州，水中可居者曰州，水周绕其旁。”作“肛门”义，得名于“洞口”义。

丑：《礼记·内则》：“鱼去乙，鳖去丑。”郑玄注曰：“丑谓鳖窍也。”（清）王引之《经义述闻》：“郭曰：州，窍也。丑与州声近而义同。”《广韵·有韵》：“丑，窍也。”

窍：《说文》：“窍，空也。”《礼记·礼运》：“故天秉阳，垂日星；地秉阴，窍于山川。”郑玄笺曰：“窍，孔也。”《庄子·齐物论》：“夫大块噫气，其名为风，是唯无作，作则万窍怒呺。”《汉书·律历志上》：“黄帝使泠纶……取竹之解谷生，其窍厚均者，断两节间而吹之。”颜师古注引应劭曰：“窍，孔也。”

58. 穨：《说文》：“秃貌。从秃贵声。”

匱：《说文》：“匣也。”《书·金縢》：“公归，乃纳册于金縢之匱中，王翼日乃瘳。”孙星衍疏曰：“匱者，王逸注《楚辞》云：‘匣也。’”字亦作“柜”、“鐀”，《广韵·群韵》：“柜，柜箧。”《汉书·司马迁传》：“卒三岁，而迁为太史令，紬史记石室金鐀之书。”

59. 秃：《说文》：“无发也。”“无发”乃空空也，《礼记·丧服》：“秃者不髽，伛者不袒，跛者不踊。”《说文》：“髽，丧结。从髟坐声。”《广雅·释诂》：“髽，髻也。”《春秋谷梁传·成公元年》：“季孙行父秃。”（唐）韩愈《感春》诗：“冠欹感发秃，语误悲齿堕。”泛指“光秃”义，（汉）王充《论衡·超奇》：“山之秃也，孰其茂也。”（宋）刘克庄《蒜岭》诗：“烧余山顶秃，潮至海波浑。”

60. 㱿：《说文》：“㡮帐之象。”（清）朱骏声《定声》：“按与㱿鼓同意，今音读如腔。”

壳：指物的圆形坚硬外皮，内中空。《论衡·言毒篇》：“因与俱出，若鸟卵之有壳，何妨谓之恶？”（汉）张衡《思玄赋》：“玄武缩于壳中兮，腾蛇蜿而自纠。”

㲉：《说文》：“盛觵卮也。读若斛。”《周礼·考工记》：“鬲，实五㲉，厚半寸。”郑玄注：“豆实三而成㲉，则㲉受斗二升。”杨树达《积微居小学述林·说文读若探源》：“《说文》鬲字下云：‘斗二升曰㲉’，此亦假㲉为斛。盖以音读相同，汉世尚通作也。”

61. 箭、筒：《说文》：“箭，断竹也。”“筒，通箫也。”（唐）玄应《一切经音义》卷二引《三苍》：“箭，竹管也。”而玄应在卷二二亦引《三苍》则作：“筒，竹管也。”《说文》中虽将“筒”、“箭”分为二词，但二者音同，均取义于“中空、中通”。《韩非子·说疑》：“御觞不能饮者，以箭灌其口。”（汉）

王充《论衡·量知》：“截竹为筒，破以为牒，加笔墨之迹，乃成文字。”

甬、鐘（銿）：《说文》：“甬，草木花甬甬然也，从马，用声。”杨树达《积微居小学述林·释甬》据金文认为“甬”乃“钟”字之初文。[①] 鐘，《说文》：“乐鐘也。秋分之音万物种成，故谓之鐘。从金童声。鐘或作銿。”“鐘”外圆内空，故名曰“甬”，而许慎以秋分之音万物种成，释“鐘”之词源，乃为附会之说。《诗·周颂·执竞》：“钟鼓喤喤，磬筦将将。”（南梁）刘勰《文心雕龙·总术》：“知夫调钟未易，张琴实难。”

桶：《说文》：“桶，木方，受六升。”《急就篇》卷三：“槫杅盘案桮閜盌。”（唐）颜师古注：“槫，小桶也，所以盛盐豉。”《水浒传》第一六回：“那汉子收了钱，挑了空桶，依然的唱着山歌，自下岗子去了。”

62. 锺：《说文》：“酒器也。”段玉裁注：“古者此器盖用以宁酒，故大其下，小其颈。”《列子·杨朱》：“朝之室也，聚酒千锺，积曲成封，望门百步，糟浆之气逆于人鼻。”

竉：《广韵·董韵》：“竉，孔竉。”《集韵·董韵》：“竉，孔竉，穴也。”

櫳：《说文》：“房室之疏也。”段玉裁注：“疏当作䟽。疏者，通也；䟽，门户疏窗也。”

豅：《说文》：“大长谷。”《正字通·谷部》：“山深貌。”山谷空貌。

咙：《说文》：“喉也，从口龙声。”《尔雅·释鸟》：“亢，鸟咙。”郭璞注：“咙，谓喉咙。”

63. 舂：《说文》：“擣粟也。”甲骨文作“”、“”等形，像两手持杵临臼擣粟之状。《谷梁传·文公十三年》：“礼，宗庙之事，君亲割，夫人亲舂，敬之至也。”

① 杨树达：《积微居小学述林》，中华书局 1983 年版，第 46 页。

64. 盅：《说文》：“器虚也。老子曰：‘道盅而用之。’”（清）朱骏声《定声》：“字亦以冲为之。”（清）俞樾《诸子平议·老子》：“盅训虚，与盈正相对。作冲者，叚字也。”

65. 喉：《说文》：“咽也。从口侯声。”“咽，嗌也。”段玉裁注：“咽者，因也。言食因于是以上下也。”《左传·文公十一年》：“冬十月甲午，败狄于咸，获长狄侨如。富父终甥摏其喉以戈，杀之。”《庄子·大宗师》：“真人之息以踵，众人之息以喉。”

66. 凶：《说文》：“恶也，象地穿交陷其中也。”形似凹陷，故指为“不吉利”义。《左传·昭公三十二年》：“越得岁，而吴伐之，必受其凶。”《楚辞·卜居》：“此孰吉孰凶？何去何从？”

匈：《说文》：“膺也，从勹凶声。或从肉”。（清）朱骏声《定声》：“字亦作胷。”即今“胸”也。段玉裁注：“匈自其中言之，无不容也，无不容故从勹。”《管子·任法》：“以法制之，如天地之无私也。是以官无私论，士无私议，民无私说，皆虚其匈以听其上。”

67. 谹：《说文》：“谷中响也。”

宏：《说文》：“屋深响也。”

按，谷中响、屋深响均为空中之响。

68. 康：《说文》：“谷皮也。”。《墨子·备城门》：“灰、康、粃、杯、马矢，皆谨收藏之。”毕沅校注：“《说文》云：‘穅，谷皮也……康，或省字。’”字亦作“穅”、“糠”，《广韵·唐韵》：“穅，谷皮。”“糠，俗。”

漮：《说文》：“水虚也。”段玉裁注：“康者，谷皮中空之谓。故从康之字皆训为虚。歁下曰：‘饥虚也。’㝩下曰：‘屋歁㝩也。’……《急就篇》颜注曰：‘轒谓舆中空处，所用载物也。’”《尔雅·释诂》：“漮，虚也。”

㝩：《说文》：“屋㝩㝗也。”

歁：《说文》：“饥虚也。”段玉裁注：“饥者，饿也。漮者，水之虚。㾾者，屋之虚。歉者，饿腹之虚。”

轗：指车厢之空而可容物处。《急就篇》及颜师古注，段玉裁已征引。引申之，则又指给死者的纸篓，其物亦为中空。（唐）段成式《酉阳杂俎·尸穸》：“送亡者又以黄卷、蜡钱、菟毫、弩机、纸疏、挂树之属。又作轗车。车，古蒌也，蒌似屏。”（明）方以智《通雅·器用》：“轗车，送亡者之纸篓也。”

69. 窐：《吕氏春秋·任地》：“子能以窐为突乎？”注：“窐，容污下也。”《楚辞·严忌〈哀时命〉》：“璋珪杂于甑窐兮，陇廉与孟娵同宫。”王逸注：“窐，甑土孔。”

烓：《说文》：“行竃也。”其形中空。《尔雅·释言》：“煁，烓也。”郭璞注：“今之三隅灶。”郝懿行义疏：“郭云三隅灶者，盖如今之风炉。形如笔筩，缺其上口为三角以受风，谓之风灶。形制大小随人所为，舟车皆可携带。”

洼：《说文》：“深池也。”《老子》：“枉则直，洼则盈。”朱谦之校释：“‘洼’字，《道藏》、河上本作‘窊’，洼、窊字同，皆洿下低陷之义。”（唐）韩愈《燕喜亭记》：“洼者为池，而缺者为洞，若有鬼神异物阴来相之。”

70. 坑：《尔雅》：“坑坑，虚也。”郭璞注：“坑坑，谓坑壍也。”《庄子·天运》：“在谷满谷，在坑满坑。”《史记·司马相如列传》：“不被创刃而死者，佗佗籍籍，填坑满谷，掩平弥泽。”

瓨：《方言》卷五：“瓬，罂也，灵桂之郊谓之瓨。”郭璞注：“今江东通名大瓮为瓨。”（唐）韩愈《泷吏》：“瓨大瓶罂小，所任自有宜。”

炕：火炕。（明）顾炎武《日知录·土炕》：“北人以土为床而空其下，以发火，谓之炕。古书不载。”“炕”因其下中空而得名。

71. 韇：盛箭筒。《说文》：“弓矢韇也。”又可指一般盛器，《仪礼·士冠礼》：“筮人执筴，抽上韇，兼执之，进受命于主人。”郑玄笺：“韇，藏筮之器。今时藏弓矢者谓之韇丸也。”贾公彦疏：“韇有二，其一从下向上承之，其一从上向下韬之也。”

椟：《说文》：“匮也。”即“函”。《礼记·少仪》：“剑则启椟，盖袭之，加夫桡与剑焉。”郑玄笺：“椟，谓剑函也。”《仪礼·聘礼》：“贾人西面坐启椟，取圭，垂缫，不起而授宰。”《论语·季氏》：“虎兕出于柙，龟玉毁于椟中，是谁之过与?”（三国）何晏《集解》引马融曰：“椟，匮也。”

窦：《说文》：“空也。”段玉裁注：“空、孔，古今语，凡孔皆谓之窦。”

渎：《说文》：“沟也，从水卖声，一曰邑中沟。”《广雅·释水》：“渎，坑也。”

隫：《说文》：“通沟也。”（清）朱骏声《定声》：“邑中曰渎，人为之，山中曰隫，非人为之。

72. 窖：《说文》：“地藏也，从穴告声。”《周礼·冬官·考工记》：“囷、窌、仓、城，逆墙六分。”郑玄注：“囷，圜仓。穿地曰窌。”（唐）陆德明《释文》：“窌，刘古孝反，依字当为窖，作窌假借也。”《礼记·月令》：“（仲秋之月）穿窦窖。”郑玄注：“隋曰窦，方曰窖。”孔颖达疏：“窦既为隋圆，故以窖为方。”《汉书·苏武传》：“单于愈益欲降之，乃幽武置大窖中，绝不饮食。”

73. 缿：《说文》：“受钱器也。从缶后声，古以瓦，今以竹。”《史记·酷吏列传》：“吏苛察，盗贼恶少年投缿。”《汉书·赵广汉传》：“又教吏为缿筒。”颜师古注：“缿，若今盛钱臧瓶，为小孔，可入而不可出。或缿或筒，皆为此制，而用受书，令投于其中也。”

74. 庾：《说文》：“水槽仓也。”段玉裁注：“谓水转谷至而仓之也。”《广雅·释宫》：“庾，仓也。”《史记·孝文本纪》：“发仓庾以振贫民，民得卖爵。”（唐）司马贞《史记索隐》引郭璞注《三仓》：“庾，仓无屋也。”

斞：量器。《说文》：“量也。”《周礼·冬官·弓人》：“丝三邸，漆三斞。”《玉篇》：“斞，量也。今作庾。”《正字通》：“斞，言其轻重之则，通作庾。”《论语·雍也》：“请益。曰：‘与之庾。’”何晏注：“包曰十六斗曰庾。”字又作“斞”，《说文·斗部》：“斞，量也。”（清）桂馥《说文义证》：“又通作庾……《聘礼》曰：‘十六斗曰庾。’昭二十六《左传》：‘粟五千庾。’杜注：‘庾，十六斗。’”

75. 睿、濬：《说文》：“睿，深通川也，从谷从歺。歺，残地坑坎意也。濬，古文睿。《虞书》曰：‘濬畎浍，距川。’”（段《注》据《韵会》改为“从歺、谷。歺，残也。谷，坑坎意也”。）今传《虞书》中“睿”写作“濬”。𤼈公盨铭文中写作“㲋”，字从“𣦼”从“川”从“○”（“圆”的初文），裘锡圭认为㲋“所从的‘圆’之初文，应是加注的音符”①。

76. 鍑：《说文》：“釜而大口者。”《方言》卷五：“釜，自关而西或谓之釜，或谓之鍑。”郭璞注：“鍑亦釜之总名。”《汉书·匈奴传下》：“胡地秋冬甚寒，春夏甚风，多赍鬴鍑薪炭，重不可胜。”颜师古注：“鍑，釜之大口者也。鍑音富。”

77. 鑴：《说文》：“鑴，瓽也。从金雟声。”“瓽，大盆也。”“雟”声、“规”声相通，详见本章第一节“规”词条。或认为与“觿”同，《礼记·内则》：“左佩纷帨、刀、砺、小觿。”（唐）陆德明《释文》：“觿，许规反，本或作‘鑴’。”

78. 镬：《说文》：“镬，鑴也。”“鑴，瓽也。”“瓽，大盆也。”

79. 盂：《说文》：“饮器也，从皿亏声。”“亏”声寓“圆”、“曲”、“团聚”等相关意义，如“芋”、“軒”、“宇”、“迂”、“纡”、“尪”、“虷”、“洿”、“污”、“忏”等，详参相关词条。

80. 盆：《说文》：“盎也，从皿分声。”《方言》卷五：“罃甂谓之盎，自关而西或谓之盆。”“分”声寓“团聚”、“凸大”等

① 裘锡圭：《𤼈公盨铭文考释》，载《中国历史文物》2002年第6期。

相关意义，如“忿”、“扮”、“颁”、“坋”、“衯”、“鳻”、“砏”等词。

81. 坄：《说文》：“陶竈窗也。从土役省声。”亦写作“垼”，《礼记·丧大记》：“甸人为垼于西墙下。”郑玄注：“垼，块灶。”贾公彦疏：“案《既夕礼》云：‘垼用块。’是以块为灶，名为垼。用之以煮沐浴者之潘水。”《仪礼·既夕礼》：“南其壤，垼用块。”郑玄注：“块，塯也。古文垼为役。”段玉裁“坄”条下注：“以煮沐浴者之潘水，不似人家厨竈，必令适为之，且仅通孔可煮而已。”

82. 挹：舀取。《说文》：“抒也。”《诗·小雅·大东》：“维北有斗，不可以挹酒浆。”

83. 巢：《说文》：“鸟在木上曰巢，在穴曰窠。”《易·旅》：“鸟焚其巢，旅人先笑，后号咷。”《诗·召南·鹊巢》：“维鹊有巢，维鸠居之。”

樔：《说文》：“泽中守草楼，从木巢声。”《文选·班昭〈东征赋〉》：“谅不登樔而椓蠡兮，得不陈力而相追。”李善注：“《礼记》曰：‘昔者未有宫室，夏则居橧巢。’”

轈：《说文》：“兵车高加巢以望敌也。”初以“巢”示之。《左传·成公十六年》：“楚子登巢车以望晋军。”

84. 橾：车轴贯处的空腔。《说文》：“车毂中空也，从木喿声。读若薮。”《周礼·考工记》：“以其围之防捎其薮。”郑玄引郑司农曰：“谓毂空壶中也。”该处以“薮”为之，可见“橾”、“薮”音同或音近。

六、穿、通义

1. 擐（匣元）
2. 關（见元）丱田灌盥（见元）穿（昌元）
3. 矞（喻质）

4. 牗（喻幽）
5. 凿（从沃）
6. 窦（影月）
7. 衕（定东）迥絅通（透东）衝（昌东）䶂艟
8. 囱（清东）葱鏓憁聪
9. 川（穿文）顺训驯
10. 鑽（精元）
11. 鐏（精文）
12. 叡（喻月）
13. 寮（来宵）

由“洞孔”义可引申出“穿、通”义。

1. 擐：《说文》：“擐，贯也。”《广雅·释诂》：“擐，着也。”《左传·成公十一年》：“擐甲执兵，固即死也。”孔颖达疏：“擐，贯也。”即穿也。

2. 關：《说文》：“以木横持门户也。”（清）朱骏声《定声》：“竖木为闭，横木为關。”《左传·襄公二十三年》：“臧孙斩鹿门之关以出奔邾。”杨伯峻注：“关为横木，故可枕，今谓之门栓。”以横木穿孔关门，与“穿”同源。

𢇍：《说文》：“织以丝毌杼也。”（依段玉裁注本）段玉裁注：“杼者，机之持纬者，毌，穿物持之也。以丝贯于杼中而后织，是之谓𢇍。”乃穿通也。

毌、贯、串：《说文》：“毌，穿物持之也。从一横贯象宝货之形，凡毌之属皆从毌，读若冠。”契文作“中”、“串”“申”等形。像以“丨”穿物以便持之。与《说文》所依篆文作横贯之形有异。分化出“贯”字，《说文》：“钱贝之贯，从毌贝。”后“贯”通行而“毌”则废，“贯穿”义亦由“贯”表之。《诗·小雅·何人斯》：“及尔如贯，谅不我知。”郑玄笺：“如物之在绳索之贯也。”此表“贯穿”义。《汉书·食货志》：“京师之钱累百巨万，贯朽而不可校。”此即钱贝之贯，“贯朽”乃指穿钱的绳子腐烂。又如“万贯家财”之“贯”，亦指钱财之“贯”。又作“串”、“弗”形。（清）朱骏声《定声》“毌”下曰：“按，小篆亦作串。”《墨子·经上》：“柱之必住，说在废材。唱和同串，说在功。”东汉时期的《冀州从事郭君碑》：“串千載，涵山停。”“又变作弗。《字苑》：‘弗以签贯肉炙之者也。’《通俗文》：‘弗，门键也。’又‘串，门串也。’按，此字实即贯之古文。”《齐民要术·炙法》：“以竹弗弗之，相去二寸下弗。”“取好白鱼肉细琢，裹作弗，炙之。”以手持绳穿物，引申为“习”义，在字形上分化出“掼”、“遦”字。《说文》：“掼，习也。从手贯声。《春秋传》曰：‘掼渎鬼神。’”（清）朱骏声《定声》：“字亦作惯。《左传·昭公二十六传》：‘掼渎鬼神。’今本以贯为之。”《说文》：“遦，习也。”又以“串”为之，《尔雅·释诂》：“串、贯，习也。”此即“习惯”之由来。但“串”字到近代舍弃其中一个义项——“习惯”义，在“贯穿”义上渐渐取代了“贯”，并沿用至今成为规范用字，与“惯”成为两个不同的词语。

灌、祼：灌注，名得于“贯”。《周礼·天官·冢宰》：“兽医掌疗兽病，疗兽疡。凡疗兽病，灌而行之。”《庄子·天地》：“凿隧而入井，抱瓮而出灌。”用酒浇地以通先人，《论语·八佾》：“禘自既灌而往者，吾不欲观之矣。”这种特定祭祀仪式分化出专字“祼”表示。《说文》：“灌祭也，从示果声。”《周礼·天官·冢宰》：“凡祭祀，赞王币爵之事，祼将之事。”郑玄注：“祼之言灌也。”《书·洛诰》：“王入太室祼。”孔颖达疏：“王以圭瓒酌郁鬯之酒以献尸，尸受祭而灌于地，因奠不饮，谓之祼。”

盥：《说文》：“盥，澡手也。”即用容器盛水浇在手上冲洗。《左传·僖公二十三年》：“秦伯纳女五人，怀嬴与焉，奉匜沃盥。”《礼记·少仪》：“举爵则坐立饮，凡洗必盥。”郑玄注：“先盥乃洗爵，先自洁也。”孔颖达疏：“洗，洗爵也；盥，洗手也。”“沃盥”即浇水洗手。水从两手中间冲下，乃“贯穿”也。后又泛指“浇灌”义，（唐）段成式《酉阳杂俎·诺皋记下》：

“筑地成窍，置虫于中，沃盥其上。”

穿：《说文》：“穿，通也。”《诗·召南·行露》：“谁谓鼠无牙，何以穿我墉。”《庄子·秋水》：“牛马四足，是为天；落马首，穿牛鼻，是谓人。”《礼记·月令》：“是月也，可以筑城郭、建都邑、穿窦窖、修囷仓。”《广韵·线韵》：“穿，贯也。”《红楼梦》第四七回：“凤姐儿正数着钱，听了这话，忙又把钱穿上了。”

3. 矞：《说文》：“以锥有所穿也，一曰满有所出。”“以锥有所穿”与“满有所出”相通，均着眼于“圆”状。“矞”声寓“圆”、“空、洞”等相关义，如“潏”、“繘”、“橘”、“遹”、“窬”、“劀”，见前文所论相关词条。

4. 牖：《说文》：“穿壁也，以木为交窗也。”得名于“通”义。《尚书·顾命》：“牖间南向，敷重篾席。”孔颖达疏：“牖，谓窻也。”

5. 凿：穿空。《说文》：“穿木也。”《仪礼·士丧礼》：“重木刊凿之。”《诗·豳风·七月》：“二之日凿冰冲冲。”《庄子·应帝王》：“日凿一窍，七日而浑沌死。”

6. 窦：《说文》：“穿也，从穴夬声。”《广雅·释诂》：“窦，空也。”

7. 衕：《说文》：“衕，通街也。”段玉裁注：“今京師衚衕字如此作。”即今之“胡同”，得名于“通、穿”义。

迵：通。《说文》：“迵迭也。”（清）王筠《说文句读》：“迵迭即洞达。”《史记·扁鹊仓公列传》：“臣意诊其脉，曰：‘迵风。’迵风者，饮食下嗌而辄出不留。”

絧：《集韵·东韵》：“缓而直通貌。”

通：《说文》：“通，达也。”《易·系辞》：“往来不穷谓之通。”亦作“迵”，《说文》：“迵，达也。”

衝、衝：《说文》：“衝，通道也。《春秋传》曰：‘及衝以戈击之。’”字亦作“衝”，《左传·昭公元年》：“子南知之，执戈逐之，及衝，击之以戈。”《广韵·肿韵》：“衝，巷道。出《仓颉篇》。”

䢽：《说文》：“䢽，里中道。言在邑中所共。巷，篆文，从䢽省。”段玉裁注曰：“巷为小篆，则知䢽为古文籀文也。巷，今作巷。”《诗·郑风·叔于田》“叔于田，巷无居人。”字亦作“衖”，（唐）陆德明《释文》：“衖，道也。《声类》犹以为巷字。”“䢽”乃通道，其命名当着眼于“穿、通”义，许慎以“共享、公用”为“䢽”之词源义，恐未妥。

幢、冲：《说文》：“幢，陷阵车也。”杨树达《积微居小学述林·释幢》：“幢之为言撞也。《后汉书·光武纪》云‘冲輣撞城’，是幢有撞之用也。撞字亦或假冲为之。……《淮南子·说山篇》云：‘折冲万里。’高诱注云：‘冲，兵车也，所以冲突敌城也。’”

8. 囱、窗：《说文》：“在墙曰牖，在屋曰囱。”“囱”多孔在屋（即今房顶）。字形又写作“窗”，（汉）王充《论衡·别通》：“凿窗启牖，以助户明也。”

蔥：《说文》“鏓”下，段玉裁注曰：“囱者多孔，蔥者空中，聪者耳顺，义皆相类。”

鏓、樬：《说文》：“鏓，大凿平木者。”段玉裁注本作“大凿中木也”，注：“凿非平木之器，马融《长笛赋》：‘鏓硐隤坠。’李韵注：‘《说文》曰鏓，大凿中木也。然则以木通其中皆曰鏓也。’今按，中读去声，许正谓大凿入木曰鏓，与种植舂杵声义皆略同。”樬，《广韵·平东》：“樬，尖头担也。”黄侃《蕲春语》：“《广韵》上平声一东：樬，尖头担也；仓红切。今蕲州谓担束薪之器曰樬担，音正同《广韵》。樬字《说文》不载，当为鏓之后出字，鏓，大凿平木者。”① “鏓”穿入木头通之，“樬”插入束薪中担之，皆寓“穿、通”之义。

① 黄侃：《黄侃论学杂著》，上海古籍出版社1980年版，第412页。

幒：《说文》：“幝也。从巾悤声，或从松声。”《说文》：“幝，幒也，从巾軍声，或从衣。”段玉裁注：“自其浑合近身言曰幝，自其两襱孔穴言曰幒。”

聰：《说文》：“聰，察也。”《庄子·外物》：“耳彻为聰。”“察”、“耳彻”乃通也。

9. 川：《说文》：“贯穿通流水也。”《释名·释山》：“川，穿也。穿地而流也。”

顺：《说文》：“顺，理也。”《礼记·大传》：“自义率祖。顺而下之至于祢。”

训：《说文》：“训，说教也。”《孟子·万章上》：“三年，以听伊尹之训己也，复归于亳。”赵岐注：“以听伊尹之教训己，故复得归之于亳。”说教使之通晓。

驯：《说文》：“驯，马顺也。”《淮南子·说林》：“马先驯而后求良。”（汉）桓宽《盐铁论·疾贪》：“驷马不驯，御者之过也。”

10. 鑽：《说文》：“所以穿也。”《孟子·滕文公下》：“不由其道而往者，与钻穴隙之类也。”

11. 鐏：《说文》：“柲下铜也。从金尊声。”（清）朱骏声《定声》：“取其钻也。”《礼记·曲礼》：“进戈者前其鐏，后其刃。进矛戟者前其镦。”郑玄注：“锐底曰鐏，取其鐏地；平底曰镦，取其镦地。”

12. 叡：《说文》：“深明也，通也。”因通而人聪慧，《逸周书·谥法》：“叡，聖也。”《汉书·叙传下》：“燕盖诪张，实叡实聪，皐人斯得，邦家和同。”

13. 寮：《说文》：“穿也。”《广雅·释诂》：“簝，空也。”故可指窗，《文选·张衡〈西京赋〉》：“何工巧之瑰玮，交绮豁以疏寮。”李善注：“交结绮文，豁然穿以为寮也。”

七、团聚、郁积义

1. 蓴（禅元）
2. 丵（从沃）
3. 诔（来微）
4. 鬈（并元）
5. 群宭捃窘（群文）
6. 邨（定文）軘忳
7. 竴憝（端文）
8. 慘（篆，定元）
9. 類（来物）纇
10. 搂（来侯）缕薮
11. 絇拘（见侯）挶（见屋）
12. 据（见鱼）
13. 囚（邪幽）
14. 握（影屋）
15. 挠（泥宵）
16. 撩（来宵）
17. 緭（见物）
18. 塸沤（影侯）
19. 藻操（精宵）
20. 轈罺摷（精宵）
21. 求赇逑捄（群幽）
22. 揂槱（喻幽）
23. 秋（清幽）揫愁湫憖
24. 苞（帮幽）孚捊抱
25. 謓（昌真）
26. 怨（影元）

27. 悁（影元）
28. 悹悺（见元）
29. 患（匣元）
30. 蒀（影文）愠煴
31. 慁（匣文）
32. 惆（透幽）
33. 旅（来鱼）
34. 族（从屋）
35. 萃（从物）顇悴捽
36. 佸（见月）髻括
37. 畜蓄滀傗
38. 属（章屋）瞩
39. 丩（见幽）䊶收疛纠
40. 黺忿（滂文）扮（帮文）愤（并文）
41. 䎗（并质）
42. 鞫匊（见觉）
43. 缪（明觉）
44. 秩（定质）
45. 诿委（影微）
46. 厽（来微）垒陒埵諈
47. 瘰（累，来微）
48. 纍（来微）
49. 燠（影觉）
50. 恨（匣文）
51. 师（山脂）
52. 襞（帮锡）
53. 掊（并之）咅痞
54. 鬌（庄歌）
55. 瀌（明元）

56. 闷（明元）
57. 纑（来鱼）攎
58. 慰罻（影物）
59. 郁蔚（影之）
60. 瘀（影鱼）阏菸
61. 结（见质）髻袺襭饐噎壇鷧
62. 会（匣月）襘卉（晓物）绘
63. 凑（清侯）辏
64. 丛（从东）取（清侯）诹棷聚冣娶竪
65. 刍（崇侯）绉
66. 髳（帮侯）
67. 宁（定鱼）贮眝
68. 穫（匣铎）獲擭攫（见铎）
69. 悒（影缉）
70. 禨（篑，群物）
71. 慹执（章缉）
72. 鞑坨（定歌）
73. 勼（见幽）
74. 总（精东）
75. 忸（丑，泥幽）
76. 洿（影鱼）污忏
77. 纂（精元）
78. 酂（精元）欑攒儹
79. 荨噂（精文）僔
80. 蕞（从月）繓撮
81. 怼（定物）
82. 钀（影月）
83. 寽（来月）
84. 毂（见屋）

圆曲向里表现为“团聚”状，由此引申出“团聚”、“郁积”义。

1. 蒪：《说文》：“蒲丛也。”丛乃聚也。《广雅·释草》：“蒲穗谓之莼。”（清）朱骏声《定声》：“按，蒲花形圆，其上黄粉，即蒲黄也。”《广雅·释诂》：“蒪，聚也。”

2. 丵：《说文》：“丛生艹也，象丵岳相并出之形。读若浞。”

3. 诔：聚合死者生前德行来哀悼。《说文》：“谥也，从言耒声。”（清）朱骏声《定声》：“絫列生时行迹，读之以作谥者。”《礼记·曾子问》：“贱不诔贵，幼不诔长，礼也。”郑玄注：“诔，累也。累列生时行迹，读之以作谥，谥当由尊者成。”

4. 鬆：《说文》：“卧结也。从髟般声，读若槃。”段玉裁注：“结，今之髻字也。《士冠礼》‘采衣紒’，注云‘古文紒为结。’按许书皆作结，郑注经皆作紒。”

5. 群：《说文》：“辈也，从羊君声。”《诗·小雅·无羊》：“谁谓无羊，三百维群。”郑玄笺：“今乃三百头为一群。”《诗·小雅·吉日》：“或群或友。”郑玄笺：“兽三曰群，二曰友。”《礼记·曲礼下》：“大夫不掩群。”孔颖达疏：“群，谓禽兽共聚也。”引申为“众”，《礼记·服问》：“君之母非夫人。则群臣无服。”

宭：《说文》：“群居也，从宀君声。”

攈（捃）：《说文》：“攈，拾也。”《方言》卷二：“攈，取也。”郭璞注：“攈，古捃字。”《后汉书·冯衍传》：“拔周、唐之盛德兮，捃桓、文之谲功。”李贤注：“《方言》曰：‘捃，取也。”《国语·鲁语上》：“收攟而蒸，纳要也。”韦昭注：“攟，拾也。”《墨子·贵义》：“舍吾言革思者，是犹舍获而攈粟也。”毕沅校注：“攈，拾也。”

窘：《说文》：“迫也，从穴君声。”《广雅·释诂》：“窘，急也。”《诗·小雅·正月》：“终其永怀。又窘阴雨。”毛亨传：“窘，困也。”。《文选·贾谊〈鹏鸟赋〉》：“愚士系俗兮，窘若囚拘。”李善注：“窘，囚拘之貌。”

6. 邨（村）：《集韵·魂韵》：“村，聚也，通作邨。”《正字通·邑部》：“邨，墅也，聚落也。”（清）段玉裁《说文解字注》：“邨，本音豚，屯聚之意也。俗读此尊切，又变字为村。”

軘：指士兵聚守之车。《说文》：“軘，兵车也。从車屯声。”（清）朱骏声《定声》：“《释名》：‘軘者，戎者所乘也。’《左宣十二传》：‘使軘车逆之。’注：‘兵车名。’服（虔）注：‘屯守之车。’”

忳：《广韵·魂韵》：“闷也。”《楚辞·离骚》：“忳郁邑余侘傺兮，吾独穷困乎此时也。”王逸注：“忳，忧貌。”洪兴祖补注：“忳，闷也。”

7. 竨：《说文》：“磊竨重聚也。”

憝：《说文》：“怨也，从心敦声。”

8. 傢：《广韵·佳韵》：“心不平，又恨也。”郁积、怨恨之气。

9. 類：《说文》：“种类相似，惟犬为甚，从犬頪声。”种类相似以聚合。《易·干》：“本乎天者亲上，本乎地者亲下，则各从其类也。”

纇：《说文》：“丝节也。从糸頪声。”段玉裁注：“丝之约结不解者曰纇。引申之，凡人之愆尤皆曰纇。”《广雅·释言》：“纇，节也。”

10. 摟：《说文》：“曳聚也，从手娄声。”《尔雅·释诂》：“摟，聚曳。”《孟子·告子下》：“五霸者，摟诸侯以伐诸侯者也。”

缕：（聚集）之线。《说文》：“线也。”《孟子·尽心下》：“有布缕之征，粟米之征，力役之征。”赵岐注：“缕，紩铠甲之缕也。”引申为“束、捆绑”义，以“录”为之，《诗·秦风·小戎》：“小戎俴收，五楘梁辀。”毛亨传：“楘，历录也。”孔颖达《正义》：“历录者，谓所束之处。”《汉书·叙传》：“共谏伯宜颇摄录盗贼，具言本谋亡匿处。”

薮：《说文》：“大泽也，从艹数声。”（清）朱骏声《定声》：“谓泽之地多水少，草木所聚者。”《国语·周语》：“薮，物之归也；川，气之导也。”《诗·郑风·大叔于田》：“叔在薮，火烈具举。”《周礼·夏官·职方氏》：“其泽薮曰具区。”郑玄注：“大泽曰薮。”按，郑玄仅从词汇意义层面对“薮”进行解释，并未阐释其词源义。

11. 絇：《说文》：“纑绳絇也。从糸句，会意。句亦声。读若鸠。”《仪礼·士冠礼》：“屦，夏用葛。玄端黑屦，青絇繶纯，纯博寸。”郑玄注：“絇之言拘也，以为行戒，状如刀衣鼻，在屦头。”段玉裁注：“纑者，布缕也。绳者，索也。絇，纠合之谓。”

拘：《说文》未收。《尔雅·释言》：“囚，拘也。”《玉篇·手部》：“执也，止也，拘检也。”引申为“止”、“囚”等义。《礼记·丧夫大记》：“妻于夫拘之。”《管子·君臣下》：“此止诈、拘奸、厚国、存身之道也。”

挶：《说文》：“戟持也。从手局声。”段玉裁注：“曲其肘如戟而持之也。”《诗·豳风·鸱鸮》：“予手拮据。”毛亨传：“拮据，撠挶也。”孔颖达疏：“谓以手爪挶持草也。”《广韵·烛韵》：“持也。”

12. 据：《说文》：“戟挶也，从手居声。”

13. 囚：《说文》：“系也，从人在囗中。”《尔雅·释言》：“囚，拘也。”《书·蔡仲之命》：“囚蔡叔于郭邻。”《左传·成公七年》：“晋人以钟仪归，囚诸军府。”《史记·周本纪》：“帝纣乃囚西伯于羑里。”将人聚于室内而为“囚”。

14. 握、捉：《说文》：“搤持也。”即拳起手来持之。《左传·僖公二十八年》：“叔孙将沐，闻君至，喜，捉发走出，前驱射而杀之。”《书·蔡仲之命》：“囚蔡叔于郭邻。”《左传·成公七年》：“晋人以钟仪归，囚诸军府。”《史记·周本纪》：“帝纣乃囚西伯于羑里。”亦作“捉”，《说文》：“捉，搤也，一曰握也。”《三国志·蜀志·宗预传》：“孙权捉预手，涕泣而别。”

15. 挠：《说文》：“一曰捄也。”即聚集之义。《楚辞·远游》：“雌蜺便娟以增挠兮，鸾鸟轩翥而翔飞。”朱熹集注：“挠，缠也。”

16. 撩：《尔雅·释文》：“撩，取也。”《广雅·释诂》：“撩，取也。”字亦作“捞”，《方言》卷一三：“撩，取也。”即“钩捞”。

17. 縎：《说文》：“结也，从糸骨声。”《楚辞·九思》：“从心结縎兮折摧。”《广雅·释训》：“结縎，不解也。”字又作“愲”，《汉书·息夫躬传》：“心结愲兮伤肝。”《玉篇·纟部》：“縎，结不解。”

18. 塸：《广韵·厚韵》：“聚沙。”

沤：《说文》：“久渍也。从水区声。”可引申作“壅埋堆积”，（晋）干宝《搜神记》卷一二：“农夫止麦之化者，沤之以灰。”

19. 藻：水中聚集之草。《说文》：“水草也。从艹从水巢声，或从澡声。”《诗·召南·采苹》：“于以采藻，于彼行潦。”毛亨传：“藻，聚藻也。”

操：《说文》：“把持也。”聚而持之。《礼记·曲礼上》：“谋于长者，必操几杖以从之。”孔颖达疏：“操，执持也。”《史记·高祖本纪》：“乃遣张良操印绶立韩信为齐王。”

20. 轈：《广韵·肴韵》：“蒜束。”

罺：《尔雅·释器》：“罺谓之汕。”郭璞注：“今之撩罟。”《广韵·肴韵》：“抄网。”《广韵·效韵》：“小网。”抄网以聚鱼而获。

摷：《说文》：“拘击也，从手巢声。”《广雅·释诂》：“摷，取也。”王念孙疏证：“《众经音义》卷四引《通俗文》：‘浮取曰摷。’”

21. 求：索取，有求于他人。《礼记·檀弓》：“既殡，瞿瞿如有求而弗得。”郑玄注：“求犹索物。”《孟子·公孙丑上》：“不得于言，勿求于心。”赵岐注：“求者，取也。”《尔雅·释言》:“干，求也。”

赇:《说文》:“以财物枉法相谢也，从贝求声。”以财货以有求于人。《汉书·薛宣传》:“宣子况为右曹侍郎，数闻其语，赇客杨明，欲令创咸面目，使不居位。”

逑:《说文》:“逑，敛聚也，从辵求声。《虞书》曰:‘旁逑孱功。’”段玉裁注:“今《尧典》‘逑’作‘鸠’，说者亦云鸠，聚。”《诗·大雅·民劳》:“惠此中国，以为民逑。”毛亨传:“逑，合也。”郑玄笺:“合，聚也。”

捄:《说文》:“盛土于梩中也。”(清)朱骏声《定声》:“此字当训捊，手引物使聚也。”“盛土于梩中”即聚土于器中也。《诗·大雅·绵》:“捄之陾陾，度之薨薨。”郑玄笺:“捄，捊也。度，犹投也。筑墙者捊聚壤土，盛之以虆，而投诸版中。”

22. 揂:《说文》:“聚也，从手酋声。”(清)朱骏声《定声》:“《左·成二传》:‘百禄是遒。’《太元元图》:‘咸酋贞。’注皆训聚，以遒、以酋为之。”

槱:《说文》:“积火燎之也。”《周礼·春官·宗伯》:“以槱燎祀司中、司命、飌师、雨师。”郑玄注:“槱，积也。”《诗·大雅·棫朴》:“芃芃棫朴，薪之槱之。”毛亨传:“槱，积也。”郑玄笺:“豫斫以为薪，至祭皇天上帝及三辰，则聚积以燎之。”(唐)陆德明《释文》:“槱，积木烧也。”

23. 秋:《说文》:“禾谷熟也，从禾龟省声。籀文不省。”禾谷熟乃收成之时，得名于“聚、敛”义，《尔雅·释天》:“秋为收成。”《尔雅·释诂》:“揫，聚也。”郭璞注:“《礼记》曰:‘秋之言揫。’揫，敛也。”

揫:《说文》:“束也，从手秋声。”《尔雅·释诂》:“揫，聚也。”《方言》卷二:“揫，细也。敛物而细谓之揫。”故可引申作“结、束”,《西游记》第五五回:“左右列几个彩衣绣服、丫髻两揫的女童。”

愁:《说文》:“忧也。”郁积不舒之意。又可作“怨恨”义，

《战国策·秦策一》：“书策稠浊，百姓不足；上下相愁，民无所聊。”

湫：《说文》：“湫隘下也。一曰有湫水，在周地，《春秋传》曰：‘晏子之宅湫隘，安定朝那有湫渊。”段玉裁注：“渊，各本作泉。唐人避讳改也。”（清）朱骏声《定声》：“《世本》齐公子湫，字子渊。”《左传·昭公元年》：“勿使有所壅闭湫底，以露其体。”杜预注：“湫，集也。”

漻：《说文》：“腹中有水气也。”

24. 苞：《广韵·肴韵》：“丛生也，丰也，茂也。”《诗·大雅·行苇》：“方苞方体，维叶泥泥。”郑玄笺：“苞，茂也。”《诗·小雅·斯干》：“如竹苞矣，如松茂矣。”朱熹集传：“苞，丛生而固也。”

孚：契文作“”形，像以手逮人之形，后加“人”作“俘”。《说文》：“俘，军所获也，从人孚声。”

捊、抱：《说文》：“引取也，从手孚声。抱，捊或从包。”段玉裁注：“取，各本作取，今正，《诗》释文作取，今本讹为取土二字，非也。取义同聚，引取者，引使聚也，《玉篇》正作‘引聚’也。”《广韵·皓韵》：“抱，持也。《说文》曰：‘引取也。’”《诗·大雅·绵》：“捄之陾陾，度之薨薨。”毛亨传：“捄，虆也。”郑玄笺：“捄，捊也。度，犹投也。筑墙者捊聚壤土，盛之以虆，而投诸版中。”

25. 諠：《说文》：“恚也。”《广雅·释诂》：“諠，怒也。”怒，乃郁积之气也，下文“怨”、“悁”、“㥲”、“患”、“愠”同此。

26. 怨：《说文》：“恚也。从心夗声。”《礼记·礼器》：“故君子有礼，则外谐而内无怨。”“夗”声寓“圆”、“美好”、“曲”、“洞孔”、“区域”、“聚”等相关意义，如“夗”、“豌”、“晼”、“椀”、“婉”、“宛”、“畹”、“倇”、“腕”、“蜿”、“埦”、“苑”等。

27. 悁：《说文》：“忿也。”《诗·陈风·泽陂》：“寤寐无为，中心悁悁。”毛亨传：“悁悁犹悒悒也。”

28. 悹、悺：《说文》：“悹，忧也，从心官声。”朱骏声疑为即“患”之异文。字亦作“悺”，《广雅·释诂》：“悺，忧也。”

29. 患：《说文》：“忧也。”《论语·学而》：“子曰：‘不患人之不己知，患不知人也。’”《史记·项羽本纪》：“汉王患之，乃用陈平计间项王。”

30. 薀、蕴：《说文》：“薀，积也。”《方言》卷一二：“薀，积也。”字亦作“蕴”，《左传·隐公六年》：“见恶如农夫之务去草焉。芟夷蕴崇之。”杜预注：“蕴，积也。”《左传·昭公二十五年》：“众怒不可蓄也，蓄而弗治，将薀。”杜预注：“薀，积也。”亦假“苑”、“菀”示之，《诗·小雅·都人士》：“我不见兮。我心苑结。”郑玄笺：“苑犹屈也，积也。”

愠：《说文》：“怒也。”《礼记·檀弓》：“犹斯舞，舞斯愠。”郑玄注：“愠，犹怒也。”《左传·襄公二十九年》：“晋悼夫人愠曰：‘齐也取货，先君若有知也，不尚取之。’”（唐）陆德明《释文》：“愠，怒也，怨也。”

煴：《说文》：“郁烟也。”《汉书·苏武传》：“凿地为坎，置煴火。”颜师古注曰：“煴，谓聚火无焱者也。”

31. 慁：《说文》：“忧也，从心圂声，一曰扰也。”《左传·昭公六年》：“舍不为暴，主不慁宾。”杜预注：“慁，患也。”《战国策·秦策三》：“寡人愚不肖，先生乃幸至此，此天以寡人慁先生，而存先王之庙也。”《广雅·释诂》：“慁，乱也。”

32. 惆：《说文》：“失意也。”乃郁闷之气。《荀子·礼论》：“案屈然已，则其于志意之情者惆然不嗛。”杨倞注：“惆然，怅然也。”

33. 旅：《说文》：“军之五百人。从㫃从从，从，俱也。”《尔雅·释诂》：“旅，众也。”《左传·昭公三年》：“且小人近市，朝夕得所求，小人之利也，敢烦里旅？”杜预注：“旅，众也。不敢劳众为己宅。”《说苑·辨物》：“不群居，不旅行。”

34. 族：《说文》：“矢锋也，束之族族也，从㫃从矢，㫃所以标众，众矢之所集。”《尔雅·释木》：“木族生为灌。”郭璞注：“族，丛。”《广雅·释诂》：“族，聚也。”《尔雅·释木》：“木族生为灌。”郭璞注：“族，丛。”《庄子·在宥》：“云气不待族而雨，草木不待黄而落。”成玄英疏：“族，聚也。”故又可表对有血缘关系亲属的总称。

35. 萃：《说文》：“艹貌，从艹卒声。”（清）朱骏声《定声》：“艹聚貌。”《左传·昭公七年》：“纣为天下逋逃主，萃渊薮。”杜预注：“萃，集也。”《楚辞·九歌·湘夫人》：“鸟何萃兮苹中，罾何为兮木上。”王逸注：“萃，集。”《史记·吴太伯世家》：“（季札）适晋，说赵文子、韩宣子、魏献子曰：‘晋国其萃于三家乎！’”

䊨：《说文》：“会五采绘色。”字亦作“綷”，《方言》卷三：“綷，同也。”《汉书·景帝》：“锦绣纂组，害女红者也。”应劭曰：“纂，今五采属綷是也。”颜师古曰：“綷，会也。”《史记·司马相如列传》：“屯余车其万乘兮，綷云盖而树华旗。”（唐）司马贞《史记索隐》引如淳曰：“綷，合也。合五彩云为盖也。”

倅：《说文》：“忧也。”

捽：《说文》：“持头发也，从手卒声。”聚拢头发而持取。《汉书·贾谊传》：“上不使捽抑而刑之也。”颜师古注曰：“捽，持头发也。”

36. 佸：《说文》：“会也。”《诗·王风·君子于役》：“佸不日不月，曷其有佸。”毛亨传：“佸，会也。”郑玄笺：“行役反无日月，何时而有来会期。”

髺：《说文》：“絜发也。”《仪礼·士丧礼》：“主人髺髮，袒，众主人免于房。”郑玄注：“髺发者，去笄纚而紒。古文髺作括。”字亦作“鬠”，《仪礼·士丧礼》：“鬠笄用桑，长四寸，緌中。”贾公彦疏：“以髺为鬠，义取以发会聚之意。”

括：《说文》：“絜也。”《说文》：“絜，麻一耑也。”段玉裁注：“一耑犹一束也……《人部》‘系’下云：‘絜束也’，是知絜为束也。”“括”即“集、束”义。

37. 畜：《说文》：“田畜也。”段玉裁注：“田畜，谓力田之蓄积也。”得名于“聚、敛”义。

蓄：《说文》：“积也，从艹畜声。”《诗·邶风·谷风》：“我有旨蓄，亦以御冬。”《礼记·王制》：“国无九年之蓄曰不足，无六年之蓄曰急，无三年之蓄曰国非其国也。”《广雅·释诂》：“蓄，聚也。”

滀：《广韵·屋韵》：“水聚。”《晋书·食货志》：“以常理言之，无为多积无用之水。况于今者水涝瓫溢，大为灾害。臣以为与其失当，宁泻之不滀。”

搐、傗：抽搐，身体肌肉抽缩。《汉书·贾谊传》：“天下之势方病大瘇，一胫之大几如要，一指之大几如股，平居不可屈信，一二指搐，身虑亡聊。”字亦作“傗”。《广韵·屋韵》：“傗佩、不伸。”抽搐有“束”义，故“搐”又表“束”义，《歧路灯》第三一回：“小的是错搐了别人的带子。”

38. 属：聚、附。《说文》：“连也。从尾蜀声。”《广韵·烛韵》：“附也，类也。”故可表“连续”义，（汉）王充《论衡·说日》：“临大泽之滨，望四边之地与天属，其实不属，远若属矣。”

瞩：《广韵·烛韵》：“视也。”按，乃为视线集中之注视，非一般视线接触，《淮南子·道应训》：“此其下无地而上无天，听焉无闻，视焉无瞩。”

39. 丩：《说文》：“相纠缭也，一曰瓜瓠结丩起。”后作“纠”，见后。

茻：《说文》：“艹之相丩者。”

收：捆系。《说文》：“捕也。”《诗·大雅·瞻卬》：“此宜无罪，女反收之。”毛亨传：“收，拘收也。”可引申作“收获”

义，《墨子·七患》：“一谷不收谓之馑。”

疞：《说文》：“腹中急也。从疒丩声。”（清）朱骏声《定声》：“丩亦意，今俗所谓绞肠痧也。”

纠、糺：《说文》：“绳三合也。”（清）朱骏声《定声》：“俗字作‘糺’。”《诗·魏风·葛屦》：“纠纠葛屦，可以履霜。”毛亨传：“纠纠，犹缭缭也。”《后汉书·隗嚣传》：“隗嚣援旗糺族，假制明神。”

40. 鳻：《说文》：“鸟聚貌，一曰飞貌。”

忿：《说文》：“忿，悁也。”《玉篇》：“忿，恨也，怒也。”《尚书·君陈》：“尔无忿疾于顽，无求备于一夫。”孔安国传：“无忿怒疾之。”

扮：《说文》：“握也，从手分声，读若粉。”《战国策·魏策二》：“又身自丑于秦，扮之请焚天下之秦符者，臣也。”鲍彪注：“扮，并也，握也，言合诸侯。”

愤、癀、忶：《说文》：“懑也，从心贲声。”郁结于心。《论语·述而》：“不愤不启，不悱不发。”朱熹集注：“愤者，心求通而未得之意。”《方言》卷一二：“愤，盈也。”字亦作“癀”、“忶”，《玉篇》：“癀，病闷也。”《广韵·魂韵》：“忶，《埤苍》云：‘心闷也。’”

41. 奰：《说文》：“壮大也。一曰迫也。”《诗·大雅·荡》：“内奰于中国，覃及鬼方。”毛亨传：“奰，怒也。不醉而怒曰奰。”孔颖达疏：“奰者，怒而自作气之貌，故为怒也。”与气愤之“愤”，音义相同，后世“愤”通行，“奰”慢慢退出文字使用系统，详参张维思《语言蠡测》（载《中国文化研究汇刊》1945 年第 5 卷）。

42. 銁：《说文》：“撮也。”

匊：《说文》：“在手曰匊。”即两手相捧而聚之形，《诗·唐风·椒聊》：“椒聊之实，蕃衍盈匊。”毛亨传：“两手曰匊。”（清）纪昀《阅微草堂笔记·槐西杂志一》：“有郎官覆舟于卫河，一姬溺焉。求得其尸，两掌各握粟一匊，咸以为怪。”字亦作“掬”，《左传·宣公十二年》：“中军、下军争舟，舟中之指可掬也。”杜预注：“两手曰掬。”

43. 缪：《说文·纟部》：“缪，枲之十絜也。”段玉裁注：“枲即麻也，十絜犹十束也。”按《说文》所释，“缪”为十束麻，但词源义当为“聚合”，《广韵·尤韵》：“丝千累。”“翏”寓“缠绕”相关意义，如“摎”表“缠绕”义，可引申为“团聚”义。

44. 秩：《说文》：“积也，从禾失声。”《管子·国蓄》：“故人君故人君御谷物之秩相胜，而操事于其不平之间。”尹知章注：“秩，积也。”引申作“俸禄”义，《周礼·天官·宫伯》：“行其秩叙。”郑玄注：“秩，禄禀也。”《左传·庄公十九年》：“王夺子禽、祝跪与詹父田，而收膳夫之秩。”杜预注：“秩，禄也。”

45. 诿：《说文》：“累也，从言委声。”《尔雅·释言》：“諈、诿，累也。”

委：《说文》：“委随也。从禾从女。”（清）朱骏声《定声》：“本训积也，《周礼·遗人》：‘掌邦之委积。’注：‘少曰委，多曰积。’”《广韵·纸韵》：“委曲也，亦委积。”按，“曲”、“积”义相通。亦假“猥”为之，《汉书·五行志》：“夫继二敝之后，承其下流，兼受其猥，难治甚矣。”颜师古注曰：“猥，积也，谓积敝也。”

46. 厽：《说文》：“絫坺土为墙壁，象形。”（《说文》：“坺，一臿土谓之坺。”）

垒、摞：《说文》：“垒墼也。”按，“厽”、“垒”本同字。今别作“摞”。

厽：《说文》：“磊也。”

埵、垛、垛：《说文》：“坚土也，从土垂声，读若垛。”（清）朱骏声《定声》：“聚土也。”亦作“垛”、“垛”，《说文》：“垛，堂塾也，从土朵声。”（清）朱骏声《定声》：“门堂之塾有左右，左右各有南向北向两塾，今俗谓门两边伸出小墙曰垛头，其遗语也。字亦作陎，《字林》：‘陎，小堆也。’吴人谓积土为陎。”垛，今指整齐地堆成堆，如麦垛、草垛等。

諈：《说文》：“諈诿，累也。”亦作“桗”，《广雅·释诂》：“桗，积也。”

47. 瘰：《广韵·果韵》：“瘰疬病，筋结也。”集结于颈部而成病，《灵枢经·寒热》：“黄帝问于岐伯曰：‘寒热瘰疬在于颈腋者，皆何气使生？’岐伯曰：‘此皆鼠瘘寒热之毒气也，留于脉而不去者也。’”

48. 絫：《说文》：“增也。”（清）朱骏声《定声》：“字俗作累。”《汉书·谷永列传》：“絫亲疏，序材能，宜在君侯。”颜师古注曰：“絫，古累字。累亲疏，谓积累其次而计之。”

49. 燠：《说文》：“热在中也。”聚热于中。《汉书·王褒传》：“故服絺绤之凉者，不苦盛暑之郁燠。”师古曰：“郁，热气也。燠，温也，”按，郁、燠同义连文，均表闷气之热，无须强生别义。

50. 恨：《说文》：“恨，怨也。”《荀子·尧问》：“处官久者士妒之，禄厚者民怨之，位尊者君恨之。”《史记·淮阴侯列传》：“大王失职入汉中，秦民无不恨者。”

51. 师：《说文》：“两千五百人为师。”乃聚集之众，《尔雅·释诂》：“师，众也。”《诗·大雅·文王》：“殷之未丧师，克配上帝。”郑玄笺：“师，众也。”《左传·哀公五年》：“师乎，师乎，何党之乎！”

52. 襞：《说文》：“韏衣也。”（清）朱骏声《定声》：“蹙布帛之广而折迭之。”《广雅·释诂》：“襞，诎也。”即“缩、皱”义。字亦作“辟”，《周礼·士冠礼》：“皮弁服，素积，缁带，素韠。”郑玄注：“积犹辟也，以素为裳，辟蹙其要中。”

53. 掊、抔：《说文》：“杷也。”扒物、聚土。《墨子·非乐上》：“非直掊潦水折壤坦而为之也。”（清）孙诒让《墨子间诂》

引俞樾曰：“掊者，《说文·手部》云‘杷也’，今盐官入水取盐为掊。”由具体的扒物、聚土，引申为一般的敛取义，《资治通鉴·后晋高祖天福五年》：“出纳有数，苟非掊民刻军，安得羡余邪！”字亦作“抔”，《礼记·礼运》：“夫礼之初，始诸饮食，其燔黍捭豚，污尊而抔饮。”郑玄注：“手掬之也。”（清）蒲松龄《聊斋志异·河间生》：“翁自下楼，任意取案上酒果，抔来供生。”

衃；《说文》：“凝血也，从血不声。”《素问·五藏生成论》：“赤如衃血者死。”王冰注：“衃血，谓败恶凝聚之血，色赤黑也。”

痞：胸腹内郁结成块的病。《说文》：“痛也，从疒否声。”（清）朱骏声《定声》：“腹内结滞而痛。”（汉）张仲景《伤寒论·太阳病中》：“伤寒大下后，复发汗，心下痞，恶寒者，表未解也，不可攻痞，当先解表，表解乃可攻痞。”

54. 髽：古代妇女在丧事上盘的发髻。《说文》：“丧结。从髟坐声。”《广雅·释诂》：“髽，髻也。”《仪礼·丧服》：“布总、箭笄、髽，衰三年。”郑玄注：“髽，露紒也，犹男子之括发。斩衰括发以麻，则髽亦用麻，以麻者，自项而前，交于额上，却绕紒，如着幓头焉，《小记》曰：‘男子冠而妇人笄，男子免而妇人髽。’”《礼记·奔丧》：“东髽，即位，与主人拾踊。”郑玄注：“去缅而紒曰髽。”《礼记·丧服》：“秃者不髽，伛者不袒，跛者不踊。”

55. 懑：郁结而烦闷。《说文》：“烦也。”《楚辞·哀时命》：“惟烦懑而盈匈。”王逸注：“懑，愤也。”《礼记·问丧》：“孝子亲死，悲哀志懑，故匍匐而哭之。”《史记·扁鹊仓公列传》：“故济北王阿母自言足热而懑，臣意告曰：‘热蹶也。’”

56. 闷：《说文》：“懑也。”《素问·风论》：“风者，善行而数变，腠理开则洒然寒，闭则热而闷。”

57. 纑：《说文》：“布缕也。”聚集布为缕。《左传·昭公十九年》："及老，托于纪鄣，纺焉以度而去之。"杜预注："因纺纑。"（唐）陆德明《释文》："纑，力吴反，麻缕也。"

攎：《说文》："挐持也。"

58. 慰：《说文》："恚怒也。"《诗·小雅·车舝》："觏尔新昏。以慰我心。"（唐）陆德明《释文》："慰，怨也，于愿反。王申为怨恨之义。《韩诗》作'以愠我心'，愠，恚也。"《淮南子·原道训》："圣人处之，不为愁悴怨慰，而失其所以自乐也。"

罻：《说文》："捕鸟网也。"《礼记·王制》："鸠化为鹰，然后设罻罗。"郑玄注："罻，小网也。"

59. 郁、蔚：《说文》："木丛生也。"《诗·秦风·晨风》："鴥彼晨风，郁彼北林。"毛亨注："郁，积也。"《汉书·扬雄传》："猋肆其砀骇兮，掀桂椒，郁移杨。"颜师古注曰："郁，聚也。"亦以"蔚"为之，《汉书·叙传下》："多识博物，有可观采，蔚为辞宗，赋颂之首。"颜师古注曰："蔚，文彩盛也，音郁。"

60. 瘀：《说文》："积血也。"段玉裁注："血积于中之病。"《广韵·御韵》："瘀，血瘀。"引申为"郁积"义，（汉）张仲景《伤寒论·阳明病》："伤寒瘀热在里，身必发黄。"《百喻经·田夫思王女喻》："昼夜想念，情不能已……颜色瘀黄，即成重病。"

阏：《说文》："遮攡也。"《吕氏春秋·古乐》："民气郁阏而滞者，筋骨瑟缩不达。"

菸：《说文》："菸，郁也。"《楚辞·九辩》："叶菸邑而无色兮，枝烦挐而交横。"

61. 结：《说文》："结，缔也。从纟吉声。"字又作"介"，《左传·成公二年》："齐侯曰：'余姑翦灭此而朝食。'不介马而驰之。"杜预注曰："介，甲也。"按，句中"介"当释为"结（马尾）"，先秦是用战车来打仗，用马来驾车，前两匹是服马，左右两边是骖马。作战前由御者把马的尾巴挽起来，打成一个结，如果不这样做，马奔跑时尾巴来回甩就很碍事。陆宗达、王宁[①]据此及下文（不结马尾致使）“骖絓于木而止”，认为文中“介”实是“馻”字。“馻”，《说文》：“系马尾也。从马介声。”段玉裁注曰：“此当以《玉篇》作‘结马尾’，《广韵》作‘马尾结也’，结即今之髻字。《太玄》曰：‘车铃马（马介）可以周天下。’范注：‘铃，辖系。馻，尾结也’。”

髤、紒：《说文》：“髤，簪结也。”字又作“紒”，《仪礼·士冠礼》：“将冠者采衣，紒，在房中，南面。”郑玄注曰：“紒，结发。古文紒为结。”后更换声符作“结”、“髻”，在“挽发结”义上，“髤”、“紒”、“结”、“髻”乃异体字。

袺：《尔雅·释器》：“执衽谓之袺。”郭璞注：“持衣上衽。”《说文》：“执衽也。”亦以“襭”为之，《诗·周南·芣苢》：“采采芣苢，薄言襭之。”毛亨传：“扱衽曰襭。”

襭：《尔雅·释器》：“扱衽谓之襭。”郭璞注：“扱衣上衽于带。”《说文》：“襭，以衣衽扱物也。从衣颉声，或从手。”（清）朱骏声《定声》：“今苏俗谓衣兜，按，兜而扱于带间曰襭，手执之曰袺。”

饐：《说文》：“饭伤湿也。从食壹声。”（清）朱骏声《定声》：“伤湿而腐臭曰饐。”盖饭食受潮湿郁结不能透气所致。

曀：《说文》：“阴而风也。从日壹声。《诗》曰：‘终风且曀。’”《楚辞·九叹》：“欲俟时于须臾兮，日阴曀其将暮。”注曰：“暗昧也。”《释名》：“翳也，言掩翳日光使不明也。”《诗·邶风·终风》：“终风且曀，不日有曀。”

墙：《说文》：“天阴尘噎。《诗》曰‘墙墙其阴。’”今毛本作“曀”。

鷧：《说文》：“鸬鷀也。从鳥壹声。”“鸬鷀”通称鱼鹰，喉

① 陆宗达、王宁：《训诂与训诂学》，山西教育出版社1994年版，第291～292页。

下的皮肤能扩大成囊状，捕的鱼就放入其中，不致泄漏，盖鱴声名即取于此。

62. 会：《说文》：“合也。”《广雅·释诂》：“会，聚也。”《尚书·洪范》：“会其有极，归其有极。”孔颖达疏：“集会其有中之道而行之。”《史记·项羽本纪》：“五人共会其体，皆是。”

襘：《说文》：“襘，带所结也。”《玉篇·衣部》：“领会也。”《左传·昭公十一年》：“衣有襘，带有结。”杜预注：“襘，领会。”

卉：《说文》：“艹之总名也。”《诗·小雅·四月》：“山有嘉卉，侯栗侯梅。”毛亨传：“卉，草也。”郑玄笺：“山有善美之草。”

绘：《说文》：“会五采绣也。”亦为“聚合”之义。

63. 凑：聚集。《礼记·檀弓》：“柏椁以端长六尺。”郑玄注：“以端，题凑也。其方盖一尺。”（唐）陆德明《释文》：“凑，七豆反，聚也。”《楚辞·刘向〈九叹·逢纷〉》：“赴江湘之湍流兮，顺波凑而下降。”王逸注：“凑，聚也。”

辏：《广韵·侯韵》：“辐辏。”《汉书·叔孙通传》：“且明主在上，法令具于下，吏人人奉职，四方辐辏。”颜师古注曰：“辏，聚也，言如车辐之聚于毂也。字或作凑。”

64. 丛、藂：《说文》：“聚也。从丵取声。”《尚书·无逸》：“乱罚无罪，杀无辜，怨有同，是丛于厥身。”字亦作“藂”，《说文》：“艹丛生貌。”段玉裁注：“丛，聚也，概言之，藂则专谓艹。”

取：《说文》：“捕取也。”《周礼·司马》：“大兽公之，小禽私之，获者取左耳。”《左传·僖公二十二年》：“且今之勍者，皆吾敌也，虽及胡耇，获则取之，何有于二毛？”

諏：《说文》：“聚谋也。”许慎在释义时指出了“諏”之词源义为“聚（谋）”。《尔雅·释诂》：“諏，谋也。”

棷：《说文》：“木薪也。”《广雅·释木》：“棷，柴也。”当为聚集之木薪。又通“薮”，《礼记·礼运》：“凤皇麒麟，皆在郊棷。”郑玄注：“棷，聚草也。”（唐）陆德明《释文》：“泽也。本或作薮。”

聚：《说文》：“会也。”（清）朱骏声《定声》：“邑落曰聚，今曰邨曰镇，北方曰集皆是。”《管子·乘马》：“方六里命之曰暴，五暴命之曰部，五部命之曰聚。聚者有市，无市则民乏。”《史记·五帝本纪》：“一年而所居成聚，二年成邑，三年成都。”

冣：《说文》：“冣，积也。从冖，从取，取亦声。”段玉裁注：“冣与聚音义皆同，与冃部之最音义皆别。《公羊传》曰：‘会犹冣也。’何云：‘冣之为言聚。’……《尔雅》‘灌木，丛木也’，《毛传》‘丛木’作‘冣木’，《说文》‘凡’字下曰‘冣栝也’，‘儹’字下曰‘冣也’，《史记·周本纪》‘周冣’，《文选·过秦论》‘周冣’，今各书此等‘冣’字，皆讹作‘最’，读祖会反，音义俱非。盖《字林》固有‘冣’，音才句反，见李善选注。至乎南北朝，‘冣’、‘最’不分。”

娶：《说文》：“取妇也。”把女子接过来成亲，亦“聚”之义，《书·益稷》：“娶于涂山。”（汉）桓宽《盐铁论·未通》：“二十而冠，三十而娶，可以从戎事。”

埾：《说文》：“土积也。”

65. 刍：《说文》：“刈艹也。象包束艹之形。”“刍”，甲骨文作“”、“”等形，即“刈艹”义，许慎据已讹小篆之形，以“包束”为言，误。① 实得名于“聚敛”义。《北史·吐谷浑传》：“观等军入拾寅境，刍其秋稼。”

绉：《说文》：“絺之细也。一曰蹴也。”细、蹴相通，皱缩。《诗·墉风·君子偕老》：“蒙彼绉絺，是绁袢也。”毛亨传：“絺之靡者为绉绉絺。”郑玄笺：“絺之蹙蹙者。”孔颖达疏：“其精尢细靡者，绉也。言细而缕绉，故笺申之云：‘绉絺，絺之蹙

① 详参于省吾：《甲骨文字释林·释刍》，中华书局1979年版，第263页。

魘者。’”

66. 鬌：《说文》：“结也。”《广雅·释诂》：“髻也。”

67. 宁、贮：《说文》：“宁，辨积物也。象形。”复增添义符“贝”为“贮”，《说文》：“贮，积也。”《广韵·语韵》：“贮，积也。”字亦作“䝙”，《周礼·廛人》：“凡珍异之有滞者，敛而入于膳府。”郑玄注：“《孟子》曰：‘市廛而不征，法而不廛，则天下之商皆说而愿藏于其市矣。’谓货物䝙藏于市中而不租税也，故曰‘廛而不征’。”（唐）陆德明《释文》：“䝙，知吕反，本或作贮，又作褚，皆同。”

眝：《说文》：“长眙也。一曰张目也。”即凝视。

68. 穫：《说文》：“刈谷也。”乃收获粮食。“蒦”声寓“圆”相关意义，如“篗”（旋转收丝之器）、“䉟”（竹笼）、“护”（围而救之），可引申出“聚、收”义。《尚书·金縢》：“秋，大熟，未获，天大雷电，以风，禾尽偃。”孔颖达疏：“其秋大熟，未及收获。”

獲：《说文》：“猎所得也。”《易·巽》：“田获三品，有功也。”后泛指获取，《荀子·强国》：“子伐将而伐蔡，克蔡，获蔡侯。”

擭：《说文》：“擘擭也，一曰布擭也，一曰握也。”段玉裁注：“此（指布擭）即今布濩也，贾逵注《吴都赋》曰‘布濩，遍满貌。”《广雅·释诂》：“擭，持也。”

攫：《说文》：“攫，执也。”（清）朱骏声《定声》：“《韵会》引《说文》：‘爪持也，从手矍声。”《礼记·儒行》：“鸷虫攫搏，不程勇者。”《荀子·哀公》：“鸟穷则啄，兽穷则攫。”《汉书·循吏传·黄霸》：“吏出，不敢会邮亭，食于道旁，乌攫其肉。”颜师古注：“攫，搏持之也。”

69. 悒：《说文》：“不安也。”（清）朱骏声《定声》：“《仓颉篇》：‘悒悒，不舒之貌也。’”《释名·释道》：“邑，犹悒也，邑人聚会之称也。”即内心郁结不畅。《楚辞·天问》：“武发杀殷何所悒？载尸集战何所急？”洪兴祖补注：“悒，忧也，不安也。”

70. 襀：《广韵·至韵》：“纽也。”“纽（扣）”乃转曲、聚集而成，“贵”声寓“圆”、“满”、“屈曲”、“多”、“混沌、蒙昧”相关意义，如“篑”（笼子）、“溃”（漏，过满而决）、“聩”（耳聋）、“膭”（肥）、“樻”（木瘤）等，可参相关词条。

71. 慹：《说文》：“怖也。”即恐怖引起的紧张心理。《庄子·齐物论》：“喜怒哀乐，虑叹变慹，姚佚启态。”成玄英疏：“慹则屈服不申。”《庄子·田子方》：“老聃新沐，方将披发而干，慹然似非人。”（唐）陆德明《释文》引司马彪曰：“慹然，不动貌。”

执：《说文》：“捕辠人也。”《礼记·檀弓》：“君之臣不免于罪，则将肆诸市朝，而妻妾执。”郑玄注：“执，拘也。”《诗·大雅·常武》：“铺敦淮濆，仍执丑虏。”

72. 鞑：《说文》：“马尾驼也。今之般緧。从革它声。”徐楷《系传》：“今谓马后鞦，连络马尾后者也。般者，盘，谓曲盘绕之也。緧，今鞦字。”“它”声寓“圆曲”、“团聚”、“短小”等相关意义，详参本书“它”词条。

坨：指成块或成堆的东西，如泥坨、粉坨。亦可指面食煮熟后粘在一块儿，如“饺子坨了”。

73. 勼：《说文》：“聚也，从勹九声。读若鸠。”段玉裁注：“《释诂》曰：‘鸠，聚也。’《左传》作‘鸠’，《古文尚书》作‘逑’……《庄子》作‘九’。今字则‘鸠’行而‘勼’废矣。”

74. 总：《说文》：“聚束也。”《广雅·释诂》：“总，结也。”《尚书·盘庚下》：“无緫于货宝，生生自庸。”孙星衍疏：“总者，《说文》云：‘聚束也。’”《淮南子·原道训》：“万物之总，皆阅一孔；百事之根，皆出一门。”高诱注：“总，众聚也。”

75. 忸：《广韵·宥韵》：“忸怩。”不舒展貌。“丑”声字寓“曲转、聚（不舒展）”义，如“丑”、“纽”等。

76. 洿：《说文》：“浊水不流也。”《广雅·释诂》：“洿，浊也。”又“聚也。”《楚辞·天问》：“九州岛安错？川谷何洿？东流不溢，孰知其故？”《淮南子·精神训》：“苦洿之家，决洿而注之江，洿水弗乐也。”高诱注：“洿水犹澹水也。”

污：《说文》；“薉也，一曰小池为污。”《左传·宣公十五年》：“川泽纳污，山薮藏疾。”

忓：《说文》：“忧也。从心亏声。”抑郁不展貌。

77. 篹：《广韵·缓韵》：“聚也。”《荀子·君道》：“篹论公察则民不疑。”《晋书·刑法志》：“虽时有蠲革，而旧律繁芜，未经篹集。”

78. 酂：《说文》：“百家为酂。酂，聚也。”《周礼·地官·遂人》：“四里为酂五酂为鄙，五鄙为县，五县为遂。”

欑：《说文》：“积竹杖也。”即聚合细竹为之。《周礼·考工记序》“秦无庐。”郑玄注：“庐读为纑，谓矛戟柄竹欑柲。”泛化作“聚集”义，《礼记·丧大记》：“君殡用輴，欑至于上，毕涂屋。”郑玄注：“欑，犹菆也。”孔颖达疏：“欑犹菆也者，谓菆聚其木周于外也。”

攒：《广韵·换韵》：“聚也。”《韩非子·用人》：“三者立而上无私心，则下得循法而治，望表而动，随绳而斲，因攒而缝。”陈奇猷《集释》：“攒，簇聚也……谓法既立，则臣下依法而行，犹缝衣，因所簇聚者而缝之则成衣裾。”《文选·张衡〈西京赋〉》：“攒珍宝之玩好”，李善引薛综曰：“攒，聚也。”

儹：《说文》：“冣也。”段玉裁注：“冣、聚古通用。”《广韵·缓韵》：“儹，聚也。”《文选·江淹〈诣建平王上书〉》“莫不浸仁沐义。”李善注引扬雄《核灵赋》：“文王之始起，浸仁渐义，会贤儹智。”

79. 蕁：《说文》：“丛艹也，从艹尊声。”《广雅·释诂》：“蕁，聚也。”

噂：《说文》：“聚语也，从口尊声。”《诗·小雅·十月之交》：“噂沓背憎，职竞由人。”郑玄笺：“噂噂沓沓，相对谈语，背则相憎逐。”

僔：《说文》：“聚也，从人尊声。”亦假“蹲”为之，《左传·成公十六年》：“癸巳，潘尪之党与养由基蹲甲而射之，彻七札焉。”杜预注：“蹲，聚也。”

80. 蕝、蕞：《说文》：“朝会束茅表位曰蕝，从艸绝声。”《国语·晋语八》：“置茅蕝，设望表。”韦昭注：“置，立也。蕝，谓束茅而立之。”《史记·刘敬叔孙通列传》“为绵蕞。”（唐）司马贞《史记索隐》引贾逵曰：“束茅以表位为蕝。”字亦作“蕞”，《汉书·叔孙通传》：“遂与所征三十人西，及上左右为学者，与其弟子百余人为绵蕞野外。”颜师古注曰：“蕞，与蕝同，并子悦反。”《集韵·薛韵》：“蕞，草聚貌。”

繓：《玉篇·纟部》：“结繓也。”《集韵》：“结也。”即聚为一体。

撮：《说文》：“三指撮也。”亦聚也。《广雅·释诂》：“撮，持也。”《庄子·秋水》：“鸱鸺夜撮蚤，察毫末。”《敦煌变文集·燕子赋》：“雀既被燕撮，直见鸟中王。”

81. 怼：《说文》：“怨也。”《广雅·释诂》：“怼，恨也。”《左传·僖公二十四年》：“其母曰：‘盍亦求之，以死谁怼？’”杨伯峻注：“怼音坠，怨也。”《孟子·万章上》：“如告，则废人之大伦，以怼父母，是以不告也。”

82. 餯：《说文》：“饭伤热也，从飠歲声。”乃郁积而变热也。《广雅·释器》：“餯，臭也。”

83. 寽：《说文》：“五指持也。”黄侃《蕲春语》：“寽，后出字为捋。”亦作“捋”，《说文》：“取易也。从手寽声。”乃环握也。《诗·周南·芣苢》：“采采芣苢，薄言捋之。”毛亨传：“捋，取也。”

84. 毂：《说文》：“辐所凑也。从车殳声。”乃聚合车辐之所。《诗·秦风·小戎》：“文茵畅毂，驾我骐馵。”（宋）朱熹《集传》：“毂者，车轮之中，外持辐内受轴者也。”《淮南子·说林训》：“毂立三十辐，各尽其力，不得相害。使一辐独入，众辐皆弃，岂能致千里哉！”“殸”声寓“曲”、“空”、“小”等相关意义，如“彀”、“殸”、“壳”、“觳”、“縠”、“豰”、“觳”等，详参有关词条。

八、厚密、多义

1. 周（照幽）稠𩰪
2. 亶（端元）饘
3. 葆（帮幽）
4. 嗔（定真）阗稹
5. 緻（定质）
6. 夥（晓歌）
7. 苿（并之）
8. 薈（影月）
9. 膹（箦，群物）
10. 富（帮职）
11. 溶（喻东）
12. 哝浓（泥东）
13. 丰（滂冬）
14. 莛（清幽）
15. 薉（影月）濊
16. 无（明鱼）芜

由“团聚、郁积”义引申出“厚密、多”义。

1. 周：《说文》：“密也。”《左传·昭公四年》：“其藏之也周，其用之也徧。”杜预注：“周，密也。”《周礼·考工记·函人》：“櫜之而约则周也。”郑玄注：“周，密致也。”故引申作“完备、充足”义，《左传·文公三年》：“君子是以知秦穆之为君也，举人之周也，与人主壹也。”杜预注：“周，备也。”《孟子·尽心下》：“周于利者，凶年不能杀；周于德者，邪世不能乱。”朱熹集注：“周，足也。言积之厚则用有余。”

稠：《说文》：“多也，从禾周声。”（汉）王符《潜夫论·述赦》：“近时以来，赦赎稠数。”（唐）韩愈《驽骀》诗：“驽骀诚龌龊，市者何其稠。”（北魏）贾思勰《齐民要术·大小麦》：“麦生黄色，伤于太稠。”

髟周：《说文》：“发多也。”《诗·小雅·都人士》：“彼君子女，绸直如发。”此处假“绸”为之。

2. 亶：《说文》：“多谷也。”《尔雅·释诂》：“亶，厚也。”《诗·小雅·十月之交》：“择三有事，亶侯多藏。”杨树达《积微居小学金石论丛·〈诗·亶侯多藏〉解》：“《诗》文言多藏，故以训多谷之亶状之。亶侯者，犹言亶兮也。”

饘：《说文》：“糜也，从食亶声。”即稠粥，《左传·僖公二十八年》：“执卫侯，归之于京师，寘诸深室，宁子职纳槖饘焉。”孔颖达疏：“《释言》曰：‘糊，饘也。鬻，糜也。’郭璞曰：‘饘，糜也’。孙炎曰：‘鬻，淖糜也。’然则糜之与鬻，稠淖之异名耳。”《礼记·檀弓》：“哭泣之哀，齐斩之情，饘粥之食，自天子达。”孔颖达疏：“‘饘粥之食’者，厚曰饘，希曰粥。”

3. 葆：《说文》：“艹盛貌。”《吕氏春秋·审时》：“得时之稻，大本而茎葆，长稠疏穖，穗如马尾。”《汉书·燕刺王旦传》：“当此之时，头如蓬葆。”颜师古注曰：“草丛生曰葆。”

4. 嗔：《说文》：“盛气也，从口真声。”《世说新语·德行》：“丞相见‘长豫’辄喜，见‘敬豫’辄嗔。”

阗：《说文》：“盛貌。”又可作为动词，意为“充满”，（汉）班固《西都赋》：“人不得顾，车不得旋，阗城溢郭，旁流百廛。”“阗”与“溢”同义对文。

稹：《说文》：“穜概也。”（清）朱骏声《定声》：“稠比之意。”《尔雅·释言》：“苞，稹也。”郭璞注：“今人呼物丛致者为稹。”《诗·唐风·鸨羽》：“集于苞栩。”毛亨传：“苞，稹。”

孔颖达疏：“孙炎曰：‘物丛生曰苞，齐人名曰稹。’郭璞曰：‘今人呼物丛致者为稹。’”《文选·郭璞〈江赋〉》：“橉杞稹薄于浔涘，栛槤森岭而罗峰。”刘良注：“此木丛生罗列于岸。”

5. 緻：《说文》：“密也。”

6. 夥：《说文》：“齐谓多谓夥。”《方言》卷一：“凡物盛多谓之寇。齐宋之郊，楚魏之际曰夥。”（汉）司马相如《上林赋》：“鱼鳖讙声，万物众夥。”（汉）张衡《应间》：“君子不患位之不尊，而患德之不崇；不耻禄之不夥，而耻智之不博。”

7. 芣：《说文》：“花盛也。从艹不声。”

8. 薈：《说文》：“艹多貌。”《广雅·释诂》：“薈，翳也”，又“薈，障也。”《诗·曹风·候人》：“荟兮蔚兮，南山朝隮。”朱熹集传：“薈，蔚，草木盛多之貌。”（晋）郭璞《江赋》：“涯灌芊萰，潜荟葱茏。”

9. 膭：《广韵·灰韵》：“肥貌。”

10. 富：《说文》：“备也。一曰厚也。”本指财物多，《书·洪范》：“五福：一曰寿，二曰富，三曰康宁，四曰攸好德，五曰终考命。”孔安国传：“富，财丰备。”孔颖达疏：“二曰富，家丰财货也。”后泛指“多”义，《论语·颜渊》：“富哉言乎！”（三国）何晏《集解》引孔安国曰：“富，盛也。”

11. 溶：《说文》：“溶，水盛也。”《文选·张衡〈思玄赋〉》：“氛旄溶以天旋兮，蜺旌飘以飞扬。”李善注：“《字林》曰：‘溶，水盛貌。’今取盛意。”即“多”义。

12. 哝：《玉篇·口部》：“哝，多言不中也。”又指味道厚重，《吕氏春秋·本味》：“故久而不弊，熟而不烂，甘而不哝，酸而不酷。”（清）俞樾《诸子平议·吕氏春秋二》：“哝者，味之厚也，言甘而不失之过厚也……衣厚谓之襛，酒厚谓之醲，然则味厚谓哝，正合六书之例。”

浓：《说文》：“露多也。”《诗·小雅·蓼萧》：“蓼彼萧斯，零露浓浓。”毛亨传：“浓浓，厚貌。”后泛指“多”义，（晋）

葛洪《抱朴子·安贫》：“赀币浓者，瓦石成珪璋；请托薄者，龙骏弃林坰。”

13. 丰：《说文》：“草盛丰丰也。”《诗·郑风·丰》：“子之丰兮，俟我乎巷兮。”毛亨传：“丰，丰满也。”（唐）陆德明《释文》：“丰，面貌丰满也。”聚土而封，丰、封同源。

14. 蓪：《说文》：“艹貌，从艹造声。”即草丛生茂盛貌，字亦作“簉”，《广雅·释诂》：“簉，盈也。”（南齐）江淹《为萧让剑履殊礼表》：“虽英衮簉朝，贤武满世，蒙此典者，乃旷古时降耳。”（唐）骆宾王《久戍边城有怀京邑》诗：“棘寺游三礼，蓬山簉八儒。”

15. 薉：《说文》：“芜也，从艹岁声。”即杂草丛生。《荀子·天论》：“田薉稼恶，籴贵民饥，道路有死人。”《周礼·考工记序》“粤之无鏄也。”郑玄注：“粤地涂泥，多草薉，而山出金锡。”（北魏）贾思勰《齐民要术·种谷》：“凡种谷，雨后为佳。遇小雨，宜接湿种；遇大雨，待薉生。”字亦作“秽”，《荀子·富国》：“民贫，则田瘠以秽，田瘠以秽，则出实不半。”《管子·八观》：“其耕之不深，芸之不谨，地宜不任，草田多秽。”

濊：《说文》：“水多貌，从水歲声。”

16. 无：《说文》：“丰也。”

芜：《说文》：“薉也，从艹无声。”即杂草丛生，田地荒芜。《墨子·耕柱》：“楚四竟之田，旷芜而不可胜辟。”（晋）陶潜《归去来辞》：“归去来兮，田园将芜，胡不归！”

九、干、熟义

1. 糗（溪幽）
2. 鬻（初侯）
3. 糒（并职）
4. 餥（帮微）

5. 餱（匣侯）

6. 酋（从幽）

7. 煏（并职）

由“团聚、郁积”引申为“干、熟”义。

1. 糗：《说文》：“熬米麦也。”《左传·哀公十一年》：“道渴，其族辕咺进稻醴、粱糗、腶脯焉。”杜预注：“糗，干饭也。”(明）宋应星《天工开物·稻灾》：“若贫困之家，苦于无霁，将湿谷升于锅内，燃薪其下，炸去糠膜，收炒糗以充饥，亦补助造化之一端矣。”

2. 鬻：《说文》：“熬也。从䰜刍声。”“糗”为名词，而“鬻”为动词。段玉裁注：“《尔雅音义》引《三苍》：‘熬也。’《说文》：‘以火干物也。’与今本异。玄应再引与今本同。……或作䵅，玄应曰：‘崔寔《四民月令》作炒。’”

3. 糒：《说文》：“干饭也。”《史记·李将军列传》：“大将军使长史持糒醪遗广。”《汉书·李广传》：“大将军使长史持糒醪遗广。”颜师古注曰：“糒，干饭也。”

4. 餥：《说文》：“餥，餱也。”又曰：“餱，干食也。”《方言》卷一：“陈楚之内相谒而食麦饘谓之餥。”

5. 餱：《说文》：“干食也。”字亦作“糇”，《广雅·释器》：“餱，糒也。”

6. 酋：《方言》卷七：“久熟曰酋。”《国语·郑语》：“毒之酋腊者，其杀也滋速。”韦昭注：“精熟为酋。腊，极也。”

麨、麵：《广韵·小韵》：“糗也。”

7. 煏：《说文》：“以火干肉也。从火畐声。”“畐”声寓“圆”、“缠绕、束缚”、“厚密、多”、“紧”义，如“畐”、“堛”、“辐”、“楅”、“富”、“逼”等词，详参各词条。

十、钝、厚重义

1. 屯（定文）钝窀
2. 厚（匣侯）
3. 惇（端文）醇晫镦
4. 酎（定幽）
5. 拙（照物）
6. 錭輖（照幽）
7. 鬒（章文）沴眕駗
8. 趚（端真）
9. 驙（端元）
10. 腹（帮觉）
11. 篤（端觉）竺笃（端觉）毒（定觉）
12. 吃（见物）
13. 伹阻（庄鱼）
14. 襛（泥东）醲盥
15. 重（定东）湩
16. 酷（溪觉）
17. 恽（匣文）

曲而不直为"钝"，由"弯曲"义引申为"钝、厚重"义。

1. 屯：《说文》："难也，象草木之初生，屯然而难。"草木初生，苑屈之貌。《庄子·外物》："心若县于天地之间，慰暋沈屯。"（唐）陆德明《释文》引司马彪云："屯，难也。""难"与"厚重"义相通，《国语·晋语四》："文武具，厚之至也。故曰屯。"韦昭注："屯，厚也。"

钝：《说文》："錭也。"《说文》："錭，钝也，从金周声。"《广韵·慁韵》："不利也，顽也。"《韩非子·显学》："水击鹄雁，陆断驹马，则臧获不疑钝利。"《百喻经·就楼磨刀喻》："嫌刀钝故，求石欲磨。”引申为“不顺利”，（汉）扬雄《法言·五百》：“众人愈利而后钝，圣人愈钝而后利。”

窀：《说文》：“窀穸葬之厚夕。”《左传·襄公十三年》：“唯是春秋窀穸之事，所以从先君于祢庙者。”杜预注：“窀，厚也。”

2. 厚：《说文》：“厚，山陵之厚也。”《诗·小雅·正月》：“谓天盖高，不敢不局；谓地盖厚，不敢不蹐。”《周礼·考工记·梓人》：“厚唇弇口，出目短耳。”

3. 惇：《说文》：“厚也。”《书·舜典》：“柔远能迩，惇德允元。”孔安国传：“惇，厚也。”典籍多以“敦”为之，《左传·僖公二十七年》：“说礼、乐而敦《诗》、《书》。”孔颖达疏：“敦谓厚重之。”亦作“淳”，《一切经音义》卷七引《三苍》：“淳，浓也。”

醇：《说文》：“不浇酒也。”段玉裁注：“一色成体谓之醇，纯，其假借字。”《广雅·释诂》：“醇，厚也。”《汉书·万石君传》：“事不关决于庆，庆醇谨而已。”颜师古注曰：“醇，专厚也，音纯。”《文选·嵇康〈琴赋〉》：“兰肴兼御，旨酒清醇。”李善注：“醇，厚也。”

暙：《说文》：“谨钝目也。”

镦：《说文》：“矛戟柲下铜鐏也。”《诗·秦风·小戎》：“俴驷孔群，厹矛鋈錞。”《淮南子·原道训》：“刃犯难而錞无患者，何也？以其托于后位也。”《礼记·曲礼》：“进戈者前其鐏，后其刃。进矛戟者前其镦。”郑玄注：“锐底曰鐏，取其鐏地；平底曰镦，取其镦地。”（唐）陆德明《释文》：“镦，本又作錞。”

4. 酎：《说文》：“三重醇酒。”《左传·襄公二十二年》：“公孙夏从寡君以朝于君，见于尝酎。”杜预注：“酒之新熟，重者为酎。”《礼记·月令》：“天子饮酎。”郑玄注：“酎之言醇也。谓重酿之酒也。”《史记·孝文本纪》：“高庙酎。”（南宋）裴骃《史记集解》引张晏曰：“正月旦作酒，八月成，名曰酎。酎之言纯也。”

5. 拙：《说文》：“不巧也，从手出声。”《广雅·释诂》：“拙，钝也。”《释名·释姿容》：“拙屈也使物否屈不为用也。”《老子》：“大道若屈，大巧若拙，大辩若纳。”（晋）葛洪《抱朴子·行品》：“每动作而受嗤，言发口而违理者，拙人也。”

6. 錭：《说文》：“钝也，从金周声。”

輖：《说文》：“重也。从車周声。”《仪礼·既夕礼》：“志矢一乘，轩輖中，亦短卫。”胡培翚正义：“轩言车轻，輖言车重。引申为凡物之轻重，故《礼经》以之言矢。然则轩輖中者，谓矢前后之轻重适均而已。”

7. 㐱：《说文》：“稠发也。《诗》曰‘㐱发如云。’㐱或从髟真声。”今传《诗经》本即作“鬒”。

沴：《说文》：“水不利也，从水参声。”《汉书·扬雄传》：“秦神下讋，跖魂负沴。”服虔曰：“沴，河岸之坻也。”坻阻碍水使不行。

眕：《说文》：“目有所限而止也。”《尔雅·释言》：“重也。”《左传·隐公三年》：“夫宠而不骄，骄而能降，降而不憾，憾而能眕者鲜矣。”杜预注：“恨则思乱，不能自安自重。”孔颖达疏：“憾而不能眕，言其心难自抑。”

駗：《说文》：“马载重难行也，从馬参声。”（清）朱骏声《定声》：“按即《易》‘屯如邅如’之屯，屯、亶双声连语，此字后出。”即“屯难”义。

8. 趁：《说文》：“走顿也。”“真”、“参”声相同，见“参”词条，“参（真）”声寓“钝、厚重”义。

9. 驙：《说文》：“駗驙，马载重难行也，从馬亶声。”

10. 腹：《说文》：“厚也。”《礼记·月令》：“冰方盛，水泽腹坚，命取冰。”郑玄注：“腹，厚也。”

11. 笸：《说文》：“厚也。读若笃。”

竺：《说文》：“厚也。”《楚辞·天问》：“稷维元子，帝何竺之？”王逸注：“竺，厚也。言后稷之母姜嫄，出见大人之迹，怪而履之，遂有娠而生后稷。后稷生而仁贤，天帝独何以厚之乎？竺，一作笃。”洪兴祖补注：“《尔雅》云：‘竺，厚也。’与笃同。”

笃：《说文》：“马行顿迟也。”段玉裁注：“顿，如顿首，以头触地也，马行箸实而迟缓也。”《广韵·沃韵》：“厚也。”又可作动词，表“加厚”义，《礼记·中庸》：“故天之生物，必因其材而笃焉。”《孟子·梁惠王下》：“以笃周祜。”

毒：《说文》：“厚也。”《书·微子》：“天毒降灾荒殷邦，方兴沈酗于酒。”（清）俞樾《古书疑义举例·以双声叠韵字代本字例》：“《尚书·微子篇》‘天毒降灾荒殷国’，《史记·微子世家》作‘天笃下灾亡殷国’。笃者，厚也，言天厚降灾咎以亡殷国也。笃与毒，亡与荒皆迭韵，此以叠韵字代本字之例也。”

12. 吃：口吃，说话不流畅。《说文》：“言蹇难也。从口气声。”《史记·张丞相列传》：“昌为人吃，又盛怒，曰：‘臣口不能言，然臣期期知其不可。’”《周书·郑伟传》：“伟性吃，少时尝逐鹿于野，失之，遇牧竖而问焉。牧竖答之，其言亦吃。伟怒，谓其効己，遂射杀之。”

13. 伹：《说文》：“拙也，从人且声。”段玉裁注：“《广韵》作‘拙人’，当是《说文》古本。拙者，不巧也。”张舜徽《说文约注》：“今俗称人之椎鲁无知者为老粗，当以伹为本字。”《广雅·释诂》：“伹，钝也。”

阻：《说文》：“险也。从𨸏且声。”《尔雅·释诂》：“阻，难也。”《诗·商颂·殷武》：“罙入其阻，裒荆之旅。”郑玄笺：“出兵伐之，冒入其险。”孔颖达疏：“往伐荆楚之国，深入其险阻之内。”

14. 襛：《说文》：“衣厚貌，从衣農声。”《文选·宋玉〈神女赋〉》：“振绣衣，被袿裳，襛不短，纤不长。”李善注引《说文》：“襛，衣厚貌，如恭切。”

醲：《说文》：“厚酒也。”《广雅·释诂》：“醲，厚也。”《淮南子·主术训》：“肥醲甘脆，非不美也。”《韩非子·难势》：“夫有盛云醲雾之势而不能乘游者，螾蚁之材薄也。”

盥、脓：《说文》：“肿血也。从血农省声。脓，俗盥，从肉农声。”《灵枢经·玉版》：“营气不行，乃发为痈疽。阴阳不通，两热相搏，乃化为脓。”《韩非子·外储说左上》：“吴起为魏将而攻中山，军人有病疽者，吴起跪而自吮其脓。”

15. 重：《说文》：“厚也。”《吕氏春秋·尽数》：“味无以烈味重酒。”高诱注：“重，酒厚也。”

湩：《说文》：“乳也。”《广雅·释器》：“湩谓之乳。”（清）王念孙《广雅疏证》：“湩者，重浊之意，故《广韵》云‘湩，浊多也。’卷三云‘穜，蓐厚也。’穜与湩，蓐与乳，声义并相近。”

16. 酷：《说文》：“酒厚味也，从酉告声。”《方言》卷七：“酷，熟也。谷熟曰酷。”《吕氏春秋·本味》：“甘而不哝，酸而不酷。”《汉书·刑法志》：“秦人，其生民也狭隘，其使民也酷烈。”颜师古注：“酷，重厚也。”

17. 惲：《说文》：“重厚也，从心军声。”即今之“浑厚”之“浑”，（清）朱骏声《定声》：“今浑厚字，以浑为之。”

十一、止、专义

1. 留（来幽）遛
2. 顿（端文）
3. 逗（定幽）
4. 救（见幽）球
5. 遒（从幽）
6. 殚（精物）
7. 箝（见觉）簐趜
8. 启（影锡）陀軶

9. 嗢（影文）
10. 壹（影质）噎殪懿
11. 迄（晓物）汔忔
12. 伫（定鱼）
13. 殂（从鱼）疽
14. 讃（匣物）
15. 究（见幽）氿軌
16. 竣（心文）悛
17. 壁躄（帮阳）
18. 擅（禅元）
19. 填（定真）瑱
20. 窒（端质）
21. 侜（端幽）

团聚而止，由曲聚引申为“止、专”义。

1. 留：《说文》：“止也。”《诗·大雅·常武》：“不留不处，三事就绪。”《史记·越王勾践世家》：“可疾去矣，慎毋留。”《楚辞·九歌·云中君》：“灵连蜷兮既留，烂昭昭兮未央。”

遛：《广韵·尤韵》：“逗留。”《汉书·匈奴传上》：“上以虎牙将军不至期，诈增卤获，而祁连知虏在前，逗遛不进，皆下吏自杀。”颜师古注：“孟康曰：‘律语也，谓军行顿止，稽留不进也。’”

2. 顿：《说文》：“下首也。”头止于地。（唐）慧琳《一切经音义》卷一八“顿”字下引《说文》作“下首至地也”。《周礼·大祝》：“二曰顿首。”郑玄注：“拜头叩地也。”

3. 逗：《说文》：“止也。”（汉）张衡《思玄赋》：“乱弱水之潺湲兮，逗华阴之湍渚。”《汉书·匈奴传》：“而祁连知虏在前，逗留不进。”

4. 救：《说文》：“止也。”《诗·大雅·板》：“多将熇熇，不可救药。”郑玄笺：“多行熇熇惨毒之恶，谁能止其祸。”《周礼·

地官·司救》：“司救掌万民之衺恶过失，而诛让之，以礼防禁而救之。”《论语·八佾》：“季氏旅于泰山。子谓冉有曰：‘女弗能救与？’”（三国）何晏《集解》引马融曰：“救，犹止也。”

㱶：《广韵·尤韵》：“殄也。”

5. 遒：《广韵·尤韵》：“遒，尽也。”《文选·班固〈答宾戏〉》：“《说难》既遒，其身乃囚。”李善注：“项岱曰：‘韩非作《说难》之书，欲以为天下法式，上书既终，而为李斯所疾，乃囚而死。’”

6. 殌：《说文》：“大夫死曰殌。”《广雅·释诂》：“殌，竟也、绝也。”经籍中以“卒”为之。

7. 簕：《说文》：“穷理辠人也。”字亦作“鞫”，《尔雅·释言》：“鞫、究，穷也。”郭璞注：“皆穷尽也。”《汉书·张汤传》：“汤掘熏得鼠及余肉，劾鼠掠治，传爰书，讯鞫论报。”颜师古注曰：“鞫，穷也，谓穷核之也。”

窾：《说文》：“穷也。”

趜：《说文》：“穷也，从走匊声。”

8. 戹：《说文》：“隘也。从户乙声。”字亦作“厄”，（清）朱骏声《定声》：“《仓颉篇》：‘厄，困也。’《诗·谷风》笺：‘厄难，勤苦之事也。’”《孟子·尽心下》：“君子之戹于陈、蔡之间，无上下之交也。”《史记·韩信卢绾列传》：“阏氏乃说冒顿曰：‘今得汉地，犹不能居，且两主不相戹。’”

阸：《说文》：“塞也。从阜戹声。”《史记·律书》：“后且拥兵阻阸，选蠕观望。”《汉书·西域传上》：“东则接汉，阸以玉门、阳关，西则限以葱岭。”颜师古注：“阸，塞也。”

軶：《说文》：“辕前也。”字亦作“轭”。（清）朱骏声《定声》：“所以扼制牛马领而称也。”《荀子·正论》：“三公奉軶持纳，诸侯持轮挟舆先马。”杨倞注：“軶，辕前也。”《后汉书·列女传·皇甫规妻》：“卓乃引车庭中，以其头县軶，鞭扑交下。”李贤注：“《周礼·考工记》曰：‘軶长六尺。’郑众曰：‘谓辕端压牛领者。’”

9. 嗢：《说文》：“咽也。”（清）朱骏声《定声》：“大笑至息不利也，咽犹噎也。” “昷”声寓“曲聚”、“止”义，如“媪”、“蕰”、“愠”、“煴”、“醖”，详参相关词条。

10. 壹：《说文》：“专壹也，从壶吉声。”《礼记·大学》：“自天子以至于庶人。壹是皆以修身为本。”郑玄注曰：“壹是，专行是也。”《礼记·玉藻》：“壹食之人，一人彻。”郑玄注曰：“壹，犹聚也。”

噎：《说文》：“饭窒也，从口壹声。”《诗·王风·黍离》：“行迈靡靡。中心如噎。”孔颖达疏：“噎者，咽喉蔽塞之名。”词义泛化作“阻塞”义，《三国志·吴志·陆逊传》：“城门噎不得关，敌乃自斫杀己民，然后得阖。”

殪：《说文》：“死也。从歺壹声。”《书·康诰》：“天乃大命文王。殪戎殷。”孔颖达疏曰：“杀也。”《诗·小雅·吉日》：“发彼小豝。殪此大兕。”《左传·定公八年》：“（颜高）偃，且射子鉏，中颊，殪。”杜预注：“殪，于计反，死也。”

懿：《说文》：“专久而美。”“懿”之美为“专一、长久”之美。《诗·周颂·时迈》：“我求懿德，肆于时夏，允王保之。”

11. 迄、讫：《尔雅·释诂》：“迄，止也。”《诗·大雅·生民》：“以迄于今。”毛亨传：“迄，至也。”字亦作“讫”，《说文》：“讫，止也。”《尔雅·释诂》：“讫，止也。”《书·禹贡》：“声教讫于四海。”孔安国传：“非绝于威，惟绝于富，世治，货赂不行。”《后汉书·赵岐传》：“勑其子曰：‘我死之日，墓中聚沙为床，布簟白衣，散发其上，覆以单被，即日便下，下讫便掩。’”字亦假“既”为之，《礼记·玉藻》：“君既食，又饭飧。”孔颖达疏：“既，犹毕竟也。”

汔：《说文》：“水涸也。”《易·井》：“汔至亦未繘井，羸其瓶，凶。”《广雅·释诂》：“汔，尽也。”（清）王念孙《广雅疏证》：“汔之言讫也。”

忔:《集韵·迄韵》:“心不欲也。”《史记·扁鹊仓公列传》:“病得之少忧,数忔食饮。”

12. 伫:《尔雅·释诂》:“久也。”乃止也。《诗·邶风·燕燕》:“瞻望弗及,伫立以泣。”毛亨传:“伫立,久立也。”

13. 殂:《说文》:“往死也。”《书·尧典》:“二十有八载,帝乃殂落。”《魏书·后废帝纪》:“后以罪殂于门下外省,时年二十。”(元)王实甫《西厢记》第一本“楔子”:“夫主姓崔,官拜前朝相国,不幸因病告殂。”《孟子·万章上》以“徂”为之。

疽:《说文》:“痈也。”指肿胀坚硬的毒疮,乃凝聚而止,《灵枢经·痈疽》:“热气淳盛,下陷肌肤,筋髓枯,内连五藏,血气竭,当其痈下,筋骨良肉皆无余,故命曰疽。”《汉书·陈平传》:“(亚父)归未至彭城,疽发背而死。”颜师古注:“疽,痈疮也。”

14. 讃:《说文》:“中止也。从言貴声。”

15. 究:《说文》:“穷也,从穴九声。”(清)朱骏声《定声》:“当以此为本训,《水经·温水注》:‘山溪濑中,谓之究水。’”《广雅·释室》:“究,窟也。”《诗·大雅·荡》:“侯作侯祝,靡届靡究。”毛亨传:“究,穷也。”《易·说卦》:“(巽)其究为躁卦。”孔颖达疏:“究,极也。”《庄子·盗跖》:“穷美究执,至人之所不得逮,贤人之所不能及。”(唐)陆德明《释文》:“究,竟也。”

氿:《说文》:“水厓枯也。”

鼽:《说文》:“病寒鼻窒也,从鼻九声。”《吕氏春秋·季秋》:“季秋行夏令,则其国大水,冬藏殃败,民多鼽窒。”高诱注:“民鼽窒,鼻不通也。”“鼽”、“窒”同义连文。

16. 竣:《说文》:“偓竣也,从立夋声。《国语》曰:‘有司已事而竣。’”段玉裁注:“郭注《山海经》、徐广《史记音义》皆曰:‘踆,古蹲字。’许书之竣,盖与蹲音义皆同也。”《广韵·谆韵》:“竣,止也,倨也。”《三国演义》第六一回:“便差军数万筑濡须坞，晓夜并工，刻期告竣。”

悛：《说文》：“止也。从心夋声。”《左传·隐公六年》：“长恶不悛，从自及也。”《国语·周语下》：“夫周，高山广川大薮也，故能生是良材，而幽王荡以为魁陵粪土沟渎，其有悛乎?”韦昭注：“悛，止也。”在具体文本的语境中可释为“改”，《左传·成公十三年》：“我是以有令狐之役，康犹不悛。”杜预注：“悛，改也。”

17. 躄、躃：《说文》：“躄，人不能行也。”人不能行，即“止”也。字亦作“躃”，《礼记·王制》：“喑、聋、跛躃、断者、侏儒，百工各以其器食之。”（唐）陆德明《释文》：“躃，必亦反，两足不能行也。”字亦作“躄”，《素问·痿论》：“故肺热叶焦，则皮毛虚弱急薄着，则生痿躄也。”王冰注：“躄，谓挛躄，足不得伸以行也。”《文选·枚乘〈七发〉》：“当是之时，虽有淹病滞疾，犹将伸伛起躄，发瞽披聋而观望之也。”李善注：“躄，跛不能行也。”

18. 擅：《说文》：“专也，从手亶声。”段玉裁注：“专，当作嫥，壹也。”《左传·哀公二年》：“范氏、中行氏反易天明，斩艾百姓，欲擅晋国而灭其君。”（汉）桓宽《盐铁论·除狭》：“擅杀生之柄，专万民之命。”

19. 填：《说文》：“塞也。”《国语·吴语》：“王遂出，夫人送王，不出屏，乃阖左阖，填之以土，去笄侧席而坐，不扫。”

瑱：《说文》：“以玉充耳也。”《诗·墉风·君子偕老》：“玉之瑱也，象之揥也。”毛亨传：“瑱，塞耳也。”《左传·昭公二十六年》：“夏，齐侯将纳公，命无受鲁货，申丰从女贾，以币锦二两，缚一如瑱，适齐师。”孔颖达疏：“礼以一絛五采横冠上，两头下垂系黄绵，绵下又悬玉为瑱以塞耳。”

20. 窒：《说文》：“塞也。”《诗·豳风·七月》：“穹窒熏鼠，塞向墐户。”毛亨传：“窒，塞也。”《庄子·秋水》：“梁丽可以冲城，而不可以窒穴。”

21. 侜：《说文》：“有廱蔽也。从人舟声。”《诗·陈风·防有鹊巢》：“谁侜予美，心焉忉忉。”郑玄笺：“谁侜张诳欺我所美之人乎，使我心忉忉然。”

十二、遍同、全义

1. 宣（心元）
2. 完（疑元）
3. 全（群元）痊牷辁诠
4. 匀（喻真）枃袗（章文）
5. 昆（见文）混掍輥
6. 瞿（群鱼）衢

圆而周遍，引申为“遍、全”义。

1. 宣：《尔雅·释言》：“宣，遍也。”《诗·大雅·公刘》：“既顺乃宣，而无永叹。”毛亨传：“宣，遍也。”《礼记·孔子闲居》：“惟周之翰，四国于蕃，四方于宣，此文武之德也。”《管子·小匡》：“公宣问其乡里而有考验。乃召而与之坐，省相其质，以参其成功成事。”尹知章注：“宣，遍也。遍问其乡里之人。”

2. 完：《说文》：“全也。从宀元声。”《周礼·冬官·考工记》：“轮敝，三材不失职，谓之完。”《论语·子路》：“子谓卫公子荆，善居室。始有，曰：‘苟合矣。’少有，曰：‘苟完矣。’富有，曰：‘苟美矣。’”朱熹集注：“完，备也。”

3. 全：《说文》：“完也。”（清）朱骏声《定声》：“假借为‘卵’，《老子》：‘未知牝牡之合而全作。按，赤子阴囊也。中核如卵。’《释文》：‘河上本作峻，一作朘。峻、朘皆卵字。’”《周礼·医师》：“十全为上。”郑玄注：“全犹愈。”《周礼·考工记·玉人》：“天子用全。”郑玄注：“纯玉也。”

痊：病情完好。《庄子·徐无鬼》：“今予病少痊，予又且复游于六合之外。”

牷：《说文》：“牛纯色也，从牛全声。”《尚书·微子》：“今殷民乃攘窃神祇之牺牷牲。”孔安国传：“色纯曰牺，体完曰牷，牛羊豕曰牲。”《周礼·地官·牧人》：“牧人掌牧六牲而阜藩其物，以共祭祀之牲牷。”郑玄注：“郑司农云：‘牷，纯也。’玄谓牷，体完具。”《左传·桓公六年》：“吾牲牷肥腯。”杜预注：“牷，纯色完全也。”

辁：《说文》：“藩车下庳轮也，一曰无辐也，从车全声，读若馔。”《礼记·杂记上》：“载以輲车入自门。”郑玄注：“輲读为辁，或作槫。许氏《说文解字》曰：‘有辐曰轮，无辐曰辁。’”

诠：《说文》：“具也，从言全声。”解释详备、完整。《淮南子·要略》：“差择微言之眇，诠以至理之文。”

4. 匀、均：《一切经音义》卷一五引《说文》：“匀，调匀也。”《广韵·谆韵》：“遍也，齐也。”派生出“均”，《说文》：“平徧也。”《周礼·地官·小司徒》：“乃均土地，以稽其人民而周知其数。”郑玄笺：“均，平也。”《左传·僖公五年》：“丙子之晨，龙尾伏辰，均服振振，取虢之旗。”“均服”即指同一的服装，在词义上派生出“袀”字，《左传》之句，《汉书·五行中之上》、《汉书·律历下》、《新唐书·历三上》引之，其中“均”作“袀”。又《吕世春秋·悔过》：“今袀服回建，左不轼，而右之超乘者五百乘，力则多矣，然而寡礼，安得无疵?”

杓：《广雅·释器》：“经梳谓之杓。”王念孙疏证：“《玉篇》云凡织先经以杓梳丝使不乱。出《埤仓》。杓之言均也，字通作均。”

袗：《说文》：“玄服也，从衣参声。”按，得名于“均、同”义，《仪礼·士昏礼》：“女从者毕袗玄。”郑玄注：“袗，同也，同玄者，上下皆玄。”字亦作“袀”，《汉书·五行志》：“袀服振振。”《左传·僖公五年》则作“均服振振。”以“均”为之。

5. 昆：《说文》：“同也。”马王堆汉墓帛书乙本《老子·道经》：“有物昆成，先天地生。”按，今本《老子》作“混成”。（汉）扬雄《太玄·昆》：“昆于黑，不知白。”即“混同”之义。

混：《说文》：“丰流也。”（清）朱骏声《定声》：“《江赋》：‘或混沦乎泥沙。’注：‘轮转之貌。’亦迭韵连语。”《集韵·混韵》：“混，杂流。”《国语·周语下》：“若能类善物，以混厚民人者。必有章誉蕃育之祚，则单子必当之矣。”韦昭注：“混，同也。”

掍：《说文》：“同也。”

辊：《说文》：“毂齐等貌，从车昆声。《周礼》曰：‘望其毂欲其辊。’”段玉裁注：“辊者，毂匀整之貌也。”（清）朱骏声《定声》：“谓干木正圆不桡减。”又指能滚动的圆柱形物件，（明）徐光启《农政全书》卷二三：“（辊辗）但比常辗减去圆槽，就碢干栝以石辊。”又作“运行、运转”义，（明）陶宗仪《辍耕录·辊吝谝·三卦》：“天地辊而四时行，日月辊而昼夜明，上下辊而万事成，辊之时义大矣哉。”

6. 瞿：《说文》：“鹰隼之视也。读若章句之句。”（唐）陆德明《释文》引《韩诗》：“直曰车前，瞿曰芣苢。”（清）陈诗庭《读说文证疑》谓《韩诗》说之“瞿”即“句”字，谓“句”萌始生者，沈兼士从其说，谓初生卷曲者为芣苢。杨树达则认为“瞿谓旁出，乃以横直为对文，非以曲直对文”①。“瞿”声寓“圆、转”、“聚”、“遍、全”等相关意义，如“朖”、“趯”、“灈”、“攫”等词，详参相关词条。“鹰隼之视”、“芣苢”之“瞿”均可抽绎为“环、遍”的词义特点。

衢：《说文》：“四达为之衢。”为“遍”义。《左传·昭公二年》：“尸诸周氏之衢，加木焉。”

① 杨树达：《积微居小学述林·释衢》，中华书局1983年版，第20页。

十三、美好义

1. 娈（来元）
2. 婉（影元）
3. 瑜（余侯）
4. 娟（影元）
5. 婠（影元）
6. 鬈婘（群元）
7. 嬗（虇，见元）
8. 嬛（影元）
9. 嫙（邪元）
10. 嫽（来微）
11. 媛（匣元）
12. 婜（溪元）
13. 嫱（溪觉）
14. 姝（昌侯）
15. 媌（明宵）
16. 姣（见宵）
17. 璿（邪元）
18. 娬（明鱼）

古人崇“圆”，以“圆”为美，故由“圆”可引申为“美好”义。

1. 娈：美好貌。《诗·小雅·泉水》：“娈彼诸姬，聊与之谋。”毛亨传：“娈，好貌。”《诗·邶风·静女》：“静女其娈，贻我彤管。”毛亨传：“既有静德，又有美色。”《广韵·狝韵》：“娈，美好。”

2. 婉、嬛：《说文》：“婉，顺也。”《诗·邶风·新台》：“燕婉之求，籧篨不鲜。”毛亨传：“婉，顺也。”《左传·成公十四年》：“《春秋》之称，微而显，志而晦，婉而成章，尽而不污，惩恶而劝善。”杜预注：“婉，曲也。谓曲屈其辞，有所辟讳，以示大顺，而成篇章。”《左传·襄公二十六年》：“生佐，恶而婉。”杜预注：“佐貌恶而心顺。”《国语·晋语七》：“午之少也，婉以从令。”韦昭注：“婉，顺也。”“心顺”即“心善”、“心灵美好”。字亦作“嬛”，《史记·司马相如传》：“靓庄刻饬，便嬛嬛婥约，柔桡嬛嬛。”张揖曰：“嬛嬛，犹婉婉也。”

3. 瑜：《说文》：“瑾瑜，美玉也。”《礼记·聘礼》：“瑕不揜瑜，瑜不揜瑕，忠也。”郑玄注：“瑕，玉之病也。瑜，其中间美者。”《左传·宣公十五年》：“山薮藏疾，瑾瑜匿瑕。”孔颖达疏：“瑾瑜，玉之美名。”《山海经·西山经》：“羭山神也……瘞用百瑜。”郭璞注：“瑜，亦美玉名。”由具体的“美玉”义，泛化作“美好”义，《汉书·礼乐志》：“象载瑜，白集西。”颜师古注：“瑜，美貌也。言此瑞车瑜然色白而出西方也。”

4. 娟：《广韵·仙韵》：“便娟，舞貌；婵娟，好姿态貌。”（唐）王昌龄《山中别庞十》诗：“幽娟松筱径，月出寒蝉鸣。”

5. 婠：《说文》：“体德好也。”（清）朱骏声《定声》：“《通俗文》：‘容美曰婠。’”《广雅·释诂》：“婠，好也。”

6. 鬈：《说文》：“发好也。”《诗·齐风·卢令》：“卢重环，其人美且鬈。”毛亨传：“鬈，好貌。”

婘：《广雅·释诂》：“好也。”

7. 嬞：《广雅·释诂》：“好也。”

8. 嬽：《说文》：“好也，读若蜀郡布名。”《汉书·司马相如传》：“柔桡嬽嬽，妩媚孅弱。”颜师古注：“桡，动曲也。嬽，柔屈貌也。嬽，音于圆反。”

9. 嫙：《说文》：“好也，从女旋声。”字亦作“暶”，《广韵·仙韵》：“好貌。”

10. 嫽：《方言》卷二：“嫽，好也。青徐海岱之间或谓之嫽。”《广雅·释诂》：“嫽，好也。”《诗·陈风·月出》：“佼人僚兮，舒窈纠兮。”毛亨传：“僚，好貌。”（唐）陆德明《释文》：“僚，本亦作嫽。”

11. 媛：《说文》：“美女也。人所援也。从女从爰，爰于也。”《诗·墉风·君子偕老》：“展如之人兮。邦之媛也。”毛亨传：“美女为媛。”郑玄笺：“媛者，邦人所依倚以为援助也。”按，“媛”当得名于“圆”，如同“婠”、“娈”、“娟”等，郑玄、许慎均声训为“援”，即“引”义，不足为据。

12. 嫛：《说文》：“美也。”

13. 嬬：《说文》：“媚也。”《广雅·释诂》：“嬬，好也。”

14. 姝：《说文》：“好也，从女朱声。”《诗·邶风·静女》：“静女其姝，俟我于城隅。”毛亨传：“姝，美色也。”《玉台新咏·古诗〈上山采蘼芜〉》：“新人虽言好，未若故人姝。”字亦作“䢵”，《说文》：“䢵，好也，从女殳声。《诗》曰：‘静女其䢵。’”

15. 媌：《说文》：“目里好也。”（清）王筠《句读》引《通俗文》：“容丽曰媌。”《方言》卷一：“秦晋之间，凡好而轻者，谓之娥；自关而东，河济之间，谓之媌。”郭璞注：“今关西人亦呼好为媌。”

16. 姣：《说文》：“好也。”《孟子·告子上》：“至于子都，天下莫不知其姣也。不知子都之姣者，无目者也。”赵岐注：“子都，古之姣好者也。”

17. 璿：《说文》：“璿，美玉也，从玉睿声。”《书·舜典》：“在璿玑玉衡，以齐七政。”孔安国传：“璿，美玉。”《汉书·异姓诸侯王》：“积德累功，洽于百姓，摄位行政，考之于天。”颜师古注曰：“谓在璿玑玉衡以齐七政。考之于天，知已合天心不也。”《集韵·平僊》：“璿，《说文》：‘美玉也。’引《春秋传》：‘璿弁玉缨……或作琁、璇。’”

18. 婉：《说文》：“媚也。”《广雅·释诂》：“婉，好也。”

十四、凸起、高大义

1. 疣（丸，匣元）
2. 瘤（来幽）
3. 瘘（来侯）塿楼
4. 陶（定幽）
5. 疱（帮幽）
6. 胗疹（照文）
7. 垤（定真）
8. 瘨（端真）膹
9. 瘿（影耕）
10. 瘣（匣微）
11. 慉（晓觉）
12. 瘾（隐，影文）
13. 茔（喻耕）
14. 磊（来微）
15. 昳肤（定质）
16. 陖（心文）
17. 𠂤阜（并幽）脽（禅微）崔（清微）頧
18. 髁（溪歌）
19. 坏（滂之）肧丕附（并侯）坿培陪豁魾
20. 痤（从歌）
21. 樻（群物）
22. 阿（影歌）
23. 冢（端东）瘃
24. 瘇腫（章东）
25. 封（帮东）
26. 痈（影东）

27. 唪（并东）浲蓬
28. 墸（定幽）
29. 坴（来觉）陆
30. 颁（帮文）帉坋衯鳻砏
31. 贲（并文）蕡坟
32. 穷（群冬）
33. 极（群职）
34. 栋（端东）
35. 隆（来冬）窿
36. 庞（并东）宠垄
37. 雄（匣蒸）
38. 丘（溪之）
39. 阆（来阳）桹躴
40. 亢（见阳）魧坑抗
41. 肬（匣之）

弯曲向外，引申为“凸起、高大”义。

1. 瘊：《广韵·换韵》：“痈疽属也。”为凸起貌。

2. 瘤：《说文》：“肿也，从疒留声。”（汉）刘向《列女传·齐宿瘤女》：“宿瘤女者，齐东郭采桑之女，闵王之后也，项有大瘤，故号曰宿瘤。”

3. 瘘：《说文》：“颈肿也，从疒娄声。”《山海经·中山经》：“苍文赤尾，食者不痈，可以为瘘。”郭璞注：“瘘，痈属也，中多有虫。淮南子曰：‘鸡头已瘘。’音漏。”《淮南子·说山训》：“狸头愈鼠，鸡头已瘘。”高诱注：“瘘，颈肿疾。”

塿：土堆。《广雅·释地》：“塿，土也。”《方言》卷一三：“冢，自关而东谓之丘，小者谓之塿。”

楼：《说文》：“重屋也。”《尔雅·释宫》：“陕而修曲曰楼。”《孟子·告子下》：“不揣其本，而齐其末，方寸之木，可使高于岑楼。”孙奭疏：“曰楼者，盖重屋曰楼，亦取其重高之意也。”

4. 陶：《说文》：“再成丘也。”《尔雅·释丘》：“丘，一成为敦丘，再成为陶丘。”

5. 疱：《说文》：“面生气也。”即肿泡。《广雅·释诂》：“疱，病也。”《淮南子·说林训》：“溃小疱而发痤疽。”（唐）玄奘《大唐西域记·摩揭陀国上》：“王闻心惧，举身生疱，肌肤攫裂，居未久之，便丧没矣。”

6. 胗、疹：《说文》：“唇疡也，从肉㐱声。籀文从疒。”（清）朱骏声《定声》：“《三苍》：‘胗，肿也。’”《广韵·轸韵》：“胗，瘾胗，皮外小起。”即凸起的疙瘩。

7. 垤：《说文》：“蚁封也。”即蚂蚁做窝时堆积在洞口周围的浮土，《诗·豳风·东山》：“鹳鸣于垤，妇叹于室。”毛亨传：“垤，蚁冢也。”可泛指小土堆，《孟子·公孙丑上》：“太山之于丘垤，河海之于行潦，类也。”《淮南子·人间训》：“人莫蹪于山，而蹪于垤。”

8. 瘨：《说文》：“一曰腹张。”

瞋：《说文》：“起也。”

9. 瘿：《说文》：“颈瘤也。从疒婴声。”《山海经·西山经》：“（天帝之山）有草焉，其状如葵，其臭如蘼芜，名曰杜衡，可以走马，食之已瘿。”郝懿行笺疏：“《说文》云：‘瘿，颈瘤也。’《淮南·墬形训》云：‘险阻气多瘿。’”

10. 瘣：《说文》：“病也。《诗·小弁》‘譬彼瘣木’。一曰肿旁出也。”《尔雅·释木》：“瘣木，苻娄。”郭璞注：“谓木病尫伛瘿肿无枝条。”《广韵·贿韵》：“木病无枝。”

11. 慉：《说文》：“起也。从心畜声”

12. 瘾：《广韵》：“瘾胗，皮外小起。”即指皮肤起的疙瘩。

13. 茔：《说文》：“墓也。从土荧省声。”营土而成墓，《礼记·月令》：“辨衣裳，审棺椁之薄厚，茔丘垄之大小。”“荧”声寓“圆、旋”、“小”等相关意义，如“萦”、“营”、鞶、“禜”、“禜”、“罃”、“荧”、“荥”，可参本章第一节、第十八节相关词条。

14. 磊：《说文》：“众石也。”（清）朱骏声《定声》：“字亦作磥、作礧、作磖。《高唐赋》：‘砾磥磥而相摩兮。’《汉书·司马相如传》：‘礧石相击。’”《广韵·贿韵》：“磥，众石貌。”《楚辞·九歌·山鬼》：“采三秀兮于山间，石磊磊兮葛蔓蔓。”洪兴祖补注：“磊，众石貌。”众石相聚，为凸起貌。

15. 眣：眼睛露出。《广韵·屑韵》：“眣，目出。”

胅：《说文》：“骨差也。从月失声。”《广雅·释诂》：“胅，肿也。”《尔雅·释畜》：“犘牛。”郭璞注：“领上肉胅起，高二尺许。”又指肉瘤，《淮南子·精神训》：“一月而膏，二月而胅，三月而胎。”于省吾《诸子新证·淮南子二》：“《广雅·释诂》：‘胅，肿也。’（唐）慧琳《一切经音义》卷七三引《通俗文》：‘肉胅曰瘤。’《说文》：‘瘤，肿也。’然则胅即肉瘤。”

16. 陵：《说文》：“陌高也，从阜夌声。”《史记·司马相如列传》：“俓陵赴险，越壑厉水。”

17. 𠂤、堆、敦、墩：《说文》：“小阜也。”字亦作“堆”，段玉裁注：“其字俗作堆，堆行而𠂤废。”“语之转为敦，如《尔雅》之敦丘，俗作墩。”《诗》：“有敦瓜苦，烝在栗薪。”毛亨传：“敦，犹专专也。”郑玄笺：“专专如瓜之系缀焉。”《广韵·魂韵》：“墩，平地有堆。”

阜：《说文》：“大陆也。”《诗·小雅·頍弁》：“尔酒既旨，尔殽既阜。”郑玄笺：“阜，犹多也。”《诗·小雅·天保》：“如山如阜，如冈如陵。”毛亨传：“高平曰陆，大陆曰阜，大阜曰陵。”银雀山汉墓竹简《孙膑兵法·地葆》：“山胜陵，陵胜阜，阜胜陈丘。”《释名·释山》：“土山曰阜。”

脽：《说文》：“尻也。”即高起之臀部，《广雅·释亲》：“臀谓之脽。”《素问·脉解》：“正月阳气出在上而阴气盛，阳未得自次也，故肿腰脽痛也。”王冰注：“脽，谓臀肉也。”《汉书·东方朔传》：“结股脚，连脽尻。”颜师古注：“脽，臀也。”故可泛指丘堆，《史记·孝武本纪》：“于是天子遂东，始立后土祠汾阴脽上，如宽舒等议。”（唐）司马贞《史记索隐》：“脽，丘。”（北魏）郦道元《水经注·汾水》：“水南有长阜，背汾带河，阜长四五里，广二里余，高十丈，汾水历其阴，西入河，《汉书》谓之汾阴脽。应劭曰：‘脽，丘类也。’”

崔：《说文》：“大高也。”《集韵·支韵》：“高大貌。”《汉书·礼乐志》：“大山崔，百卉殖。”颜师古注：“言大山以崔嵬之故，能生养百卉。”

頔：《说文》：“出頟也。”指额前高出。

18. 髁：《说文》：“髀骨也。”（清）朱骏声《定声》：“谓髀与髋相接之处，医经谓之机。”即凸起之处。又指称膝盖骨，《广韵·平戈》：“髁，膝骨。”又指称踝骨，（清）纪昀《阅微草堂笔记·姑妄听之四》：“群儿坌涌，各持砖瓦击其髁……次日，家人觅之归，两足青紫。”均为凸起之貌。

19. 坏：《说文》：“丘再成者也。”字亦作“坯”，《尔雅·释山》：“山一成，坯。”《尔雅·释山》：“山：三袭，陟；再成，英；一成，坯。” （清）郝懿行《尔雅义疏》：“坯者，当作‘坏’。《说文》云：‘丘再成者也。’再，盖‘一’字之误。”

肧、胚：《说文》：“妇孕一月也，从肉不声。”字亦作“胚”。

丕：《说文》：“大也。从一不声。”《逸周书·宝典》：“四曰敬，敬位丕哉！”孔晁注：“丕，大也。”《后汉书·张衡传》：“厥迹不朽，垂烈后昆，不亦丕欤！”

附：《说文》：“附，附娄，小土山也。《春秋传》曰：‘附娄无松柏。’”今《左传·襄公二十四年》作“培塿”。

坿：《说文》：“益也。”段玉裁注：“今多用‘附’训益。附乃附娄，读步口切，非益义也。今‘附’行而‘坿’废矣。”《吕氏春秋·孟冬》：“坿城郭，戒门闾，修楗闭。”高诱注：“坿，益也，令高固也。”

培：《说文》：“培敦土田山川也。”即衾土。《礼记·中庸》：“故栽者培之。”《礼记·丧服四制》：“丧不过三年，苴衰不补，坟墓不培。”郑玄注：“培，犹治也。”按，郑玄释“培”为“治”，乃是其文本义，非词源义。

陪：《说文》：“重土也。”《左传·定公四年》：“以昭周公之明德，分之土田倍敦。”杜预注：“陪，增也。敦，厚也。”

嚭、噽：《说文》：“大也，从喜否声。”字亦作“噽”。

魾：《尔雅·释鱼》：“魾，大鳠，小者鮡。”郭璞注：“鳠，似鲇而大，白色。”

20. 痤：《说文》：“小肿也。”《广雅·释诂》：“痤，痈也。”即疖子。《庄子·列御寇》：“秦王有病召医，破痈溃痤者得车一乘。”《素问·生气通天论》：“劳汗当风，寒薄为皶，郁乃痤。”王冰注：“痤谓色赤瞋愤，内蕴血脓，形小而大如酸枣，或如按豆。此皆阳气内郁所为。”

21. 櫍：《尔雅·释木》：“椐，櫍。”郭璞注：“肿节可以为杖。”《说文》：“椐也。”《广韵·群韵》：“木名，又肿节名。”又《至韵》：“櫍梧木，肿节，可为杖。”

22. 阿：《说文》：“大陵也，一曰曲阜也。”《诗·大雅·皇矣》：“无矢我陵。我陵我阿。”郑玄笺：“大陵曰阿。”又《诗·卫风·考盘》：“考盘在阿，硕人之薖。”毛亨传：“曲陵曰阿。”《诗·大雅·卷阿》：“有卷者阿，飘风自南。”亦指曲陵。大陵即凸起之阜，“凸”与“曲”相通。

23. 冢：《说文》：“高坟也。从勹豖声。”《周礼·春官·冢人》：“冢人，下大夫二人，中士四人，府二人，史四人，胥十有二人，徒百有二十人。”郑玄注：“冢，封土为丘垄。”《方言》：“冢，秦晋之间谓之坟，或谓之垄。自关而东谓之丘，小者谓之塿。”

瘃：《说文》：“中寒肿核。从疒豖声。”段玉裁注：“肿核者，肿而肉中鞕，如果中有核也。”《汉书·赵充国传》：“将军士寒，手足皲瘃。”颜师古注引文颖曰：“瘃，寒创也。”《陈书·司马暠传》：“冒履冰霜，手足皆皲瘃。”

24. 瘇、瘇、尰、尰：《说文》：“瘇，胫气足肿也。”《尔雅·释训》：“肿足为尰。”《诗·小雅·小弁》：“既微且尰，尔勇伊何?”毛亨传：“肿足为尰。”郑玄笺：“此人居下湿之地，故生微、尰之疾。”《广韵·肿韵》：“尰，足肿病。亦作尰。”

腫：《说文》：“腫，痈也。”《左传·定公十年》：“魋惧，将走，公闭门而泣之，目尽肿。”

25. 封：《说文》：“封，爵诸侯之土也。”按，“封”字，甲骨文作“”，金文作“”、“”、“”等形，本义是培植土地进行生产，《左传·昭公二年》：“宿敢不封殖此树以无忘《角弓》。”封殖连用，杜预注：“封，厚也。”《周礼·地官·封人》，郑玄注曰：“聚土曰封。”奴隶社会用聚土作为诸侯边界标志，所以“封”引申为“爵诸侯之土”，《说文》所释已是其引申义。坟亦聚土而成，故“封”又可表“坟”义，《礼记·檀弓》：“吾见封之若堂者矣。”何晏注：“封，筑土为垄。堂形四方而高。”《左传·文公三年》：“封殽尸而还。”杜预注：“封，埋藏之。”《广雅·释丘》：“封，冢也。”

26. 痈：《说文》：“痈，肿也。从疒雝声。”《释名·释疾病》：“痈，壅也，气壅否结裹而溃也。”《庄子·列御寇》：“秦王有病召医，破痈溃痤者得车一乘。”《史记·佞幸列传》：“文帝尝病痈，邓通常为上唶吮之。”

27. 唪：《说文》：“大笑也。从口奉声。”

洚：《说文》：“大水也。”

蓬：蓬松，取义于“高”，《诗·卫风·伯兮》：“首如飞蓬。”毛亨传：“妇人，夫不在，无容饰。”指头发蓬松凌乱。

28. 壔：《说文》：“保也，高土也。读若毒。”

29. 坴：《说文》：“土块坴坴也。从土圥声，读若逐。一曰坴梁。”

陆：《说文》：“高平也。”《广韵·屋韵》：“高平曰陆，又高也厚也。”《释名》：“陆，漉也，水流漉而去也。”刘氏认为“陆”得名于“水流漉”之“漉”，不足为据。

30. 颁：《说文》：“颁，大头也。”《诗·小雅·鱼藻》：“鱼在在藻，有颁其首。”毛亨传：“颁，大首貌。”

帉：《说文》：“楚谓大巾曰帉。”《方言》卷四：“大巾谓之帉。”

坋：《说文》：“坋，一曰大防也。”字亦作“坟”，《尔雅·释丘》：“坟，大防。”郭璞注：“谓堤。”《诗·周南·汝坟》：“遵彼汝坟，伐其条枚。”毛亨传：“坟，大防也。”《方言》卷一：“坟，地大也，青幽之间，凡土而高大者谓之坟。”

衯：《说文》：“衯，长衣貌。”《集韵·文韵》：“衯，衣大谓之衯。”《史记·司马相如列传》：“衯衯裶裶，扬袘恤削，蜚纤垂髾。”（唐）司马贞《史记索隐》引郭璞曰：“衣长貌。”

鳻：《方言》卷八：“鸠，自关而西，秦汉之间谓之鵴鸠，其大者谓之鳻鸠。”《篇海类编·鸟兽类鸟部》：“鳻，大鸠。”

砏：《集韵·文韵》：“砏，大声也。”

31. 贲：《诗·大雅·灵台》：“虡业维枞，贲鼓维镛。”毛亨传：“贲，大鼓也。”孔颖达疏：“贲，大也，故谓大鼓为贲鼓。”《谷梁传·僖公十年》：“覆酒于地而地贲。”范宁注：“贲，沸起也。”《尚书大传》卷四：“天子贲庸，诸侯疏杼；大夫有石材，庶人有石承。”郑玄注：“贲，大也。墙谓之庸。大墙，正直之墙。”《太平御览》卷一八七引此文作“贲墉”。字亦作“坟”，《尔雅·释诂》：“坟，大也。”《诗·小雅·苕之华》：“牂羊坟首，三星在罶。”毛亨传：“坟，大也。”

鼖：《说文》：“大鼓谓之鼖。鼖八尺而两面，以鼓军事。”《尔雅·释乐》：“大鼓谓之鼖。”《周礼·考工记·韗人》：“鼓长八尺，鼓四尺，中围加三之一，谓之鼖鼓。”郑玄注：“大鼓谓之鼖，以鼖鼓鼓军事。”

坟：《说文》：“墓也，从土贲声。”《方言》卷一三：“冢，秦晋之间谓之坟。”又作“堤岸、水边高地”义，《诗·周南·汝坟》：“遵彼汝坟，伐其条枚。”孔颖达疏：“坟，大防。”《楚辞·九章·哀郢》：“登大坟以远望兮，聊以舒吾忧心。”朱熹集注：“水中高者曰坟，《诗》‘汝坟’是也。”

32. 穷：《说文》：“极也，从穴躳声。”《书·微子之命》：“作宾于王家，与国咸休，永世无穷。”孔安国传：“为时王宾客与时皆美，长世无竟。”《礼记·乐记》：“穷高极远而测深厚。”孔颖达疏：“穷，尽也。”即弯曲之极高顶端。“躳”声寓“圆”、“弯曲”义，详参本书第二章第二节。

33. 极：居弯曲之中高顶端。《说文》：“宙，舟舆所极覆也。从宀由声。”即“舟舆所极覆”之弯曲极高点所覆。引申为“尽、无”义，《楚辞·离骚》：“相观民之计极。”《易·系辞上》：“六爻之动，三极之道也。”高亨注：“屋上最高之梁称极，引申为至高之义……天地人乃宇宙万类之至高者。”《史记·礼书》：“天者，高之极也；地者，下之极也；日月者，明之极也。”（南宋）刘义庆《世说新语·文学》：“不知便可登峰造极不？”

34. 栋：《说文》：“栋，极也。”（清）朱骏声《定声》：“屋内至中至高之处，亦曰阿。俗谓之正梁。”《仪礼·乡射礼》：“序则物当栋。”郑玄注：“是制五架之屋也，正中曰栋，次曰楣，前曰庪。”

35. 隆：《说文》：“丰大也。”《易·大过》：“栋隆，吉。”（唐）韩愈《记梦》诗：“隆楼杰阁磊嵬高，天风飘飘吹我过。”《后汉书·张衡传》：“造候风地动仪，以精铜铸成，员径八尺，合盖隆起，形似酒尊。”

窿：《广韵·东韵》：“穹隆，天势。俗加穴。”即高大貌，“俗加穴”即“窿”字。

36. 庞：《说文》：“高屋也。从广，龙声。”《国语·周语上》：“敦庞纯固，于是乎成。”韦昭注：“庞，大也。”

宠：《说文》：“尊居也。”指高大、显耀之位，《国语·楚语下》：“若来而无宠，速其怒也……彼将思旧怨而欲大宠。”韦昭注：“大宠，令尹、司马也。”

垄：《说文》：“丘垄也。”《汉书·陈胜传》：“辍耕于垄上。”颜师古注：“垄上，谓田中之高处。”又作“坟墓”义，亦隆起、高大貌。《方言》卷一三：“冢，秦晋之间或谓之垄。”《礼记·曲礼上》：“适墓不登垄。”郑玄注：“垄，冢也。”

37. 雄：《说文》：“雄，鸟父也。”鸟父为大者。《诗·邶风·雄雉》：“雄雉于飞，泄泄其羽。”

38. 丘：《说文》：“丘，土之高也。一曰四方高中央下为丘，象形。”《书·禹贡》：“九河既道……桑土既蚕，是降丘宅土。”孔安国传：“地高曰丘。大水去，民下丘居平地，就桑蚕。”

39. 阆：《说文》：“门高也。”

桹：《说文》：“高木。”字亦作“榔”，《正字通·木部》：“榔，俗桹字。”

躴：《集韵·唐韵》：“躴，长身也。”

40. 亢、颃：《说文》：“亢，人颈也，从大省，象颈脉形。颃，亢或从页。”即胡脉突出之处。《史记·刘敬叔孙通列传》：“夫与人斗，不搤其亢，拊其背，未能全其胜也。”（南宋）裴骃《史记集解》引张晏曰：“亢，喉咙也。”

魧：《说文》：“大贝也。”《尔雅·释鱼》：“贝大者，魧。”郭璞注：“《书·大传》曰：‘大贝如车渠。’车渠谓车辋。即魧属。”

坑：《说文》：“阆也。”字亦作“伉”，《诗·大雅·绵》：“乃立皋门，皋门有伉。”毛亨传：“伉，高貌。”可引申作“强大”义，《韩非子·亡征》：“君不肖而侧室贤，太子轻而庶子伉，官吏弱而人民桀，如此则国躁。”

抗：《说文》：“扞也。”《仪礼·既夕》：“抗木，横三缩二。”郑玄注：“抗，御也。所以御止土者。”高而能抵御。《荀子·臣道》：“有能抗君之命，窃君之重，反君之事，以安国之危，除君之辱，功伐足以成国之大利，谓之拂。”杨倞注：“抗，拒也。”《三国志·蜀志·诸葛亮传》：“然豫州新败之后，安能抗此难乎？”

41. 肬：《说文》：“赘也，从肉尤声。”与“瘤”同义，《广雅·释诂》：“肬，肿也。”《楚辞·九章·惜诵》：“竭忠诚而事君兮，反离群而赘肬。”（南梁）刘勰《文心雕龙·熔裁》：“骈拇枝指，由侈于性；附赘县肬，实侈于形。”亦作“疣”，《释名·释疾病》：“疣，丘也。出皮上聚，高如地之有丘也。”《庄子·大宗师》：“彼以生为附赘悬疣。”

十五、缠绕、束缚义

1. 鞙罥（见元）
2. 绾（官，见元）
3. 縳（定元）
4. 卷豢（见元）
5. 镟（邪元）
6. 稛綸（溪文）
7. 锔（局，群屋）
8. 纍羣（见屋）
9. 绕（日宵）
10. 缭（来宵）
11. 绸（定幽）
12. 纺（帮阳）
13. 紾（照文）
14. 勹（帮幽）胞炮苞袍褒
15. 绹（定幽）
16. 抯（章真）

17. 约（端沃）尥
18. 輹輹（并觉）
19. 弗（帮物）
20. 束（书屋）
21. 摎（来宵）
22. 裹（见歌）
23. 韫（蕰，影文）
24. 幩（并文）
25. 了（来宵）
26. 鞑（并质）
27. 楅（帮职）
28. 巩（见东）
29. 韆（清元）
30. 交（见宵）绞筊（见宵）
31. 衺（盂，匣鱼）

由“转”引申为“缠绕、束缚”义。

1. 鞙：束缚。《说文》：“大车缚轭靼也，从革肙声。”

罥：《广韵·霰韵》：“绾也。”《广韵·谏韵》：“绾，钩系。”《文选·鲍照〈芜城赋〉》：“泽葵依井，荒葛罥涂。”吕延济注：“罥，绕。”《北史·斛律光传》：“桃枝与力士三人，以弓弦罥其颈，遂拉杀之。”

2. 绾：将长条的东西盘绕起来打结。《广韵·谏韵》：“绾，钩系。”（唐）李贺《大堤曲》：“青云教绾头上髻，明月与作耳边珰。”（唐）刘禹锡《杨柳枝》之七：“如今绾作同心结，将赠行人知不知?”《儒林外史》第三回：“范进一面自绾了头发，一面问郎中借了一盆水洗洗脸。”

3. 縳：束为一体。《广雅·释诂》：“縳，束也。”《左传·襄公二十五年》：“闾丘婴以帷縳其妻而载之。”引申为束名，《周礼·地官·司徒》：“凡受羽，十羽为审，百羽为抟，十抟为縳。”

《尔雅·释器》：“一羽，谓之箴。十羽，谓之縳。百羽，谓之緷。”与《周礼》异。《左传·昭公二十六年》：“以币锦二两，縳一如瑱。”杜预注：“瑱，充耳。縳，卷也。急卷使如充耳，易怀藏。”

4. 卷：《说文》：“卷，收也。从手卷声。”“收，捕也。从攴丩声。”“丩，相纠缭也，一曰瓜瓠结丩起。”“卷”有“纠缭”义。“卷”声寓“圆”、“曲”等相关意义。

絭：《说文》：“纕臂绳也。”“纕，援臂也。”段玉裁注：“援臂者，捋衣出其臂也。”“絭”即束袖绳。亦借“帣”为之，《史记·滑稽传》：“若亲有严客，髡帣韝鞠跽。”徐广曰：“帣，收衣袖也。”后泛化为一般的束缚之绳。《广韵·愿韵》：“絭，束腰绳也。”《龙龛手镜·纟部》：“絭，束腰绳。”

5. 𦆼：《说文》：“以长绳系牛也，从糸旋声。”

6. 稛：《说文》：“絭束也。”段玉裁注：“絭束，谓以绳束之。”即今之“捆”。

輪：《广韵·准韵》：“束也。”

7. 锔：《广韵·烛韵》：“以铁缚物。”

8. 綦：《说文》：“约也，从糸具声。”（清）朱骏声《定声》：“綦之言拘也。”《广雅·释诂》：“綦，缠也。”

暈：《说文》：“直辕车轒也。”即束。

9. 绕：《说文》：“缠也。”“缠”、“转”、“圆”义相通。《楚辞·九思》：“绕曲阿兮北次，造我车兮南端。”《广雅·释诂》：“缠也。”《广雅·释器》：“绕，领裙也。”（清）朱骏声《定声》：“字亦作遶，《字林》：‘遶，围也。’又变作橈，《礼记·少仪》：‘加夫橈与剑焉。’注：‘剑衣也。’”

10. 缭：《广雅·释诂》：“缠也。”《礼记·玉藻》：“再缭四寸。”孔颖达疏：“绕也。”《楚辞·九叹·怨思》：“肠纷纭以缭转兮。”（汉）王逸《章句》：“缭，绕也。”《后汉书·班固传上》：“西郊则有上囿禁苑，林麓薮泽，陂池连乎蜀汉，缭以周墙，四百余里。”李贤注：“缭犹绕也。”

11. 绸：缠绕、束缚。《说文》：“缪也，从纟周声。”《广雅·释诂》：“绸，缠也。”《楚辞·九歌·湘君》：“薜荔柏兮蕙绸。”王逸注：“绸，束缚也。”《诗·唐风·绸缪》：“绸缪束薪，三星在天。”毛亨传：“绸缪，犹缠绵也。”“绸”由“束缚”引申为“织”义，《诗·墉风·干旄》：“素丝祝之，良马六之。”毛亨传：“祝，织也。”借“祝”为之，如此织成的物品叫绸，在现代汉语中“绸”只表此义。

12. 纺：《说文》：“网丝也。”段玉裁注：“丝之纺，犹布缕之绩缉也。”即织丝为布。按，与“绸”相同，“纺”之训“织”乃为“束”义之引申，《国语·晋语》：“范献子执董叔而纺于庭之槐。”“纺”即“束”义，《仪礼聘礼》：“大夫贿用束纺。”郑玄注：“纺，纺丝为之，今之縳也。”《龙龛手镜·纟部》：“纺绩也，乱丝令紧也。”即今之“绑”字。

13. 紾：《说文》：“转也，从糸参声。”（清）朱骏声《定声》：“《淮南·原道》：‘蟠委错紾。’注：‘相缠结也。’”《孟子·告子下》：“紾兄之臂，而夺之食。”赵岐注：“紾，戾也。”杨伯峻注：“即今扭转之意。”

14. 勹、包：《说文》：“勹，裹也，象人曲形有所包裹。”经籍通作“包”。《说文》：“包，象人裹妊也。”

胞：《说文》：“儿生裹也。”

炮：《说文》：“毛炙肉也，从火包声。”《礼记·内则》：“炮，取豚若将。”《广韵·肴韵》：“合毛炙物也，一曰裹物烧。”字亦作“炰”。《诗·小雅·瓠叶》：“有兔斯首，炮之燔之。”孔颖达疏：“并毛而炮之。”《礼记·礼运》：“以炮以燔，以亨以炙。”郑玄注：“炮，裹烧之也。”

菢：《广韵·号韵》：“鸟伏卵。”

袍：袍子，外衣通称。《方言》卷四：“褒明谓之袍。”《广雅·释器》：“袍，长襦也。”

袌：《说文》：“褱也。从衣包声。”即今之“抱”字。

15. 绹：《尔雅·释言》：“绹，绞也。”郭璞注：“纠绞绳索。”《诗·豳风·七月》：“昼尔于茅，宵尔索绹。”毛亨传：“绹，绞也。”郑玄笺：“夜作绞索，以待时用。”

16. 抠：《说文》：“抠，一曰约也。”

17. 约：《说文》：“约，缠束也。从纟勺声。”《诗·小雅·斯干》：“约之阁阁，椓之橐橐。”毛亨传：“约，束也。”《战国策·齐策六》：“鲁连乃书，约之矢以射城中。”

尥：《说文》：“行胫相交也，从尣勺声。”段玉裁注：“谓缠绕不适。”

18. 轐：《说文》：“车轴缚也。”段玉裁注：“谓以革若丝之类缠束于轴，以固轴也。”《广雅·释诂》：“轐，束也。”《易·大畜》：“舆说轐。”（唐）陆德明《释文》：“轐，车下缚也。”

榎：《说文》：“机持缯者。”段玉裁注：“缯字不可通，《玉篇》作绘，按，当作会，会者，经与纬之合也。纬与经合虑其不紧，则有榎入经之间以紧之。”

19. 弗：《说文》：“弗，矫也。”甲骨文、金文中“弗”字均为以绳子缠绕箭杆之形。

20. 束：《说文》：“束，缚也。”甲骨文写作“”、“”、“”等形，像（以手）在树木上缠绕绳子。

21. 摎：束、绕。《说文》：“缚杀也。”段玉裁注：“缚杀者，以束缚杀之……凡以绳帛等物杀人者，曰缚杀，亦曰摎，亦曰绞。今之绞罪，即古所谓摎也。”《广雅·释诂》：“摎，束也。”《仪礼·丧服》：“故殇之绖不樛垂，盖未成人也。”郑玄注：“不樛垂者，不绞其带之垂者。”《广韵·肴韵》：“束也，挠也。”

22. 裹：《说文》：“缠也。”《诗·大雅·公刘》：“乃裹糇粮，于橐于囊。”《左传·庄公十二年》：“陈人使妇人饮之酒，而以犀革裹之。”（唐）段成式《酉阳杂俎·物异》：“因命取上清玉珠，以绛纱裹之，系于颈。”

23. 韫：《广雅·释诂》：“韫，裹也。”《论语·子罕》：“有美玉于斯，韫椟而藏诸?”朱熹集注：“韫，藏也。”

24. 幩：《说文》：“马缠镳扇汗也，从巾賁声。”

25. 了：《说文》：“尥也，从子无臂象形。”（清）朱骏声《定声》：“犹交也，手之挛曰了，胫之絭曰尥。”段玉裁注：“凡物二股或一股结纠紾转不直伸者曰了戾。《方言》：‘軫，戾也。’郭注：‘相了戾也。’”

26. 鞑：《说文》：“车束也。”

27. 楅：《说文》：“以木有所逼束也。”《诗·鲁颂·閟宫》：“秋而载尝，夏而楅衡。”郑玄笺：“楅衡其牛角，为其触抵人也。”

28. 巩：《说文》：“以韦束也。《易》曰：‘巩用黄牛之革。”引申为“牢固”义，《尔雅·释诂》：“巩，固也。”《诗·大雅·瞻卬》：“藐藐昊天，无不克巩。”毛亨传：“巩，固也。”《易·革》：“巩用黄牛之革。”高亨注：“巩，束而缚之也。”

29. 鞻：《说文》：“车衡三束也。曲辕鞻，直辕暈缚。从革爨声，读若《论语》‘钻燧’之钻。鞻或从革赞。”段玉裁注：“鞻之言攒也。”

30. 交：《说文》：“交胫也。”两腿相交缠绕。

绞：《说文》：“缢也。”《仪礼·士丧礼》：“绞横三缩一，广终幅，析其末。”郑玄注：“绞，所以收束衣服为坚急者也。”

筊：《说文》：“竹索也。”“索”乃扭转而成。

31. 衺：《广韵·虞韵》：“褏衣。”

十六、紧、坚硬义

1. 齻（端质）
2. 紧（见真）坚臤掔豎
3. 黠（匣质）齰硈

4. 馗（群幽）

5. 逼（帮职）

由“团聚”引申为“紧、坚硬”义。

1. 齷：《说文》：“齒坚也。”

2. 紧：《说文》：“缠丝急也。”

坚：《说文》：“土刚也。”《易·坤》：“履霜坚冰至。”《吕氏春秋·任地》：“凡耕之道……坚者耕之。”泛指“刚硬、牢固”义，《孟子·梁惠王上》：“可使制梃以挞秦、楚之坚甲利兵矣。”

臤：《说文》：“坚也，从又臣声。读若铿锵，古文以为贤字。”段玉裁注：“谓握之固也，故从又。”

掔：《说文》：“固也，从手臤声，读若《诗》‘赤舄掔掔’。”段玉裁注：“掔掔当依《豳风》作‘几几’，传曰：‘几几，絇貌。’”《墨子·迎敌祠》：“令命昏纬狗纂马，掔纬。”

鋻：《说文》：“刚也，从金臤声。”

3. 黠：《说文》：“坚黑也。从黑吉声。”《吴越春秋·勾践入臣外传》：“越之与吴，同土连域。勾践愚黠，亲欲为贼。”《汉书·赵充国传》：“安国至，召先零诸豪三十余人，以尤桀黠，皆斩之。”颜师古注：“桀，坚也，言不顺从也，为恶坚也。”

齰：《说文》：“齒坚声。从齒吉声。”即齿相切之声，亦取“坚”义。字亦作“齘”，《说文》：“齒相切也。从齒介声”。《方言》：“怒也，小怒曰齘。”

硈：《说文》：“石坚也。从石吉声。”《尔雅·释言》：“硈，巩也。”郭璞注曰：“硈然坚固。”《玉篇·石部》：“硈，坚也。”

4. 馗：《说文》：“迫也。读若求。”段玉裁注：“读九声则读如鸠矣，而又读如丘也。今俗谓逼迫人有所为曰馗，音正同丘。”亦以“逑”为之，《尔雅·释训》：“速速、蹙蹙，惟逑鞫也。”邢昺疏：“逑，急迫也。”

5. 逼：《尔雅·释言》：“逼，迫也。”

十七、区域、范围义

1. 苑（影元）
2. 埍（影元）
3. 官（见元）
4. 豢（匣元）圈圂（匣文）困（溪文）捆
5. 区（溪侯）彄
6. 庖（并幽）
7. 堡（帮幽）
8. 肾（禅真）
9. 壇（定元）
10. 圉（喻鱼）
11. 奥（影觉）隩澳
12. 或（匣职）阈
13. 陬（精侯）
14. 不（帮之）
15. 阹（溪鱼）
16. 牢（来幽）
17. 邑（影缉）
18. 邦（帮东）
19. 囿（匣之）
20. 園（匣元）
21. 校（心宵）

圆转、弯曲在地理上形成一个范围，引申出“区域、范围”义。

1. 苑：《说文》：“所以养禽兽囿也。”（清）朱骏声《定声》：“《字林》：‘林有垣曰苑。’”《一切经音义》卷一九：“有垣曰苑。”“苑”与“院”相同之处即都是垣墙围起来的部分；

不同之处在于用途，“苑”专指养禽兽、花木而供游乐的地方，“院”则指人的生活区域。《周礼·秋官·雍氏》：“禁山之为苑、泽之沈者。”《汉书·元帝纪》：“以三辅、太常、群国公田及苑可省者振业贫民，赀不满千钱者赋贷种、食。”

2. 埍：《说文》：“徒隶所居也，从土肙声。一曰女牢，一曰亭部。”张舜徽《说文约注》：“古之徒隶，即罪人也。罪人所居谓之埍，犹养畜之闲谓之圈耳。此与牢本闲养牛马之名，亦偁罪人所居曰牢，同意。”《广韵·铣韵》：“女牢。”

3. 官、馆：《说文》：“官，吏事君也。从宀从𠂤。会意。”按，“官”，契文作“”、“”等形，“阝”为土堆，“官”则为建屋于𠂤上，供旅途中止息之所，即客舍。杨树达从典籍众多用例中亦得出：“官指地，非指人”，“凡云校官或云学官者，无不指学舍而言”。[①]《论语·子张》：“夫子之墙数仞，不得其门而入，不见宗庙之美，百官之富。”（汉）贾谊《新书·耳痹》：“百世名宝因闲官为积。”（清）俞樾《诸子平议·贾子二》：“官乃馆之古文，闲官即闲馆，谓馆舍之空虚者。”后加“饣”旁派生出“馆”字，《诗·郑风·缁衣》：“适子之馆兮。”孔颖达疏：“馆者，人所止舍。古为舍也。”《左传·襄公三十一年》：“是以令吏人完客所馆，高其闬闳，厚其墙垣。”杜预注：“馆，舍也。”

4. 豢：《说文》：“以穀圈养豕也。”段玉裁注：“圈者，养兽之闲，圈养者，圈而养之，圈豢迭韵。”《礼记·乐记》：“夫豢豕为酒，非以为祸也。”郑玄注：“以谷食犬豕曰豢。”“豢”字的出现印证了先民由野外狩猎到家庭圈养牲畜的历史演进过程。

圈：《说文》：“养畜之闲也。”泛化为一般的类似圆圈的器物。《礼记·玉藻》：“母没而杯圈不能饮焉。”郑玄笺：“圈，屈木所为，谓卮、匜之属。”

圂：《说文》：“厕也，从囗象豕在囗中也。”《玉篇·囗部》：

---

① 杨树达：《积微居金石论丛·释官》，中华书局1983年版，第19页。

“厕也，豕所居也。”《汉书·五行志中之下》：“燕王宫永巷中豕出圂，坏都灶。颜师古注：“圂者，养豕之牢也。”

困：《说文》：“故庐也。”亦作“围困”义，《左传·定公四年》：“困兽犹斗，况人乎？”即被围困之兽。

捆：《说文》：“门橛也。”作围限之用。

5. 区：《说文》：“踦区藏匿也。”甲骨文“区”写作像拐角处存藏众多器物形。《左传·昭公七年》：“作《仆区》之法。”郭璞注：“区，匿也。”亦有“弯曲”义，《礼记·乐记》：“然后草木茂，区萌达。”郑玄注：“屈生曰区。”

彄：《说文》：“弓弩端，弦所居也。”段玉裁注：“端者，头也。两头隐弦处曰彄。”

6. 庖：《说文》：“厨也。”《周礼·天官·冢宰》：“庖人，中士四人，下士八人，府二人，史四人，贾八人，胥四人，徒四十人。”郑玄注：“庖之言苞也，裹肉曰苞苴。”

7. 堡、堡：《广韵·皓韵》：“堡障、小城。”亦作“堡”，《礼记·檀弓下》：“公叔禺人遇负杖入保者息。”《后汉书·刘盆子传》：“时三辅大饥，人相食，城郭皆空，白骨蔽野，遗人往往聚为营保，各坚守不下。”

8. 肾：《说文》：“水藏也。”《书·盘庚下》：“今予其敷心腹肾肠，历告尔百姓于朕志。”《素问·六节藏象论》：“肾者，主蛰封藏之本，精之处也，其华在发，其充在骨。”

9. 墠：《说文》：“祭坛场也，从土亶声。”《书·金縢》：“公乃自以为功，为三坛同墠。为坛于南方北面，周公立焉。”孔安国传：“墠，筑土。”

10. 圉：《说文》：“图圄也，所以拘罪人。”字亦作“圄”，《说文》：“圄，守之也。从囗吾声。”《左传·宣公四年》：“乃以若敖氏之族，圄伯嬴于轑阳而杀之。”杜预注：“圄，囚也。”《论衡·逢遇》：“乃使马圄，往说之。”

11. 奥：《说文》：“宛也，室之西南隅。”段玉裁注：“宛、奥双声，宛者，委曲也，室之西南隅，宛然深藏。”《仪礼·少牢馈食礼》：“司宫筵于奥，祝设几于筵上，右之。”郑玄注：“室中西南隅谓之奥。”《韩非子·说林下》：“卫将军文子见曾子，曾子不起而延于坐席，正身于奥。”

隩：曲深处。《庄子·天下》：“弱于德，强于物，其涂隩矣。”（唐）陆德明《释文》：“隩，李云：‘深也，谓其道深。’”《文选·鲍照〈芜城赋〉》：“重江复关之隩，四会五达之庄。”李善注：“《苍颉篇》：‘隩，藏也。’”

澳：《广韵·号韵》：“澳，澳深。”《集韵·号韵》：“澳，深也。”《文选·颜延之〈始安郡还都与张湘州登巴陵城楼作〉诗》：“清氛霁岳阳，曾晖薄澜澳。”李善注引《尔雅》：“澳，隈也。”

12. 或、域、国：《说文》：“或，邦也，从囗从戈以守一，一，地也，或又从土，作域。”段玉裁注：“《邑部》曰：‘邦者，国也。’盖或、国在周时为古今字。古文只有‘或’字，既乃复制‘国’字。以凡人各有所守，皆得谓之或。”杨树达《积微居小学述林·文字初义不属初形属后起字考》：“按或、国二字，许君同训为邦，明本是一字，域字加义旁土，国字加义旁口耳……今则或、域、国三字各为一字，音亦互殊，邦国之义专属国字，而或、域无与矣。”复加“囗”而为“国”字。

阈：《说文》：“门榍也。《论语》曰：‘行不履阈。’”即门槛，《尔雅·释宫》：“柣谓之阈。”郭璞注：“阈，门限。”《仪礼·士冠礼》：“布席于门中，闑西阈外，西面。”郑玄注：“阈，阃也。”贾公彦疏：“阃，门限，与阈为一也。”作围限之用。

13. 陬：《说文》：“阪隅也。”《广雅·释言》：“陬，角也。”《释丘》：“隈也。”《管子·地员》：“五沃之土，若在丘在山，在陵在冈，若在陬，陵之阳。”《史记·绛侯周勃世家》：“后吴奔壁东南陬，太尉使备西北。”（南宋）裴骃《史记集解》引如淳曰：“陬，隅也。”

14. 不、柎：不，契文作“”、“”等形，像花萼之柎形，即“柎”之本字，《诗·小雅·棠棣》：“棠棣之华，鄂不韡韡。”郑玄笺：“承华者曰鄂，不当作柎。柎，鄂足也。鄂足得华之光明。”按，在“花萼”义上，“不”、“柎”乃古今字。《说文·不部》：“不”，段玉裁注：“古声不，柎同。”《玉篇》：“柎，花萼足也，凡草木房谓之柎。”“不”，帮纽之韵，“柎”，帮纽侯韵，声纽相同，韵部旁转。又《山海经·西山经》：“（崇吾之山）有木焉，员叶而白柎，赤华而黑理。”郭璞注：“今江东人呼草木子房为柎，音府。一曰：柎，花下鄂。”袁珂注：“柎，花萼房也。”

15. 陆：《说文》：“依山谷为牛马圈也。”《汉书·司马相如传》：“江河为陆，泰山为橹。”（南宋）裴骃《史记集解》引郭璞曰：“橹，望楼也。因山谷遮禽兽为陆。”《文选·左思〈吴都赋〉》：“陆以九疑，御以沅湘。”刘逵注：“陆，阑也，因山谷以遮兽也。”

16. 牢：《说文》：“闲也，养牛马圈也。从牛冬省，取其四周帀。”《诗·大雅·公刘》：“执豕于牢，酌之用匏。”

17. 邑：《说文》：“国也。”《尔雅·释地》：“邑外谓之郊。”郭璞注：“邑，国都也。”《诗·商颂·殷武》：“商邑翼翼，四方之极。”毛亨传：“商邑，京师也。”《文选·张衡〈东京赋〉》：“昔先王之经邑也，掩观九隩，靡地不营。”薛综注：“先王，谓周成王也。邑，洛邑也。”

18. 邦：甲文作“”，毛公鼎作“”，《说文》作“”，古文作“”。“邦”实即“封”，《说文》：“国也。”段玉裁注曰：“邦之言封也，古邦封通用。《书序》‘邦康叔’、‘邦诸侯’，《论语》‘在邦域之中’，皆封字也。”《左传·昭公七年》：“封略之内，何非君土，食土之毛，谁非君臣。”《诗·大雅·皇矣》：“王此大邦，克顺克比。”

19. 囿：《说文》：“苑有垣也。”《左传·僖公三年》：“齐侯与蔡姬乘舟于囿，荡公。”《诗·大雅·灵台》：“王在灵囿，麀鹿攸伏。”毛亨传：“囿，所以域养鸟兽也。”

20. 園：《说文》：“園，所以树果也。从囗袁声。”“圃，种菜曰圃。”按，“園”、“圃”的区别不在于种植的内容，因为在先秦无论是种果树还是种菜，都可以叫做“園”或“圃”，《周礼·地官·场人》：“场人掌国之场圃，而树之果蓏珍异之物。以时敛而藏之。”二者的区别在于“園”加围墙，得名于“圈围”之义。《周礼·地官·载师》：“以廛里任国中之地，以场圃任园地。”郑玄笺：“樊圃谓之园。”即给“圃”圈上篱笆。《诗·郑风·将仲子》：“将仲子兮，无踰我园，无折我树檀。”孔颖达疏：“园者，圃之蕃。”从谐声系统来看，“袁”声寓“圆、围”义，如“圜”、“阛”、“寰”、“鬟”、“缳”、“还”等词，详参本章第一节各词条。

21. 校：《说文》：“木囚也。”《易·噬嗑》：“屦校灭趾，无咎。”王弼注：“校者以木绞校也，即械也。校者取其通名也。”孔颖达疏：“校谓所施之械也。”

十八、短小义

1. 腱（邪元）
2. 鋑餯（定元）
3. 酮（见元）涓鋗
4. 短（端元）
5. 蛲（日宵）
6. 襡襦（定屋）
7. 荧（匣耕）茕罃
8. 騹（禅歌）
9. 雏（崇侯）譈
10. 羜（定鱼）
11. 貗（聚，从侯）

12. 铊（审歌）
13. 么（影宵）
14. 狗（见侯）驹犳
15. 犊（定屋）殰
16. 獥（影宵）
17. 羔（见宵）
18. 貗（来侯）
19. 犹（喻幽）
20. 縠縠㲉觳（溪屋）
21. 㾁狡（见宵）
由“曲聚”义引申为“短小”义。
1. 膗：《方言》卷一三：“膗，短也。”郭璞注：“便旋，庳小貌也。”《广韵·仙韵》：“短也。”
2. 鎵：《说文》：“小矛也。”
㺓：《广韵·祭韵》：“短貌。”
3. 䣙：《说文》：“酙酒也。”段玉裁注：“《玉篇》曰：‘以孔下酒也。’按，谓涓涓而下也。”
涓：《说文》：“涓，小流也。”《晋书·凉武昭王李玄盛传论》：“覆篑创元天之基，疏涓开环海之宅。”（北魏）郦道元《水经注·河水四》：“山上又有微涓细水流入井中，亦不甚沾人。”
鋗：《说文》：“小盆也，从金肙声。”（清）朱骏声《定声》：“鋗，小盆也……《博古图》有汉梁山铜，容二斗，重十斤，元康元年造。《汉书·李广传》‘不击刁斗自卫’注：‘铜即铫也。’按皆釜之有镮者。”
4. 短：《广韵·缓韵》：“促也，不长也。”《左传·昭公三年》：“彼其发短而心甚长，其或寝处我矣。”《晏子春秋·杂下九》：“晏子使楚，以晏子短，楚人为小门于大门之侧而延晏子。”
5. 蛲：《说文》：“腹中短虫也。从虫尧声。”（清）朱骏声

《定声》：“《淮南子·修务》：‘蚑行蛲动之虫。’《原道》：‘泽及蚑蛲。’注：‘微小之虫也。’”《广韵·宵韵》：“蛲，人腹中虫。”

6. 襡、襦：《说文》：“襡，短衣也，从衣蜀声。”《玉篇·衣部》：“短衣也，又衣袖。”亦作“襦”，《玉篇·衣部》：“短衣也。”《广雅·释器》：“襡，长襦也。”（清）王念孙《广雅疏证》：“《说文》：‘襦，短衣也。’……其似襦而长者，则特别之曰长襦。”

7. 荧：《说文》：“屋下灯烛之光。”乃微弱之光也。

荥：《说文》：“绝小水也。”《广韵·青韵》：“荥，小水也。”《淮南子·泰族训》：“故邱阜不能生云雨，荥水不能生鱼鳖者，小也。”（清）王念孙《读书杂志·淮南内篇二》：“荥水，小水也。《说文》：‘荥，绝小水也。’”

瓮：《说文》：“小瓜也。”

8. 驿：《说文》：“马小貌。”

9. 雏：《说文》：“鸡子也。”《尔雅·释鸟》：“生噣，雏。”指幼小之畜，《礼记·内则》：“鲂鲔烝，雏烧。”孔颖达疏：“雏是鸟之小者。”《淮南子·时则训》：“天子以雏尝黍。”高诱注：“雏，新鸡也。”

謅：《广韵·尤韵》：“阴私小言。”《集韵·尤韵》：“小言私授谓之诌。”

10. 羜：《说文》：“生羔五月也。”《诗·小雅·伐木》：“既有肥羜，以速诸父。”毛亨传：“羜，未成羊也。”《尔雅·释畜》：“未成羊，羜。”郭璞注：“俗呼五月羔为羜。”

11. 豯：《玉篇》：“小母猪。”（唐）徐坚《初学记》卷二九引何承天《纂文》：“齐、徐以小猪为豯。”

12. 铊：《说文》：“短矛也，从金它声。”

13. 么：《说文》：“小也，象子初生之形。”《尔雅·释兽》：“么，幼。”《文选·陆机〈文赋〉》：“犹弦么而徽急，故虽和而不悲。”李善注：“《说文》曰：‘么，小也。’”

14. 狗、豿：幼小的犬。《尔雅·释畜》：“狗，未成毫狗。”（清）朱骏声《定声》：“狗，犬也，大者为犬，小者为狗，从犬句声。”又指熊虎之子，《释兽》：“熊虎丑，其子，狗。”郭璞注：“律曰：捕虎一，购钱三千，其狗半之。”后分化出字形“豿”专指“熊虎之子”。《玉篇·豸部》：“豿，熊虎之子。”《说文》“狗”词条下，段玉裁注：“按《释兽》（按，‘兽’应为‘畜’）云，未成毫狗，与马二岁曰驹、熊虎之子曰同义，皆谓稚也。”段氏认为“狗”、“豿”、“驹”得名理据为“幼小”。

驹：《说文》：“马二岁曰驹。”《周礼·夏官·校人》：“春祭马祖，执驹。”郑玄注引郑司农曰：“二岁曰驹。”《庄子·天下》：“孤驹未尝有母。”《汉书·刘德传》：“德字路，少修黄老术，有智略。少时数言事，召见甘泉宫，武帝谓之‘千里驹’。”颜师古注：“年齿幼少，故谓之驹。”

㹼：《尔雅·释畜》“其子犊”，郭璞注：“今青州呼犊为㹼。”字亦作“犋”。《文选·郭璞〈江赋〉》：“夔犋翘踛于夕阳，鸳雏弄翮乎山东。”李善注：“《尔雅注》曰：‘今青州呼犊为犋。’㹼，夔牛之子也。”

15. 犊：《说文》：“犊，牛子也。”《后汉书·杨彪传》：“后子修为曹操所杀，操见彪问曰：‘公何瘦之甚？’对曰：‘愧无日磾先见之明，犹怀老牛舐犊之爱。’”

殰：《说文》：“胎败也。”《字汇》：“未及生而胎败也。”字又作“䐢”，《淮南子·原道训》：“兽胎不䐢。”高诱注：“胎不成兽曰䐢。”

16. 獥：《尔雅·释兽》：“狼，其子獥。”

17. 羔：《说文》：“羔，羊子也。”《汉书·杨恽传》：“田家作苦，岁时伏腊，亨羊炰羔，斗酒自劳。”（元）王祯《农书》卷五：“其羊每岁得羔，可居大群，多则贩鬻。”

18. 貗：《尔雅·释诂》：“貐子，貗。”邢昺疏引《字林》：“貐，兽，似豕而肥，其子名貗。”（清）郝懿行《尔雅义疏》：

“按今貛形如猪，穴于地中，善攻堤岸，其子名貗。”

19. 犹：《说文》：“一曰陇西谓犬子谓犹。”

20. 豰：《说文》：“小豚也。”

縠：《说文》：“细縳也。”

㝅：《说文》：“乳也。”

鷇：《尔雅·释鸟》：“生哺，鷇。”郭璞注：“鸟子须母食之。”《说文》：“鸟子生哺者。”《方言》卷八：“爵子及鸡雏皆谓之鷇。”《国语·鲁语上》：“鸟翼鷇卵，虫舍蚳蝝。”韦昭注：“翼，成也。生哺曰鷇，未乳曰卵。”《汉书·东方朔传》：“声謷謷者，鸟哺鷇也。”颜师古注引项昭曰：“凡鸟哺子而活者为鷇，生而自啄曰雏。”

21. 瓝：《说文》：“小瓜也。”

狡：《说文》：“少狗也。”

十九、迅疾、轻急义

1. 湍（透元）
2. 趯（晓元）懁
3. 翚騨挥（晓微）
4. 奋（帮文）
5. 钀（晓微）
6. 趫（见质）
7. 泬歕（喻质）
8. 趹（溪月）
9. 颮（匣物）
10. 飘（滂宵）票嘌漂慓僄趮勡摽翲剽
11. 扚（端沃）
12. 飙（帮宵）
13. 颓（定微）

14. 茕（群耕）

15. 減（匣职）

旋转在速度上引申出“迅疾”、“轻急”义。

1. 湍：《说文》：“疾濑也。”水势急。《孟子·告子篇》：“夫性犹湍水也。”赵岐注：“湍者，圜也。”孙奭疏：“水流沙上，萦回之势湍湍然也。”《史记·河渠书》：“于是禹以为河所从来者高，水湍悍。”《集解》引韦昭曰：“湍，疾。”

2. 趯：《说文》：“疾也，从走瞏声，读若谨。”

懁：《说文》：“急也，从心瞏声，读若绢。”

3. 翚：《说文》：“大飞也，从羽军声。”《尔雅·释鸟》：“鹰隼丑。其飞也翚。”郭璞注：“鼓翅翚翚然疾。”《文选·张衡〈西京赋〉》：“若夫游鷮高翚，绝坑踰斥。”薛综注：“翚，飞也。”均训“翚”为“疾飞”义。按，“翚”从军得声，当取于“回旋”义，沈兼士《与丁声树论释名潏字之义类书》：“鹰鹞之属，其飞喜盘空作回旋之势，故云欥云翚。”[1] 由回旋之飞引申出“疾快”义。

驒：善于盘旋之马，《山海经·北山经》：“有兽焉……其名曰驒，善还。”

挥：《说文》：“奋也，从手军声。”取义于“圆、围”。

4. 奋：《说文》：“翚也。”《尔雅·释鸟》：“雉，绝有力，奋。”郝疏：“奋者，《说文》云：‘翚也’，‘翚，大飞也’。按，鸡属云，绝有力、奋，羊属亦同。《淮南·时则训》云：‘鸣鸠奋其羽。’高诱注：‘奋迅其羽直刺上飞也，然则凡有力者通谓之奋。’”此乃以“有力”训“奋”。按，同“翚”，“奋”乃得名于“回旋”义，沈兼士《与丁声树论释名潏字之义类书》：“从羊属亦同观之，知奋绝非指鸟羽之直刺上飞而言，盖鸟兽之有力者均喜作势而善还，因之同得此名。”

① 沈兼士：《沈兼士学术论文集》，中华书局1986年版，第203页。

5. 鱖：《尔雅·释鱼》：“鱼有力者黴。”郭璞注：“强大多力。”邢昺疏：“凡鱼之强大多力异于群辈者名黴。”

6. 趫：《说文》：“狂走也，从走矞声。”

7. 泬：《说文》：“水从空穴疾出也。从水从穴，会意，穴亦声。”得名于“穴”之“回旋”义。

鴥：《说文》：“鸇飞貌。”《诗·秦风·晨风》：“鴥彼晨风，郁彼北林。”毛亨传：“鴥，疾飞貌。”孔颖达疏：“鴥者，鸟飞之状，故为疾貌。”（晋）左思《蜀都赋》：“熊罴咆其阳，雕鹗鴥其阴。”按，得名于“回旋”义。

8. 趹：《说文》：“马行貌。”《史记·张仪传》：“秦马之良，戎兵之众，探前趹后，蹄间三寻。”《史记索隐》：“趹谓后足抉地，言马之走势疾也。”《史记索隐》以“抉地”作“趹”之音义来源，未妥。《淮南子·修务训》：“身淬霜露，軙蹻趹，跋涉山川。”高诱注：“趹，趣也。”《广雅·释诂》：“趹，疾也。”字亦以“决”为之，《庄子》：“我决起而飞，枪榆枋而止。”

9. 颶：《说文》：“大风也。从风日声。”段玉裁据小篆改“日”为“曰”：“曰，各本作日月之日，非声也，今并篆体正。”沈兼士《与丁声树论释名潏字之义类书》：“《艺文类聚》引庾阐《海赋》‘回颶泱漭，耸散穹隆。’下句耸散用双声，上句回颶亦当是双声，回颶应与回泬同，盖亦取义于回旋。”

10. 飘：《说文》：“回风也，从风票声。”段玉裁注：“回者，般旋而起之风，《庄子》所谓羊角，司马云：‘风曲上行若羊角也。’《释天》云：‘回风为飘。’”《尔雅·释天》：“回风为飘。”《汉书·蒯通传》：“天下之士云合雾集，鱼鳞杂袭，飘，至风起。”颜师古注曰：“飘，读曰猋，谓疾风，音必遥反。”亦以“漂”为之，《诗·郑风·萚兮》：“萚兮萚兮，风其漂女。”毛亨传：“漂，犹吹也。”

票：《说文》：“火飞也。”段玉裁注：“引申为轻锐之称。”《汉书·扬雄传》：“简力狡兽，校武票禽。”颜师古注曰：“票禽，轻疾之禽也。”《汉书·王商传》：“（王商）性残贼不仁，遣票轻吏微求人罪，欲以立威，天下患苦之。”颜师古注：“票，疾也。”

嘌：《说文》：“疾也。”《广韵·宵韵》：“疾吹之貌。”《诗·桧风·匪风》：“匪风飘兮，匪车嘌兮。”毛亨传：“嘌嘌，无节度也。”孔颖达疏：“由疾，故无节。”

漂：《说文》：“浮也，从水票声。”取其“轻”义。

慓：《说文》：“疾也。”《广雅·释诂》：“慓，急也。”（汉）张仲景《伤寒论·太阳病中》：“太阳统摄之荣卫，乃风寒始入之两途，风则伤卫，寒则伤荣。卫气慓疾，统气而行脉外。”

僄、嫖：《说文》：“僄，轻也。”《汉书·谷永传》：“崇聚僄轻无义小人以为私客。”颜师古注：“僄，疾也。”字亦作“嫖”，《说文》：“嫖，轻也。”（清）朱骏声《定声》：“当为僄之重文。”《汉书·广川惠王刘越传》：“背尊章，嫖以忽。”亦作“缥”，《汉书·贾谊传》：“凤缥缥其高逝兮，夫固自引而远去。”颜师古注曰：“缥缥，轻举貌，音匹遥反。”

趬：《说文》：“轻行也。”

勡、剽：《说文》：“勡，劫也。”字亦作“剽”，《说文》：“剽，一曰剽劫人也。”乃迅疾之“劫”。《周礼·考工记·弓人》：“小简而长，大结而泽，则其为兽必剽。”郑玄注：“剽，疾也。”《史记·梁孝王世家》：“彭离骄悍，无人君礼，昏暮私与其奴、亡命少年数十人行剽杀人，取财物以为好。”

摽：《说文》：“击也，从手票声。”乃“疾、快”之击，《左传·哀公十二年》：“长木之毙，无不摽也。”杜预注：“摽，击。”《春秋公羊传·庄公十三年》：“已盟，曹子摽剑而去之。”何休注：“摽，辟也，时曹子端剑守桓公，已盟，乃摽剑置地，与桓公相去离。”即“掷”义。《玉篇·手部》：“摽，掷也。”

翲：《广韵·宵韵》：“翲，高飞。”唯迅疾、轻锐方能高飞。

剽：《广韵·宵韵》：“强取，又轻也。”

11. 抅：《说文》：“疾击也。从手勺声。”段玉裁注：“疾速击之也。”

12. 飆、扶摇：《说文》：“扶摇风也，从风猋声，或从包声。”即自下而上所起的旋转之风，《汉书·扬雄传上》：“风发飆拂，神腾鬼趡。”颜师古注：“飆，回风也。”字亦作“猋”，《礼记·月令》：“猋风暴雨緫至，藜莠蓬蒿并兴。”郑玄注：“回风为猋。”（唐）陆德明《释文》：“猋，本又作飘。”亦作“扶摇”，《庄子·逍遥游》：“抟扶摇而上者九万里，去以六月息者也。”

13. 颓：《尔雅·释天》：“焚轮谓之颓。”郭璞注：“暴风从上下。”邢昺疏引孙炎疏曰：“回风，从上下曰颓。”《诗·小雅·谷风》：“习习谷风，维风及颓。”毛亨传：“颓，风之焚轮者也。”孔颖达疏：“孙炎曰：‘回风从上下曰颓。’”从下而上之回风曰飆，从上而下之回风曰颓，均得名于旋转之疾风。

14. 茕：《说文》：“回疾也。”段玉裁注：“回转之疾飞也。”《淮南子·本经训》：“抑淢怒濑，以扬激波。”高诱注：“淢，怒水也。”假借为“独、无依”义，《玉篇·飞部》：“具营切。单也，无兄弟也，无所依也，忧思也。或作惸、嬛。”

15. 淢：《说文》：“疾流也。”字亦作“窢”，《庄子·天下》：“其风窢然，恶可而言。”

二十、混沌、蒙昧义

1. 晕（匣文）晖浑
2. 溷（匣文）
3. 惃（混，匣文）
4. 耾（厷，匣蒸）
5. 聉澀（见物）
6. 耸（心东）聋（来东）
7. 浊（定屋）

8. 湄（匣微）

9. 䵴（匣文）

10. 棼（并文）

11. 㦉（明元）

12. 惑（匣职）

13. 淤（影鱼）

14. 缊（影文）

15. 昏（晓文）惛

16. 愦（见物）聩

17. 鬠（日东）

18. 垢（晓侯）

由“圆、全”义抽象为“混沌、蒙昧”义。

1. 晕：《说文·新附》：“日月气也。”甲骨文写作“”、“”等形，中间是“日”，四周表示光晕。《史记·天官书》：“两军相当，日晕。”

晖、辉：《说文》：“晖，光也。从日军声。”段玉裁注：“‘光也’二字，当作‘日光气也’四字。”（清）王筠《说文句读》：“至于《赵策》‘日月晖于外，其贼在于内’，此义则今字作晕，音运……依高诱则兼意，许归切；当兼王问切。”又《说文》：“辉，光也。”段玉裁注：“日部曰：‘晖，光也。’二字音义皆同。辉与光互训。……析言之，则辉、光有别。……朝旦为辉，日中为光。”即不清晰之光为“晖（辉）”。

浑：《说文》：“浑，混流声也，从水军声。一曰污下貌。”

2. 溷：《说文》：“乱也。一曰水浊貌，从水圂声。”《广雅·释诂》：“溷，浊也。”《尔雅·释水》：“所渠并千七百，一川色黄。”郭璞注：“众水溷淆，宜其浊黄。”《易·噬嗑》：“刚柔分动而明。”王弼注：“刚柔分动不溷乃明。”（唐）陆德明《释文》：“溷，杂也。”

3. 惃：《广韵·混韵》：“惃乱。”《魂韵》：“乱也。”

4. 耾:《广雅·释诂》:“耾,聋也。”《集韵》:“耾,耳中声也。”

5. 聉:《说文》:“无知意也。从耳出声,读若孽。”

淈:《说文》:“浊也。”即搅浑。《楚辞·渔父》:“世人皆浊,何不淈其泥而扬其波?”(汉)扬雄《法言·吾子》:“女恶华丹之乱窈窕也;书恶淫辞之淈法度也。”

6. 聋:《说文》:“生而聋曰聋。”《方言》卷六:“聋,聋也。生而聋,陈楚江淮之间谓之聋。荆扬之间及山之东西双聋者谓之聋。”

聋:《说文》:“聋,无闻也。”《庄子·逍遥游》:“聋者无以与乎钟鼓之声。”《左传·僖公二十四年》:“耳不听五声之和为聋,目不别五色之章为昧。”《韩非子·解老》:“耳不能别清浊之声则谓之聋。”

7. 浊:污浊。《说文》:“一曰溷水。”《楚辞·离骚》:“世溷浊而不分兮,好蔽美而嫉妒。”《诗·小雅·四月》:“相彼泉水,载清载浊。”《楚辞·渔父》:“沧浪之水清兮,可以濯我缨;沧浪之水浊兮,可以濯我足。”

8. 涠:《说文》:“不流浊也。”即浑浊的积水。(清)朱骏声《定声》:“止水围守少所宣泄之谓。”《玉篇·水部》:“涠,浊不流貌。”

9. 䢵:《说文》:“物数纷䢵乱也,从員云声。”字亦作“纭”,《玉篇》:“纭,数乱也。”《孙子·势》:“纷纷纭纭,斗乱而不可乱也;浑浑沌沌,形圆而不可败也。”杜佑注:“旌旗乱也。”

10. 棼:纷乱。《尚书·吕刑》:“民兴胥渐,泯泯棼棼,罔中于信,以覆诅盟。”孔颖达疏:“棼棼,扰攘之状。”实假借为“紊”,又《左传·隐公四年》:“臣闻以德和民,不闻以乱。以乱,犹治丝而棼之也。”杜预注:“棼,丝见棼缊,益所以乱。”(唐)陆德明《释文》:“乱也。”

11. 懑：《说文》：“忘也，懑兜也。”段玉裁注：“懑兜，盖古语，忘之皃也，犹今人曰胡涂不省事。”即糊涂不省事。

12. 惑：不解。《说文》：“乱也。”《庄子·天地》：“大惑者，终身不解。”《孟子·公孙丑上》：“若是，则弟子之惑滋甚。”《史记·伯夷列传》：“余甚惑焉，傥所谓天道，是邪非邪?”

13. 淤：《说文》：“澱滓浊泥。”《玉篇·水部》：“淤，水中泥草。”《汉书·沟洫志》：“春夏干燥，少水时也，故使河流迟，贮淤而稍浅。”

14. 缊：《说文》：“绋也。”即乱麻，《礼记·玉藻》：“纩为茧，缊为袍。”郑玄注：“纩谓今之新绵也。缊谓今纩及旧絮也。”《汉书·东方朔传》：“以韦带剑，莞蒲为席，兵木无刃，衣缊无文。”颜师古注曰：“缊，乱絮也。”

15. 昏：《说文》：“日冥也。”不明朗之时。《诗·陈风·东门之杨》：“昏以为期，明星煌煌。”（唐）段成式《酉阳杂俎续集·贬误》：“《礼》，婚礼必用昏，以其阳往而阴来也。”故可引申出其抽象义“昏聩、糊涂”，《书·多方》：“乃大淫昏，不克终日劝于帝之廸。”《吕氏春秋·诬徒》：“昏于小利，惑于嗜欲。”高诱注：“昏，迷；惑，悖。”

惛：神志不清，《说文》：“不憭也。从心昏声。”《孟子·梁惠王上》：“王曰：‘吾惛，不能进于是矣。’”赵岐注：“王言，我情思惛乱，不能进行此仁政。”《南史·宋纪中·孝武帝》：“帝末年为长夜之饮……俄顷数斗，凭几惛睡，若大醉者。”字亦作“惽”，《广雅·释诂》：“惽，痴也。”

16. 愦：《说文》：“乱也。从心贵声。”即混乱、神志不清。《战国策·齐策四》：“（孟尝君）谢曰：‘文倦于事，愦于忧而性懧愚，沉于国家之事，开罪于先生。’”鲍彪注：“愦，乱也。以忧思昏乱。”《汉书·息夫躬》：“小夫愞臣之徒愦眊不知所为。”颜师古注曰：“愦，心乱也。”

聩：《说文》：“生而聋也。从耳贵声。”《国语·晋语四》：

“嚚瘖不可使言，聋聩不可使听。”韦昭注：“生而聋曰聩。”

17. 髶：《说文》：“发乱也。”《广韵·钟韵》：“髶，发多乱貌。”

18. 垢：污浊。《说文》：“浊也。”《仪礼·既夕礼》：“疾病，外内皆埽。彻亵衣，加新衣。”郑玄注：“故衣垢污，为来人秽恶之。”《庄子·大宗师》：“芒然彷徨乎尘垢之外，逍遥乎无为之业。”《韩非子·大体》：“不吹毛而求小疵，不洗垢而察难知。”

第四章　结　语

对事物得名的由来，人类普遍有着好奇心，并为之付诸长期的探索实践活动。在汉语领域，从先秦两汉时期的声训算起，人们对语源的探求已有两千多年的历史，其间经历了汉代刘熙的“释名说”，宋代王圣美等人的“右文说”，清代以王念孙、段玉裁为代表的“音近义通说”，近代章太炎《文始》的“语根沿流法”、沈兼士的“新右文说”，当代王力《同源字典》的“音义双重限制法”。《同源字典》问世后，语言学界一度掀起了语源研究的热潮，并出现了一批语源学专著，如任继昉的《汉语语源学》（1994），殷寄明的《汉语语源义初探》（1998）、《语源学概论》（2000），孟蓬生的《上古汉语同源词语音关系研究》（2001），张博的《汉语同族词的系统性与验证方法》（2003）等等。其中，《汉语语源学》是汉语语源史上第一部通论性的著作，《汉语同族词的系统性与验证方法》则是第一部系统论证同族词验证方法的专著。

可以看出，汉语词源的研究经历了漫长而曲折的历程，人们力求获得更好的研究方法，并趋向于系统的词族研究。词语在语言运用中不断发生变异、孳乳派生，从而产生了新词，新旧词之间在音义上有着传承的关系，因此同族词的系联要通过词源义、语音相通的特点来把握。但是在同族词的构组过程中，特别是在考察语音关系时，有个无法回避却不得不面对的致命缺陷，那就是在共时系统中看待历时问题。所以，如果系联的词语达到一定数量时，语音关系在一个平面上就表现为“无所不转”。这时，汉语词源学就像一个表面有着迷人光环的陷阱，吸引着人们，最后的结果往往是无法解释复杂的语音关系，只好死守语音条例，进行原子式研究，肢解词族关系。因此，尽管从最初先秦时期的随文声训算起，人们对汉语语源的探求已有两千多年的历史，但是有规模的词族研究专题寥寥无几，目前所知的有程瑶田的《果赢转语记》（载《安徽丛书》1934 年第 2 期）、蔡凤圻的《混沌——〈语源〉初稿之一节》（载《说文月刊》1941 年第 2 卷第 11 期）、刘又辛的《释“籧篨”》（载《语言研究》1984 年第 1 期），而且所收词语均在双音节词领域。

理论上，词族是存在的，我们利用各种材料，通过音义关系，可以做到词族的构组。语音方面，利用谐声偏旁和其他古代的语音材料，发现并证明词语的语音流转关系，同时参照已构拟的古音系统；语义即词源义方面，利用谐声寓意特点及古代的训诂材料，努力透过词汇意义探求隐含的词源意义。声符载义，是语源义在字形上的体现，它使同族词的系联具有了目治的可操作性。所以，在词族的构组过程中，我们应特别重视谐声系统的价值，将据声符系联与据音系联结合起来，以谐声偏旁为起点，在此基础上系联其他不同谐声偏旁的词语。

在“圆”词族中，我们系联了“圆、转”义、“运转”义、“弯曲、屈曲”义等二十个词群，词群之间有着或远或近的层次关系，其间的语义关系如下页图所示。

词族中，如果孤立地来看两个关系较远的词群，如“迅疾、轻急”义词群与“短小”义词群，恐怕不会认为二者有什么关系。但是，如果明白“迅疾、轻急”义是由“圆、转”义派生的，“短小”义是由“屈曲”义派生的，而“圆、转”义又与“弯曲、屈曲”义相通，就可以明白“迅疾、轻急”义与“短小”义两个族群之间的关系，即二者同属一个词群。因此，同族词的研究要有系统的理念，这样才能更好地对词语作出发生学的说明。

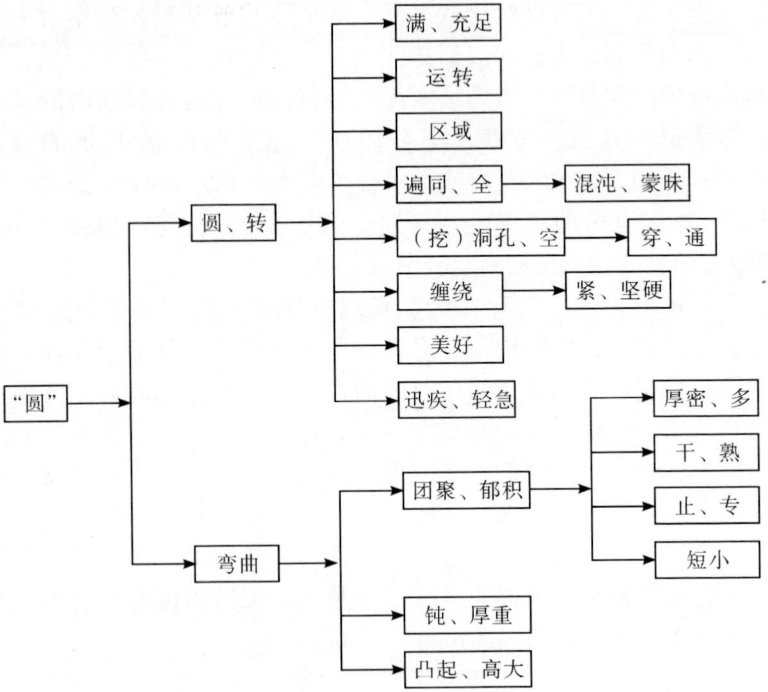

在对具体单音词词源义的探求过程中，我们在参考前修时贤之研究成果的同时，提出了一些研究心得，如利用声符线索考察出“穷”、“极”、“究”虽同属一个词族，但并不在同一个意义层次上：“穷”、“极”得名于“（弯曲）之制高点”义，而“究”则得名于“（聚而）止”义。王力先生虽将“穷”、“极”系为同源关系，但仅据训诂资料指出其词汇意义即“穷尽”义，并没有分析和指明其词源义。又如“飘”、“飙”、“票”、“嘌”、“漂”、“慓”、“嫖”、“摽”、“勡”、“剽”诸词，均含“迅疾”、“轻急”词义特点，乃“旋转”动作在速度上的表现。王力①认

① 王力：《同源字典》，商务印书馆1982年版，第223页。

为其语源义为“风”、“飞”义，是将词汇意义等同于词源义。任继昉[①]将其分为“风”、“飞”、“疾”、“轻”四个词群，但未明“风”、“飞”这两个词群的语源义，亦是将词汇意义等同于词源义。前面我们提到任继昉《汉语语源学》是汉语语源史上第一部通论性的著作，其系联同源词是在词族理念的指导下进行的，但我们发现在探究词源义时，该书有时也将词源义与词汇意义混淆，这样一来，就会影响其所构拟词群的准确性。如书中将“飘”、“扶摇”、“飙”归入“风”这个意义层次，举例如下：①《尔雅·释天》：“回风为飘。”《汉书·蒯通传》：“天下之士云合雾集，鱼鳞杂袭，飘，至风起。”颜师古注曰：“飘，读曰猋，谓疾风，音必遥反。”②《尔雅·释天》：“扶摇为之猋。”孙注：“回风从下上曰猋。”《礼记·月令》：“猋风暴雨总至。”注：“回风为猋。”《释文》：“猋，本又作飘。”字又作“飙”。《说文》：“飙，扶摇风也。”《初学记》卷一“风”引作“疾风也”。单纯从这些训诂材料的表面来看，“飘”、“扶摇”、“飙”确实都是“风”，但此“风”非一般之“风”，乃迅疾之风，其共同的词义特点及词源义乃为“迅疾”义。可以看出，虽然从理论上已明确词源义与词汇意义的区别，但在具体的工作中，还是容易混淆二者的。其实在众多训诂材料中，注释者或有意或无意地指明了其词源义，如颜师古对“飘”作的注“飘，读曰猋，谓疾风”，颜氏已指明“飘”为“疾”之风。又《说文》：“趽，曲胫马也，从足方声。读与彭同。”指出“趽”乃马之“曲胫”，故可引申出“邪曲”义。《说文》“鏓”下，段玉裁注曰：“囱者多孔，蔥者空中，聰者耳顺，义皆相类。”“囱”、“蔥”、“聰”有着共同的声符，故此处段玉裁将其列为一处，抽绎出其共同词义特点即“通”义。又《说文》：“欘，斤柄性自曲者。”（清）

① 任继昉：《汉语语源学》，重庆出版社1994年版，第150页。

朱骏声《定声》：“《海内经》：‘百仞无枝有九欘。’注：‘欘，枝回曲也。’”《广韵·烛韵》：“枝上曲，一曰斤柄。”《山海经·海内经》：“有木，青叶紫茎，玄华黄实，名曰建木，百仞无枝，有九欘。”郭璞注：“枝回曲也。”关于“欘”，众注释者均提及其特点即“曲”，而“曲”正是其词源义。

发生学层面的词语解释即词源义，有利于人们对该词的进一步理解，但现今词典对词语的阐释往往仅限于词汇意义层面。如《汉语大词典》虽是一部源流并重的巨型语文工具书，但其对词语的阐释往往并没有涉及其词源义。以“沱”为例，《汉语大词典》列有五个义项：①江水支流的通称。②大雨貌。③泪垂貌。④可以停船的水湾。⑤古水名。收录词语“沱茶”，释为“压成碗形的成块的茶。产于云南、四川。亦指用沱茶沏的茶水”。其实第四个义项与“沱茶”之“沱”是一致的，“停靠的水湾”其形为圆转状，而称“压成碗形的成块的茶”为“沱茶”，亦从其“圆转”状而命名。四川泸州方言谓“回旋之水”为“回水沱”。“秤锤”又称“砣”，其形乃圆转状。“坨”用作量词则是用来计量成团、成块或成堆的物体，如“一坨烂泥”、“一坨和好的湿面”。可证“它”声寓“圆”义。如果词典指明“沱”之词源义或其得名之由，那么人们对“沱茶”之词义的理解会更加深入。又“耇”，《说文》：“老人面冻黎若垢也。”《说文》所释并不准确，(清)朱骏声《定声》：“当训老人背佝偻也。”人老容易背曲，故“耇”引申为老人，其声符为“句(勾)”，寓“弯曲”义，故“钩”、“跔”、“笱”、“斪”、“軥”、“朐”、“枸”等众词语有着相同的词义特点即“弯曲”。《汉语大词典》“耇”有以下三个义项：①年老；高寿。②指老人。③指老成人。这三个义项均未探讨“耇”的词源义，若把“耇”放入“弯曲”义这个词群层面，则可以更清楚其语义特点。

汉语词族研究是关于词汇发生学的复杂系统的研究，需要文字学、训诂学、音韵学等各个学术领域的素养。本书所构拟的“圆”词族，主要以《说文》为语料来源，并且只限于单音节词，所以构组的“圆”词族所收词语带有一定程度的不完全性和相对性，对音义关系的探求还需要进一步深化，真诚期待学界的批评和教诲。

参考文献

［1］（汉）扬雄：《方言》，中华书局1985年版。

［2］（汉）许慎：《说文解字》，中华书局2001年版。

［3］（清）段玉裁：《说文解字注》，上海古籍出版社1981年版。

［4］（清）朱骏声：《说文通训定声》，中华书局1984年版。

［5］（宋）陈彭年等：《钜宋广韵》，中华书局1983年版。

［6］沈兼士：《广韵声系》，中华书局1985年版。

［7］（宋）丁度：《集韵》，上海古籍出版社1985年版。

［8］（辽）行均：《龙龛手镜》，中华书局1985年版。

［9］（清）阮元校刻：《十三经注疏》，中华书局1980年版。

［10］（清）王念孙：《广雅疏证》，中华书局2004年版。

［11］（清）王念孙：《高邮王氏遗书》，江苏古籍出版社2000年版。

［12］齐佩瑢：《训诂学概论》，中华书局1984年版。

［13］沈兼士：《沈兼士学术论文集》，中华书局1986年版。

［14］杨树达：《积微居小学金石论丛》（增订本），中华书局1983年版。

［15］杨树达：《积微居小学述林》，中华书局1983年版。

［16］于省吾：《甲骨文字释林》，中华书局1979年版。

［17］银雀山汉墓竹简整理小组：《银雀山汉墓竹简》，文物出版社1985年版。

［18］王力：《同源字典》，商务印书馆1982年版。

［19］王力：《汉语史稿》，中华书局1980年版。

［20］张希峰：《汉语词族丛考》，巴蜀书社1999年版。

［21］张希峰：《汉语词族续考》，巴蜀书社 2000 年版。

［22］张博：《汉语同族词的系统性与验证方法》，商务印书馆 2003 年版。

［23］任继昉：《汉语语源学》，重庆出版社 1994 年版。

［24］殷寄明：《汉语语源义初探》，学林出版社 1998 年版。

［25］殷寄明：《语源学概论》，上海教育出版社 2000 年版。

［26］蒋礼鸿：《怀任斋文集》，上海古籍出版社 1986 年版。

［27］郭锡良：《汉字古音手册》，北京大学出版社 1986 年版。

［28］陈复华、何九盈：《古韵通晓》，中国社会科学出版社 1987 年版。

［29］孙雍长：《训诂原理》，语文出版社 1997 年版。

［30］蒋绍愚：《古汉语词汇纲要》，商务印书馆 2005 年版。

［31］胡继明：《〈广雅疏证〉同源词研究》，巴蜀书社 2003 年版。

［32］唐作藩：《音韵学教程》，北京大学出版社 1987 年版。

［33］（唐）陆德明：《经典释文》，中华书局出版社 1983 年版。

［34］曾良：《俗字及古籍文字通例研究》，百花洲文艺出版社 2006 年版。

［35］陆宗达：《说文解字通论》，北京出版社 1981 年版。

［36］陆宗达：《训诂简论》，北京出版社 1980 年版。

［37］陆宗达、王宁：《训诂方法论》，中国社会科学出版社 1983 年版。

［38］陆宗达、王宁：《训诂与训诂学》，山西教育出版社 1994 年版。

［39］王宁：《训诂学原理》，中国国际广播出版社 1996 年版。

［40］孟蓬生：《上古汉语同源词语音关系研究》，北京师范

大学出版社2001年版。
［41］徐中舒：《甲骨文字典》，四川辞书出版社1988年版。
［42］容庚：《金文编》，中华书局1985年版。
［43］戴家祥：《金文大字典》，学林出版社1995年版。
［44］（唐）玄应：《一切经音义》，中华书局1985年版。
［45］（唐）慧琳：《一切经音义》，台湾大通书局1985年版。
［46］（晋）郭璞：《尔雅注》，中华书局1985年版。
［47］（清）黄生撰，黄承吉合按：《字诂义府合按》，中华书局1984年版。
［48］黄侃：《黄侃论学杂着》，上海古籍出版社1980年版。
［49］黄侃：《文字声韵训诂笔记》，上海古籍出版社1983年版。
［50］（南梁）顾野王：《大广益会玉篇》，中华书局1987年版。
［51］裘锡圭：《文字学概要》，商务印书馆1988年版。
［52］李国正：《古汉语文化探秘》，书海出版社1998年版。
［53］刘又辛：《文字训诂论集》，中华书局1993年版。
［54］宋永培：《〈说文〉与上古汉语词义研究》，巴蜀书社2001年版。
［55］崔枢华：《说文解字声训研究》，北京师范大学出版社2000年版。
［56］许绍早：《音韵学概要》，吉林大学出版社1994年版。
［57］曾运乾：《音韵学讲义》，中华书局1996年版。
［58］张舜徽：《郑学丛著》，齐鲁书社1984年版。
［59］邹晓丽：《基础汉字形音义释源》，北京出版社1990年版。
［60］钱大昕：《十驾斋养心录》，上海书店1983年版。
［61］钱绎：《方言笺疏》，中华书局1991年版。

［62］邵荣芬：《切韵研究》，中国社会科学出版社 1982 年版。

［63］李玉：《秦汉简牍帛书音韵研究》，当代中国出版社 1994 年版。

［64］李芳桂：《上古音研究》，商务印书馆 1982 年版。

［65］李新魁：《汉语音韵学》，北京出版社 1986 年版。

［66］林沄：《古文字学简论》，吉林大学出版社 1986 年版。

［67］伍铁平：《论词源学及其意义和研究对象》，载《黑龙江大学学报》1986 年第 4 期。

［68］黄丽丽：《说声训》，载《中国语文》1995 年第 1 期。

［69］张永言：《关于词的“内部形式”》，载《语言研究》1981 年第 1 期。

［70］刘又辛、李茂康：《汉语词族（字族）研究的沿革》，载《古汉语研究》1990 年第 1 期。

［71］张志毅：《说文的词源学观念》，载《辞书研究》1991 年第 4 期。

［72］张联荣：《近代汉语词汇研究中的推源问题》，载《北京大学学报》1995 年第 5 期。

［73］徐超：《杨树达语源学思想及其研究方法》，载《文史哲》1991 年第 4 期。

［74］吴福祥：《试论郑玄就音求义训诂原则》，载《重庆师范学院学报》1989 年第 1 期。

［75］黄易青：《同源词义素分析法》，载《古汉语研究》1999 年第 3 期。

［76］黄易青：《同源词意义关系比较互证法》，载《古汉语研究》2000 年第 4 期。

［77］黄易青：《论“谐声”的鉴别及声符的历史音变》，载《古汉语研究》2005 年第 3 期。

［78］王宁：《关于汉语词源研究的几个问题》，载《陕西师

范大学学报》2001 年第 3 期。

［79］张博：《简论汉语同族词的类别及其特征》，载《宁夏大学学报》，1991 年第 3 期。

［80］李中生：《〈诗〉“既醉以酒”辨正》，载《古汉语研究》1994 年第 1 期。

［81］夏淑云：《醉、酲义析》，载《古汉语研究》1999 年第 2 期。

［82］孙雍长：《声训源流暨〈说文〉声训》，载《河北师范大学学报》2002 年第 1 期。

［83］刘又辛、张博：《释空》，载《固原师专学报》1996 年第 1 期。

［84］孟蓬生：《试论语源学与训诂学的分野》，载《河北学刊》1997 年第 6 期。

［85］齐冲天：《论语源研究》，载《郑州大学学报》1988 年第 5 期。